左／沖縄県糸満市の平和祈念公園に建てられた、島田叡と荒井退造を顕彰する「島守の塔」。撮影日(2021年11月12日)、沖縄県警が清掃を行っていた

下／奥武山運動公園内の島田叡氏顕彰碑（第24～25章参照。2021年11月10日撮影）

下左／平和祈念公園内の兵庫県出身・沖縄戦戦没者を祀る「のじぎくの塔」
下右／同じく栃木県出身・沖縄戦戦没者を祀る「栃木の塔」（第6章参照。ともに2021年11月20日撮影）

左／島田叡氏事跡顕彰期成会の嘉数昇明会長（左）と名嘉山興武副会長（2021 年 5 月、沖縄県那覇市の繁多川公民館にて）

右／荒井退造顕彰実行委員会の荒井俊典会長（右）と室井光顧問（栃木県宇都宮市の荒井退造実家の庭に建てられた顕彰碑を挟んで。2021 年 12 月 6 日撮影。第 27 章参照）

左／島田叡の母校・兵庫高校に建てられた「合掌の碑」（左）。その右には島田の座右の銘「断而敢行鬼神避之」を刻んだ顕彰碑（兵庫県神戸市。2011 年 12 月 25 日撮影）

写真撮影＝福岡貴善

沖縄の島守を語り継ぐ群像

島田叡と荒井退造が結んだ
沖縄・兵庫・栃木の絆

田村洋三

悠人書院

序章　「謙譲の美徳」は史実の邪魔

「沖縄の島守」と言えば、一九四五（昭和二十）年三月から六月にかけ国内唯一・最大の地獄の戦闘となった沖縄戦で、県民保護に全力を尽くした末、職に殉じた官選最後の第二十七代沖縄県知事・島田叡《しまだあきら》（享年四三。兵庫県神戸市須磨《すま》区出身）であり、彼と苦闘と運命をともにした県警察部長（今の県警本部長）荒井退造《あらいたいぞう》（享年四四。栃木県芳賀《はが》郡清原《きよはら》村＝現・宇都宮市上籠谷《かみこもりや》町＝出身）であることは、沖縄では知れわたっている。

　島田は大阪府の副知事格である内政部長の職にあった沖縄戦の二か月前、なり手がなかった沖縄県知事就任を内務省（総務省の前身）から打診され、持ち前の神戸訛《なま》りで「俺が行かなんだら、誰かが行かなならんやろ。俺は死にとうないから誰か行って死ね、とはよう言わん。断れば卑怯者になる」と死への決意を披瀝、妻子や親族の強い反対を押し切って敢然と赴任した。

　かたや荒井は「天下国家に役立つ近道は法を守る警察任務の遂行」との信念から、福井県官房長在任中の四三（昭和十八）年春、警察現場への復帰を志願、島田より一年七か月早く戦雲漂い始めた沖縄へ、彼もまた潔《いさぎよ》く赴任した。守備軍の県民総動員令や、同僚部長のことなかれ主義に抗《あらが》いながら、県民の命を守る県内外への疎開や避難対策に全力を挙げた。

　軍部独裁、一億玉砕の空気の中、二人は県民の安全を願いながら、一方で戦争への協力を求めなければならない二律背反に悩みつつ、県内外への疎開で約二〇万県民の命を救い、食糧確保や戦場での避難誘導に力を尽くした末に逝った。しかし、戦後七〇余年、二人が最期を遂げた場所も遺骨も、未だ確認できていない。

あの過酷な地上戦を先導し、県民四人に一人の命を奪った軍部と官僚を憎む沖縄では、ヤマトゥンチュウ（沖縄の方言で言う本土人）に対する県民の目は冷めているが、島田と荒井は例外である。それを如実に物語るのは戦禍の傷跡なお生々しい一九五一（昭和二十六）年六月二十五日、二人をはじめ戦没県職員四六九柱を合祀する「島守の塔」が、二人が消息を絶った摩文仁《まぶに》の丘に、いち早く建立されたことである。それも沖縄戦を辛うじて生き抜いた旧県庁職員一四四人を中心とする県民の浄財だけで建てたから、真心が籠もっていた。

これは、多くの県民の命を救ったことへの感謝の気持ちだけではない。何故なら沖縄は琉球王国時代の一六〇九（慶長十四）年、薩摩藩（鹿児島）による「琉球征伐」を受けたのをはじめ、諸事

上写真／島田叡・沖縄県事（那覇市歴史博物館蔵）
下写真／荒井退造・沖縄県警察部長（栃木県立博物館蔵）

御一新の明治新政府時代になってからも一八七九（明治十二）年の「琉球処分」など、本土からの度重なる迫害と差別、蔑視に苦しんできた。

それだけに着任挨拶で荒井が「従来の警察の任務である取り締まりより、県民が健民として仕事に励めるよう縁の下から支える」と明言、島田は「非常に緊迫した情勢で、苦労も多いと思うが、一緒に、元気に、明るくやろう」と呼び掛けたのに対し、県民はかねてからの悲願であった「万民平等」の心を感じ取った。それが「この二人のリーダーにならついて行ける」との信頼に繋がり、その思いを戦後、「島守の塔」に込めたのである。

こうした沖縄県民のウンジケーシ（恩返し）に応える動きは、まず島田の出身地である兵庫県で始まった。二十回忌に当たる一九六四（昭和三十九）年、母校の旧制県立神戸二中—現・兵庫高校と同窓会「武陽会《ぶようかい》」は、遅れ馳《ば》せながら島田顕彰の慰霊碑建立、記念誌発行などの三事業を行った。中でも彼が中、高、大学を通じ野球の名選手であったのに因《ちな》んで沖縄県高等学校野球連盟に贈った「島田杯」は、沖縄の野球人を力付けた。

これを契機に「兵庫・沖縄友愛運動」は沖縄が本土に復帰した一九七二（昭和四十七）年、両県が友愛提携に調印して本格化。翌七三年からは真夏の沖縄の海と雪の兵庫県但馬へ、両県から三〇人の高校生を相互に送り合う「友愛キャンプ」が四五年間、たゆみなく続いている。また七五（昭和五十）年には兵庫県民と県からの浄財三億六五〇〇万円で、那覇市の奥武山《おうのやま》総合運動公園に体育施設「沖縄・兵庫友愛スポーツセンター」を贈った。七七年からは両県で「友愛運動県民の会」も発足、友愛提携を記念する一〇年毎の催しも沖縄と兵庫で交互に開いてきた。

ここまでのドキュメンタリーは二〇〇三年四月刊行の拙著『沖縄の島守——内務官僚かく戦えり』

（中央公論新社刊、現在は中公文庫に所収）で書き、一定の評価は得たが、二つの宿題が残っていた。それは二人の島守の思索と行動に紙数の大半を費やした結果、顕彰した語り部の心情を書ききれなかったのと、栃木県出身の荒井退造の出自紹介が不十分だったため、郷里での顕彰活動が島田より半世紀以上も遅れたことである。

ところが、宿題を果たす機会は、戦後七〇年の二〇一五（平成二十七）年に突如、やってきた。退造の生家がある宇都宮市に事務局を置くＮＰＯ（特定非営利活動）法人「菜の花街道」（荒井俊典《としのり》代表）は二月、第七回文化フォーラム「清原の志士、沖縄に殉ず」で退造を取り上げた。それがきっかけとなって県下で顕彰の動きが一気に開花。沖縄より六四年、兵庫より五一年遅れはしたが、「荒井退造顕彰事業実行委員会」（会長　荒井・菜の花街道代表）も四月に発足、多彩な催しによる〝半世紀遅れの猛追〟を始めたからである。

一方、島田杯が励みになって、沖縄の高校野球は今や全国有数の強豪県になった。それに感謝するとともに、沖縄からのウンジケーシは未だ不十分と考える嘉数昇明《かかずのりあき》・元沖縄県副知事の呼びかけで、県高野連（神谷孝会長）を中心に「島田叡氏事跡顕彰期成会（会長　嘉数氏）が改めて組織され、新しい顕彰碑を奥武山総合運動公園に建立、戦後七〇年に当たる二〇一五年六月二十六日に盛大な除幕式を行った。これには兵庫県民代表団はじめ県内外から約四〇〇人が参列したが、栃木県からも退造顕彰実行委の役員八人が招かれ、沖縄―兵庫―栃木の三県で二人の島守を顕彰する歴史的なトライアングルが初めて形作られた。

筆者もこの式典に参加したのが縁で、退造顕彰実行委が同年九月、顕彰図書出版記念を兼ねて宇都宮市で開いた第八回文化フォーラムに講師として招かれた。その時の演題『たじろがず沖縄に殉じた荒井退造』はそのまま、この時発行された顕彰図書のタイトルや、顕彰碑の碑文に使われることになり、筆者は同年末から栃木での顕彰活動を取材し始めた。

新聞記者出身の筆者は、著作でも講演でもニュース優先を旨《むね》としている。顕彰の歴史を辿《たど》る本稿も、栃木ですべてのメディアが見落とした荒井兄弟をめぐる元・栃木県立高校長の数奇な体験から書き起こし、それを言わば〝皮〟に、沖縄、兵庫の濃厚な〝餡《あん》〟を包み、味わい深い三角形の〝饅《まん》頭《じゅう》〟に仕立てる心積もりだったが、改めて取材してハタと当惑した。

顕彰の発起人である沖縄の浦崎純《うらさきじゅん》・元人口課長はじめ、退造の長男・紀雄氏、兵庫の金井元彦《もとひこ》、坂井時忠《ときただ》両知事、姉崎岩蔵《いわぞう》・元兵庫高校長ら中心人物は、揃いも揃って謙虚な人で、巷間《こうかん》伝わっている通説は事実と食い違っていることに気付いたからである。

直接聞き直そうにも、いずれも故人だし、それぞれが著書や遺稿に事実をありのまま書き残していないことにも、参った。日本人特有の「謙譲の美徳」なのだろうが、それは事実を追う正史の、敢えて言うなら邪魔や障害であることを痛感した。この伝で古来、日本の歴史から姿を消した真実が多いのではないか。それは兎《と》に角《かく》、「語り継ぐ群像」を標榜する以上、故人を知る関係者や残存資料に当たって正しておかなければならない。

「これは大仕事になったなあ」と思い煩いながら、自宅近くの整骨院へ酷い肩こりの療養に行った二〇一六年十一月末、車にはねられ、後頭部を強打した。この時は外傷で済んだものの、以後、眩暈《めまい》、耳鳴り等の後遺症に悩まされながら取材・執筆を続けてきた。ところが、二〇一八年秋にさらなる後遺症として右頭部に硬膜下血腫を発症、左半身筋力低下で一時、歩行困難に陥り、脱稿が大変遅れた。取材に協力して下さった関係者の皆様に、この場を借りてお詫び申し上げる。

最後に近年、政官界に公私混同の驕《おご》りや歪みが目立つ。今や死語のようになってしまった〝公職〟に殉じ、〝公僕精神〟に徹した島田、荒井両氏の生きざまを知る沖縄・兵庫・栃木三県の関係者は、今こそ「沖縄の島守に学べ」の大音声をトライアングルで全国に発信してほしい。それが明日のこの国を、まともにする（文中敬称略）。

二〇二一年春　　田村　洋三

沖縄の島守を語り継ぐ群像　目次

沖縄の島守を語り継ぐ群像

島田叡と荒井退造が結んだ
沖縄・兵庫・栃木の絆

第一章　室井光・元高校長の「旧・満州引き揚げ」体験から

暖かい土地への憧れ

「序章」で広言したように、本稿は読者の皆さんがまだ、ご存知でない話から始める。荒井退造の顕彰は二〇一五年初めから栃木県下でにわかに始まり、多くのメディアが多角的に取り上げたが、どの社も報じなかった〝特ダネ〟である。

沖縄—兵庫の点と線に栃木を加え、島守顕彰のトライアングルを作るきっかけを作った人は、一九九七（平成九）年三月、栃木県大田原市にある県立黒羽高等学校の校長を最後に三七年間にわたる教員生活に終止符を打った室井光《むろいひかる》（八〇歳。年齢、肩書は取材時、敬称略、以下同）。ゆえあって温暖な土地に強い憧れを持つ人である。

今は亡き母・イチ（享年八三）が喜寿を迎えた一九七六（昭和五十一）年のお祝い旅行はハワイへ案内したし、自身が定年退職した翌九八年にはシンガポール、翌々九九年はインドネシアのバリ島へ出掛けている。いずれも年末、寒い北関東を後にしての正月旅行だった。その前後、国内ではかねてから一度は住んでみたいと思っている沖縄県を五度も訪れている。

それというのも生まれ育った旧・満州（中国東北部）遼寧《りょうねい》省の炭鉱の街・撫順《ぶじゅん》や、祖国へ引き揚げてから一家で身を寄せた両親の郷里・福島県会津高田や本郷（いずれも現在は大沼郡会津《あいづ》美里《みさと》町）の冬の厳しい寒さ、それにまつわる辛い思い出に対する反動である。

　そんな室井が二〇〇六（平成十八）年の春先、ふらっと入った宇都宮市内の書店の書架で目を留めたのも、やはり憧れの「沖縄」の地名だった。自分のことなので面映《おもは》ゆいが、筆者がその三年前、出版した前記の拙著『沖縄の島守――内務官僚かく戦えり』の表題の頭の二文字。この本の初版と二版は四六判の単行本で、背の書名は現在出回っている文庫本より当然のことながら大きく、おまけに目立つよう赤みがかった文字にしたのだが、それがこの後、偶然、思いがけない展開を呼ぶことになる。室井の回想。

室井光。栃木の荒井退造顕彰は彼が手に取った１冊の本から始まった

「私は少年時代、満州で戦争の恐ろしさを嫌というほど味わっていますが、それ以上に酷かったと伝え聞いている沖縄の戦争が書いてある本のようなので、読んでおきたいと手に取りました。パラパラとページを繰ると、すぐ『疎開』という文字が目に飛び込んで来ました。ああ、われわれのように外地から日本へ帰って来たのは『引き揚げ』と呼ばれたが、沖縄からの移住は『疎開』だったのだ。でも、呼び名は違っても苦労は変わらなかっただろう、と思いながらさらに読み進みますと、本文中の次の一行が目につきました。

〈政府は当初、沖縄や南洋諸島からの疎開を引き揚げと呼ばせたが、やがて疎開と呼ぶようになる。〉

これを読んで、何か因縁めいたものを感じましてね。これはもっと詳しく知らなければ、という気持ちに駆られまして、すぐ買い求めました。でも恥ずかしいことに、この時点で私はまだ沖縄の疎開を推し進めたのは荒井退造という人物であり、その人は私が小、中、高校時代を過ごした栃木県芳賀郡の旧・清原村（現・宇都宮市清原地区）の出身であることはもちろん、小学校と高校の大先輩であることも、沖縄で手厚く祀《まつ》られていることさえも知りませんでした。まったく偶然とも言える出会いでした」

とにかく家に帰って、この本を読もう、と家路を急ぐ室井の脳裏に、つい今しがたオーバーラップした「引き揚げ」と「疎開」の二つの言葉が、六〇年も前の旧・満州での辛く、抜きがたい思い出を蘇らせた。

旧・満州の思い出

室井の父・岩喜は三〇歳代半ばの大正末年、旧・満州の南満州鉄道株式会社（略称・満鉄）の社員となり、郷里の福島県会津高田（現・大沼郡会津美里町藤家館《ふじいえたて》字領家《りょうけ》）から妻・イチを伴って渡満、同社が経営していた撫順《ぶじゅん》炭鉱で現地人労働者の指導に当たった。

時代背景を見ておくと、第一次世界大戦（一九一四＝大正三年～一九一八＝同七年）後、軍国への傾斜を強めたわが国は、武力を背景に中国の東北三省と内蒙古を事実上の植民地にすることを目論《もくろ》んだ。「ここには日清、日露の両戦争で日本軍が血で購《あがな》った権益がある」との勝手な理屈を付け、一九三一（昭和六）年九月の満州事変を契機に翌年、傀儡《かいらい》国家・満洲国を建国。「日本の生命線・

満蒙」をスローガンに国策で軍人、軍属、一般邦人約二〇〇万人を彼地に送り込んだ。室井の両親も、その一環だったであろう。夫妻は当てがわれた炭鉱街の満鉄社宅に住んで三男三女をもうけ、二〇年ほどは平穏な暮らしが続いた。

室井の撫順についての思い出は一九四三（昭和十八）年四月、在満新屯《しんとん》国民学校（昭和十六年から同二十二年までの小学校の呼称）に入学したころから鮮明になる。特に覚えているのは登校前の、早朝の学校行事。春から秋にかけては学校の北側にある標高約一〇〇メートルの清泉寺山に登り、頂上で祖国の繁栄を祈ってバンザイを三唱した。氷点下三〇度まで冷え込む一月前後の厳寒期は、日本人街の新屯神社へ百日参りをし、日本の必勝を祈願した。室井は「満洲の日本人は、大人も子供も故国を思って懸命でした」と言う。

ところが、三年生になった一九四五（昭和二十）年、室井家の生活は突如、暗転する。父は五月七日、呼吸器系の病気のため五七歳で急死した。そのころ、二〇歳の長兄・喜一は関東軍（遼島半島南西端の関東州に本拠を置いていた日本の陸軍部隊）が鞍山《あんざん》市千山区に展開していた高射砲部隊に召集されていた。父の葬儀には一時帰宅を許されたものの、部隊に戻った後、八月十五日の敗戦前後の混乱の中で消息がわからなくなる。

父と長兄を一気に失くした一家で、男子は九歳になる直前の室井少年だけ。後は四四歳の母、一五歳と一一歳の姉、七歳の妹の母子五人は、敗戦前後の苦難に投げ込まれる。当時、日本人は「敵の捕虜になるぐらいなら死ね」と教えられていた。母がどこかで用意してきた家族五人分の青酸カリの紙包みが、自宅の神棚に密かに置かれていたのを、室井少年は眼裏に焼き付けている。

母子五人、撫順で苦難

八月八日、ソ連は日ソ中立条約を一方的に破棄して、無法にも日本に宣戦を布告。九日未明から強力な機甲軍団（戦車、装甲車などの機械化部隊）が満州の東部や北部で国境線を突破、雪崩《なだれ》込んだ。ところが天皇直属の軍の統帥《とうすい》機関・大本営は「ソ連が対日戦に参戦すれば、満州国の四分の三を放棄。朝鮮との境の鴨緑江《おうりょくこう》を底辺、新京《しんきょう》（現・長春《ちょうしゅん》）を頂点にした三角地帯に主力を集め、持久戦に持ち込む」との方針を密かに固めていた。

それもあって満州守備の関東軍兵力は一九四三（昭和十八）年以降、徐々に南方戦線へ引き抜かれ、四四年夏の兵力は当初の半分に減っていた。一五を数えた国境守備隊も三分の一に減っていたから、ソ連軍の侵入に抗すべくもなかった。

国境近くに入植していた開拓移民約二七万人の三分の一、約九万人が犠牲になった。満州全域からの正確な引き揚げ者数は一二七万一四八二人（いずれも厚労省調べ）に過ぎなかったから、全体でも三分の一強が国に棄てられた。

八月十五日、敗戦。天皇陛下の玉音放送。「大人はどうして皆、ラジオをうつ伏せになって聞くのだろう?」が室井少年の率直な感想だったが、その後の記憶は一転して荒《すさ》む。

「敗戦直後、まず、私たちがパーロと呼んでいた共産軍の八路《はちろ》軍、それを追って蒋介石《しょうかいせき》の国民政府軍（略称・国府軍）が撫順に入り、両軍が真っ昼間から銃撃戦をやり合いました、危なくて、私たちは防空壕に潜み、静まるのを待つほかありませんでした。双方がスパイを処刑する凄まじい場面も、毎日のように見ました。内戦が一か月ほどで静まったと思ったら、今度はソ連の軍隊がやって来ました。彼らの目当ては満鉄の備品で、炭鉱の山中に隠してあった凄い量の発電機を電気ショベルで掘り出し、二か月近くかかって全部、運び出しました。ソ連兵は、昼間は紳士面をしていますが、夜になるとマンドリン（自動小銃）を構えて日本人の住宅に押し入り、女性を襲ったり、時計、カメラを強奪したりで、思い通りにならないと銃を乱射しました。われわれは家の周りに有刺鉄線を張りめぐらし、電流を流して自衛する戦々恐々の毎日でした」

鴨緑江方面へ逃れる国境守備隊員や、武装解除された関東軍の兵士が仮寝《かりね》の宿を求めて満鉄社宅へ忍んできた。社宅の隣組（戦中の隣保組織）で「同じ日本人なのだから助け合おう」と話し合い、各戸の屋根裏に匿《かくま》ったが、その兵たちが何日か後、隊列を組まされ、駅の方へすごすご歩いて行くのを、室井少年は何度も見た。シベリア送りだったのであろう。

不安な引き揚げ

こんな不穏な空気の中で、敗戦の年の秋口、室井一家は故国への引き揚げ第一船に名簿を搭載されたが、母は「どこへ連れて行かれるかわからないから、もう少し様子を見よう」と一旦、辞退した。母を逡巡《しゅんじゅん》させるほど、当初の引き揚げ話は心もとなかった。

それが「どうやら日本へ帰れそう」となって応じた時には、翌四六（昭和二十一）年六月回しになり、それまでの間、撫順で食いつながねばならなくなった。筆者がかつて取材した満州からの引き揚げ者は「生活苦から子供五人のうち下の三歳と一歳の男の子二人を、一人五円で現地人に売った」と悲痛なケースを告白したが、室井家にその心配はなかった。亡き父が長男を含む妻子六人それぞれ名義の預金通帳をきちんと作り、しっかり蓄《たくわ》えておいてくれたからである。室井の述懐。

「一家族一日五〇円でしたか、預金がまだ下ろせましたので、それで生活しました。町の中央を流れる川沿いに、地元の中国人が出している露店がたくさんあり、そこで買物をしました。余裕がある日本人家族は『どうせ日本円は持って帰れそうもないから』と、買物をしてもお釣りを受け取らない。これを現地の人は大変喜んで、いろいろな物を用意し、売ってくれましたので、ひもじい思いはせずに済みました」

さて、懸案の引き揚げ。室井一家を含む一行数百人は四六年六月、撫順から満鉄の無蓋《むがい》貨物列車で西約六〇キロの奉天《ほうてん》（今の瀋陽《しんよう》）に移動、ここで無蓋車を乗り換え、南西方向約二二五キロ先の錦州《きんしゅう》へ向かう予定だったが、奉天を出て少し南の渾河《こんが》の鉄橋付近で列車は何故かストップ、結局、撫順へ引き返した。この時、室井少年はカンカン照りの無蓋列車内で日射病に罹《かか》り、四〇度の高熱を出して死にかかっていたから、戻ったことで辛うじて命拾いした。

引き揚げは翌七月、仕切り直し。日射病が回復した室井少年ら一家五人は、今度も数百人の同胞とともに無蓋貨車で撫順を出発、やっと錦州に辿り着いた。ここでは現地人が戦中の腹いせに壊したらしく、屋根も床もない青天同然の旧・関東軍兵舎跡に閉じ込められる酷い野営が一週間に及んだ。

そこから約六〇キロ南西の遼東湾に面した葫蘆《ころ》島に運ばれ、待ちに待った乗船。引き揚げ船は「光栄丸」という何千トンかの大きな船だった。家族は室井の名の「光」と三女の栄子（七八歳）の名が織り込まれている船名をとても喜んだと言うから、一家のワラにも縋《すが》りたかった心細い心境を思わせる。

葫蘆島を出航してからどこをどう回ったのか、航海に一週間もかかり、着いた所は広島県大竹港だった。ここでまた三日間、船内で缶詰《かんづめ》になった挙げ句、全員が米軍の消毒薬ＤＤＴの粉末を頭からかけられ、真っ白になってやっと上陸を許された。

この時、各家族の預金通帳や債券類は没収され、代わりに支給された故国の紙幣は一人千円。五人家族の室井家は五千円ポッキリで、戦後のインフレの巷《ちまた》に放り出された。

話は飛ぶが、この時、没収された通帳や債券類は、何と約半世紀後の九五（平成七）年、横浜税関宇都宮出張所から同家に返却された。貨幣価値的には紙屑同然とは言え、亡父の愛情を如実に示す残高がたっぷり残る六通の通帳を、母子は胸に抱いた。

会津を転々

故国へ帰った室井母子がまず向かったのは、亡き父の実家である福島県会津高田の農家。帰り着いた途端、亡父の五人兄妹の末弟で、日韓併合中の朝鮮半島北部で警察官をしていた正喜叔父（今は故人）一家四人が、まだ引き揚げて来ていないどころか、消息もわからないことを知り愕然《がくぜん》とする。

二年後、命からがら帰国した叔父から、後に室井が直接聞いた話によると、敗戦と同時に日本の官憲は現地人に付け狙われ、妻と幼い娘二人を連れて町を脱出。昼間は森に潜み、夜間、山から山への逃避行を続けた。この後、一九五〇（昭和二十五）年の朝鮮戦争に発展する北朝鮮と韓国間の不穏な空気を映して三八度線は越えられず、日本海に面した東朝鮮湾に出た。ここで同じ苦境にあえぐ邦人数家族と金を出し合って現地人の漁船をチャーター、最短距離の島根海岸に辿り着いたと言う。

そんな事情があった上、亡父の実家には他の兄妹家族も多数身を寄せていたから、室井一家は隣村の本郷《ほんごう》（現・会津美里町字大八郷《おおはちごう》）の農家だった母の実家を頼った。この時、室井家の次女・晴子（故人）、次男・光、三女・栄子は敗戦の混乱で、それぞれ在満新屯国民学校の五年生、三年生、一年生を未修了のままになっていたので地元の本郷国民学校に編入、同じ学年をもう一度やり直すことにした。だが、母の実家もまた、母子五人が揃って身を寄せるのは困難だった。

そんな窮状を知って、母より一五歳年下の五人姉弟の末弟で、当時、群馬県沼田市に住み、県立利根《とね》農林高校の教員をしていた桜田金吾（故人）が、救いの手を差し延べた。「長女の芳子（八五歳、現在は宇都宮市の室井光家と同じ敷地内に居住）は僕が引き取って面倒を見る」

母の両親は明治末期、福島県下で疫病が流行した時、揃って早世しており、残された五人姉弟は子供時分から助け合って生きてきたから、そんな姉弟愛の表れだったのだろう。沼田へ引き取られた芳子も旧・満州の旧制・撫順高等女学校を未修了のままだったので、県立沼田女子高校へ編入、叔父の温かい援助と薫陶《くんとう》を受けて大学へ進み、小学校の教員を勤め上げることになる。

ところで、この金吾叔父も日中戦争で受けた貫通銃創《じゅうそう》がもとで右腕を失った傷痍軍人だった。負傷退役後、師範学校へ行き直し、教員免許を取得した刻苦勉励の人である。

それにしても室井一族の戦争被害の多さに暗然とさせられるが、これは大正、昭和前期を懸命に生きた数多日本人家族に大なり小なり共通した現象であり、戦争の残酷さと愚かさを物語る悲劇である。昭和後半から平成にかけ、平和を当たり前のように享受し、のうのうと生きる現代人は、それを忘れてはならない。

叔父の姉弟愛で清原村へ

さて、室井家は長女を一人〝口減らし〟して四人家族になったものの、本郷での生活は物心ともに厳しかった。海抜一八一九メートルの会津磐梯山《ばんだいさん》から吹き下ろす風で、冬は雪が多いし、寒かった。おまけに耕地面積は少なく、何を作っても生計を維持するのは困難だった。ここで桜田家の姉弟愛がまた、温かい救いの手を差し延べる。

母・イチの三番目の弟で、戦中は職業軍人として陸軍大佐まで昇進、東京勤務だった桜田四郎（故人）は戦後、公職追放にあい、栃木県芳賀郡清原村の開拓団に入植していたが、姉のイチに声を掛けてきた。先に長女・芳子を引き取ってくれた金吾叔父のすぐ上の兄で、兄弟ともに優しい。

「こちらへ来れば、雪は滅多に降らないよ。僕が払い下げを受けた土地と住まいの一部を使ったらいいし、サツマイモでも作れば生きていけるから、早くこちらへおいで」

この申し出を受け、室井母子は会津本郷での、寒く心許ない生活を半年余で打ち切り、一九四七（昭和二十二）年三月、清原村の四郎叔父の開拓地へ引っ越した。

そこは現在、宇都宮市東南部の「清原工業団地」内にある市営清原球場と国道一二三号線（旧・

水戸街道）に挟まれた場所に当たり、住居はその西側に広がる鐺山《こてやま》町の南端にあった。室井三姉弟が住居から南西約一・二キロの上籠谷町にあった清原村立・清原南小学校（略称・南校）へ転校したのは、学年末ギリギリのころであった。

この南校の前身が実は荒井退造の出身校であり、彼の生家は学校の東北東約六〇〇メートルにあった。室井少年は通学の道すがら大きな長屋門がある旧家の前を通っていたが、それが退造の生家とは知る由《よし》もなかった。

第二章　荒井退造の兄・甲一村長に救われる

書斎で、もらい泣き

室井は自宅に帰ると、すぐ書斎に籠もり、拙著『沖縄の島守――内務官僚かく戦えり』に読み耽《ふけ》った。同書の内容は本稿では概略に止めるが、自己の体験に照らしての室井の読後感。

「自身の引き揚げ体験と沖縄の疎開問題がオーバーラップしての読書でしたから、最初は疎開を推し進めた荒井退造という人物より、沖縄の疎開がどう進められたか？　の方に関心がありました。軍部が老幼婦女子や学童を真先に疎開の対象者にしたのは、『沖縄防衛作戦の邪魔になる』という戦略本位の発想だったようですが、疎開の総責任者に任ぜられた荒井警察部長は県民、それも弱者を守ることに意義を感じ、疎開推進に躍起になった。そんな親心を知らず、最初、県民の腰は重く、なかなか疎開に応じなかった。それは私の一家が引き揚げ第一船に氏名を登載されながら、慎重な母の判断で一旦、辞退した事実を思い起こさせ、第三者が民衆を動かすことの難しさや、引き揚げとの共通点を感じました」

県民が疎開を素直に受け入れないと知った荒井は、まず自分の妻子を含む警察官の家族を率先して疎開させることで突破口を開こうとした。拙著では、そんな警官一家のうち、渋る妻を説得して疎開に応じさせた名護警察署勤務の国吉真成《しんせい》警部補（一九四五年四月十日、国頭郡《くにがみ》羽地村《はねじ》我部祖河《がぶそか》＝現・名護《なご》市＝で避難民を誘導中、米軍に襲撃され殉職、享年三七）一家を取り上げ、幼い六人兄妹を含む妻子七人が学童疎開船「対馬丸」（六七五四トン）で遭難、全滅した悲劇を紹介した。

この事件は一九四四（昭和十九）年八月二十二日夜、鹿児島県悪石島《あくせき》沖で起きた沖縄戦に絡む最初の悲劇。学童集団疎開と一般疎開を合わせ、氏名がわかっている一六六一人中、一四三七人が遭難、うち学童疎開は引率教師や世話人三〇人を含む八一四人が犠牲になった（二〇一六年八月二十二日現在の調査結果）。

沖縄守備の日本軍・第三十二軍は同船が軍の徴用船だったので「軍事機密」として厳しい箝口《かんこう》令を敷いたが、わが子、わが家族を突然、奪われた県民の嘆き、悲しみは止めようがなく、事件はたちまち口伝えで知れ渡った。それを読んだ室井の感想。

「やはり警察官だった亡父の末弟・正喜叔父一家の北朝鮮からの苦難の引き揚げ話と、これまたオーバーラップしまして、もらい泣きの涙を止めることができませんでした。この事件で疎開は一層、県民から敬遠されます。ところが同じ年十月十日のいわゆる〝10・10空襲〟で那覇市の九〇％が焼き払われ、大きな被害が出ると、県民は『こんな沖縄には危なくていられない』と今度は先を争って疎開に応じるようになったのは皮肉でした。県外へは九州を中心とする本土へ約五万三千人、台湾へ約二万人の計七万三千人が一八七隻の疎開船で脱出します。それが叶わなかった県民約一五万人は、歩いて本島北部の山原《やんばる》（国頭郡）地方へ疎開しました。山原では食料難や伝染病などで、かなりの犠牲者を出したようですが、それでも県内外への疎開によって少なくとも約二〇万人の県民の命が救われたことは、島田知事と荒井警察部長の功績として高く評価されなければなりません」

「この世のありったけの地獄」

沖縄戦は四五年三月二十三日、県民が前年の〝10・10空襲〟に対比して〝上陸空襲〟と名付けた米艦載機延べ千数百機による全島大空襲で戦いの幕を切って落とす。同二十六日、米軍は第三十二軍の意表を衝いて慶良間《けらま》列島に上陸。座間味《ざまみ》・渡嘉敷《とかしき》・慶留間《げるま》の三島では、絶望した五五三人が二十七日にかけ、集団自決する悲劇が起きた。

四月一日朝、米軍は本島中部西海岸へ上陸、午前中に日本軍の二つの飛行場を占領し、本島を東西に分断した。その上で、山原と南部・島尻《しまじり》へ進撃を開始、県民を巻き込んでの戦禍は日を追って激しさを増した。

戦況いよいよ危機に瀕した同五月十一日、島田知事と荒井警察部長は窮状を内務省に伝える決死隊――警察特別行動隊八人を本土へ向け出発させ、荒井は同二十五日、同じく内務省へ、官民の悲痛な姿を伝える電報を打った。

「六〇万県民只《ただ》暗黒ナル壕内ニ生ク　此《こ》ノ決戦ニ破レテ皇国ノ安泰以テ望ムベクモナクト信ジ此ノ部民ト相倶《あいとも》ニ敢闘ス」

同二十七日、第三十二軍は島田知事の反対を無視して軍司令部のある首里から南部・島尻へ撤退した。当初、約一二万二千を数えた日本軍兵力は、消耗してすでに四分の一弱の約三万しか残っていなかった。この友軍を頼りに南部へ逃れた中部以南の県民約一五万人を含む約一八万人は、東西八キロ、南北五キロ、面積にすると約三〇平方キロしかない卵を横に置いたような形の狭い喜屋武《きやん》陣地に追い詰められた。そこで米軍の報告書が「この世のありったけの地獄を一か所に集めた」と表現した過酷な運命に曝《さら》される。

生きたまま死体置き場に棄てられた傷病日本兵。黒砂糖を取り上げた日本兵にむしゃぶりついて射殺された幼児。〝戦場になった村〟真栄平《まえひら》（現・糸満《いとまん》市）では、集落一八七戸の三一％に当たる五八戸が一家全滅し、村人九〇二人の六一・三％に当たる五五三人が戦没、村は避難民を含む約四千五百の遺体で埋め尽くされた。それでも島田知事と荒井部長は部下や周囲の県民に「死に急ぐな。何としても生き延びるのだ」と諭した。

室井の書斎でのもらい泣きは、戦局が深刻になるにつれ度重なった。それは元・栃木県立高校の音楽教諭だった恵子夫人（七七）が、しばしば目撃している。

「夫はもともと、優しく、涙脆《もろ》い人で、感情が高ぶると、すぐ目を潤ませ、涙ぐみます。『沖縄の島守』の本は常に書斎の机の上に置いて、暇さえあれば読み返しておりましたが、涙を浮かべている場面を何度も見ました。その度に『歳をとると、どうも涙腺が緩んでいかんなあ』と照れ隠しを言っておりました」

「えッ、清原村出身だって？」

拙著を初めて手にした時から約二年後の二〇〇八（平成二十）年の春、書斎で拙著に何度目かの目を通していた室井は「えッ、何いッ、荒井退造さんは清原村出身だって？」と大声を上げた。それまでは気付かなかったが、本文四〇～四一ページ（文庫本では四八～四九ページ）に、こうあった。

〈――荒井は一九〇〇年（明治三十三年）九月、栃木県芳賀郡清原村（現・宇都宮市）の中規模農家の二男に生まれた。父を早く亡くし、母と兄が野良へ出て一家を支える中で、宇都宮中学、高千穂高等商業学校を卒業している。さらに青雲の志やみがたく、頼りにしていた兄甲一（故人）に「何としても官吏になり、天下国家のために働きたい」と相談、「よしっ、しっかりやれ。やる以上はくじけるな」の励ましを受け上京した。（後略）〉

これを読んだ時の感想を、室井は、出だしは済まなげに、後段は興奮気味に話した。

「私はまず疎開の経緯と展開に気を取られ、読み進むうち、次は沖縄県民を襲った地上戦の凄まじさに目を奪われてしまい、前段で、さらっと触れられていた退造さんの出自を迂《う》闊《かつ》にも見落としていたのです。ところが何度目かの通読で、退造さんは私の〝第三の故郷〟とも言える旧・清原村の出身であること、しかも私の母校である栃木県立宇都宮高校が旧制・宇都宮中学校だったころの大先輩だったことを知り、びっくりしました。われらの清原村や母校の出身者に、こんな凄い人物がいたなんて大変なことだ。でも、これまで地元で、退造さんの話をついぞ聞いたことがないのは何故だろう、と思いましてねえ。その傍ら、旧・清原村といっても広いから、どの字の出身の人なのか、生家はどこにあるのかを早く突き止めなければならない、と思いました」

ここで、室井が言う「荒井退造は何故、地元・栃木でこんなに知られていないのか？」という疑問について、少し検証したい。

これには実は筆者にも、いささか責任がある。と言うのは二〇〇〇（平成十二）年から二〇〇二年にかけ、前記の拙著『沖縄の島守』を取材・執筆した時、協力してくれた荒井退造の長男・紀雄《のりお》（二〇一〇＝平成二十二年三月四日死去、享年七七）が、頗《すこぶ》る付きの謙虚な人だったことに起因する。

この人は東京大学法学部を出て、亡き父の後を追って国家公務員一種試験に合格、父が勤めた内務省の後身である自治省に入った。山梨、岐阜、福井各県で課長や部長を歴任した後、消防庁や自治省の課長を経て、最後は国土庁官房審議官を務めた有能な官僚だった。福井県庁で使った事務室は偶然、亡父が使った官房長室だったという因縁話もある。

それはとにかく、この人は筆者と会うなり「父が官界のリーダーの一人として関わった沖縄戦で、県民の四人に一人が亡くなっている大きな犠牲を思えば、子による父の顕彰はすべきでない、と思っています。だから父に関する私的なことは、なるべく書かないでほしい。旧・清原村への取材も、ご遠慮ください」と言い、父が同村の中規模農家の出身であることだけは話してくれたものの、生い立ちについては多くを語らなかった。

周囲にはそんな態度を貫く一方、父亡き後の終戦後の混乱期、女手一つで、たばこ屋を営んで自分たち兄妹を育ててくれた母・きよ子が一九八六（昭和六十一）年、七六歳で病没すると、霊前に供えたい一心から一書を自費出版している。

それは沖縄戦を生き抜いた県庁、警察部の父のかつての部下が書いた公的、私的な記録や資料を駆使して戦中を語らしめた『記録集成　戦さ世《いくさゆう》の県庁』（一九九二＝平成四年、中央公論事業出版刊）と題した私家本。「戦さ世」とは、「戦中」を表すウチナーグチ（沖縄の方言）である。「戦中の沖縄県庁」となれば、父が中心人物にならざるを得なかったが、タイトルに荒井退造の名は冠さず、「あとがき」でも〈私はこの本を出版することを何度躊躇《ちゅうちょ》したであろうか〉と告白する謙虚さである。

筆者は新聞記者時代から〝地を這う取材〟をモットーにしており、島田知事に関しては神戸市須磨区須磨浦通三丁目にあった生家「島田医院」跡とその周辺や、出身校である神戸二中の後身・兵庫高校などを可能な限り取材した。しかし、荒井警察部長に関しては遺族の意向を無視するわけにはいかず、旧・清原村の現地取材を差し控えた。

その結果、荒井退造の出自に関する記述は淡白になり、沖縄での働きを出身地・栃木県に伝え、顕彰される機会を遅らせる結果になってしまった。

しかも、この節の冒頭で紹介した前著からの引用文では、退造を荒井家の二男としているが、実は五男であったことが今回の現地取材でわかった。戸籍によれば荒井家の子息は五人で、長男、三男、四男は夭折しているので、甲一が二男、退造は五男である。この機会にお詫びして訂正する。

今になって、遺族が辞退されようとも現地取材をすべきだった、と悔やんでいるが、後悔先に立たず。本稿を退造絡みのシーンから書き出したのは、その罪ほろぼしでもある。また、前著で淡白に過ぎた出自紹介を補う意味も込め、ここで退造の郷里である旧・清原村について、少し書いておきたい。

清原村伝説

栃木県の県庁所在地・宇都宮市の地図を開くと、市域の東端を鬼怒川《きぬがわ》（全長一七四キロ）が北から南へ流れ下り、東側のさくら市や塩谷《しおや》郡高根沢《たかねざわ》町との境界線になっている。ところが、市域内を流れる同川のほぼ中央以南だけは、左岸（東岸）に広がる土地が同市域に取り込まれている。

立てたメガホンを側面から眺めたような形をした台地で、現在の町名で言えば、北は板戸《いたど》町、南は氷室《ひむろ》、上籠谷、桑島《くわじま》の三町に挟まれた総面積約四二二〇ヘクタール（宇都宮市調べ）。これが旧・清原村の村域で、元はと言えば一八八九（明治二十二）年の町村制施行で付近の九つの字を合併、地元の往年の豪族・清原氏の名を取って芳賀郡清原村と名付けた。

そのほぼ中央にあって、現在、最も活況を呈している清原工業団地一帯ですら、当時は「千波が原」と呼ばれた山林・丘陵地帯で、二七戸の農家が点在するだけの寒村だった。古老によれば、キツネやタヌキから、オオカミまで生息していたという話も伝わっており、それは九つの字に大なり小なり共通していた。

ところが、日中戦争開始二年後の一九三九（昭和十四）年、軍部は千波が原約三〇〇ヘクタールを買収、それから清原村の激動の歴史が始まる。翌年、ここに宇都宮陸軍飛行学校が開校、少年航空兵の養成、訓練に当たった。太平洋戦争開始三か月前の四一年九月には、陸軍航空廠を併設した宇都宮陸軍飛行場が完成、戦闘機「隼《はやぶさ》」や「呑龍《どんりゅう》」などが配備された。

ところが、敗戦半年前の四五年二月十七日早朝、房総半島沖に迫った米機動部隊から発進した艦載機一六機が同飛行場を猛爆、以後数回にわたる空襲で飛行場は使用不能となった。

　敗戦を迎えた飛行場では残っていた飛行機がダイナマイトで爆破され、さらに九月から宇都宮市に進駐して来た米陸軍第十七師団は滑走路を破壊、一気に荒廃する。

　そんな中、戦後日本の最も深刻な問題は、食料難だった。これに対処するため政府は四五年十一月、緊急開拓事業計画を打ち出し、清原村では飛行場跡が開墾地になった。地元農家の二、三男や空襲の罹災者、復員軍人、海外からの引き揚げ者など開拓希望者が翌十二月一日から入植、今の栃木県立農業大学校近くにあった農作業の研修施設「農学寮」で講習を受けた後、「清原帰農組合」を結成、開墾に従事した。翌四六年には「清原開拓団」と改称、四八年には七四戸が加入する「清原開拓農業協同組合」を設立している。

　当時の入植者は現在ではほとんど他界、正確な記録も残っていないので、一世帯当たりの耕地面積などは不明だが、桜田四郎叔父の開墾地の一部を借り受け、二年遅れて少年開拓者となった室井光は関係者から聞いた話として「開拓者が頑張って開墾、申請した土地は、その人のものになったようです」と言う。作物は陸稲《りくとう》、小麦、サツマイモ、里芋、落花生《らっかせい》などが多かったようだ。

　その後、一九五四（昭和二十九）年八月十日の「昭和の大合併」で、清原村は宇都宮市と合併するか、芳賀郡に残るかの決断を迫られる。この時、四七（昭和二十二）年から務めていた村長職が二期目に入っていた荒井甲一（一九六九＝昭和四十四年逝去、享年七五）は「生活、経済圏や文化の交流状況から合併は必要」と決断、合併を実現させた。

　さらに宇都宮市は一九七〇（昭和四十五）年から首都圏整備法による都市開発区域の指定を受け、

開拓者の入植二五年目を迎えていた清原地区で、工業団地の造成を始めたのである。

憧れの長屋門

前章の文末で述べたように、室井は一九四七（昭和二十二）年三月、小学校三年生の学年末ぎりぎりの時期に、清原村に転入、自身三校目である清原村立・清原南小学校（略称・南校）へ転校した。通学の途次、毎日、通りかかった清原村の南端、大字上籠谷地区に建つ欅《けやき》造りの大きな長屋門を、ある種、憧憬の思いで見上げた記憶がある。

室井は後に知るのだが、長屋門の背後には三千平方メートル近い宅地が広がり、そこに二八〇平方メートルの母家《おもや》のほか、蔵、納屋などが建っていた。その正面入口にある長屋門は一八九九（明治三十二）年に建てられ、今では一二〇年近い歴史を誇る間口一五・六メートル、高さ六・八メートルの堂々たる造り。当初は母家ともども藁葺《わらぶ》きで、四度建て替えるうちに瓦葺《かわら》きに変わったと伝えられているが、その時期は不明である。

この門が室井少年の脳裏に残ったのは、満州や会津では見たこともなかった建物だった上、当時の自分たちの住居が、開拓地近くの鐺山町に残っていた旧・陸軍飛行場の粗末な旧兵舎だったゆえもある。自宅は四郎叔父が借りていた住居の一部を又借りしていたもので、東西に延びる平屋の旧兵舎を、開拓民数戸が輪切りのような形で使っていた。

室井少年がこの門への思いを一層強めるのは一九五三（昭和二十八）年四月、村立清原中学校から県立宇都宮高等学校（略称・宇高《うたか》。宇都宮工業高校の略称・宇工と区別するため、宇高の高は訓読みにしている）へ進学する話が出てからである。

前述のように室井家でただ一人の男手だった彼は、小学四年生から中学三年生までの六年間、四郎叔父からお裾分けしてもらった開墾地で小麦とサツマイモを作り、一家の生活を支えた。だから放課後の勉強や各種学校行事へは、碌に参加できなかった。

畑作は現在の市営清原球場南側の土地約二〇アール（二反、約六百坪）から始め、中学生時代には約三〇アールまで広げた。「そうしなければ一家が生きて行けなかったから、懸命でした」と前置きしての耕作体験。

荒井退造の生家の長屋門。前に立つのは著者

「十一月に蒔《ま》いた小麦が翌年の春先に育って来ますと、その畝《うね》と畝の間にサツマイモの苗を植えます。その苗は周囲の開拓農家の人たちが植えた後、余っていたのを貰いました。小麦は七～八月に収穫、脱穀しますと、六〇キロ入りの叺《かます》（藁筵《わらむしろ》製の袋）に七～八袋は採れました。一部はコッペパンと交換したものです。サツマイモは秋口に収穫しますが、それを運ぶ大八車も、周りの開拓農家の人たちが午後六時ごろ仕事を終えた後、貸してもらいました。皆さん、年端もいかない少年農夫に同情してか、優しく、好意的でした。冬場はそのサツマイモを食べて凌《しの》ぎました。貯蔵用の穴は母に手伝ってもらって、直径一メートルぐらい、深さ三～五メートルの丸穴を二本掘り、底に横穴を

掘って繋ぎ、使いました。穴の出入りは、壁に刻んだ足掛かりが頼りでしたが、関東ローム層の粘土質の赤土なので、しっかりしていて、崩れる心配はありませんでした」

健気な少年開拓団員に救いの手

そんな家族思いの健気な働きぶりと、勉強する時間がなくても試験はそこそこの成績が取れた知能指数の高さが近隣の評判になっていたようだ。

高校受験が目前に迫った一九五三（昭和二十八）年早々、室井は清原中学の岡崎長一校長と島田武担任教諭（いずれも故人）から呼び出された。室井が語る、その時の様子。

「お前の家はお金が無いから高校へ進学するのは大変だろうが、進学の気持ちはあるのか。実は清原村の荒井甲一村長から『本人に進学の意志があるのなら、村から月千円の奨学金を出してあげるから、宇高《うたか》を受験させなさい』というありがたい話が来ているということでした。この話を聞いた途端、私の脳裏に上籠谷字高田集落の長屋門が浮かびました。村長の娘さん（三女）は荒井セツさん（現姓・横嶋、八九。）と仰る南校の先生で、担任ではなかったのですが、私を〝光ちゃん〟と呼んで可愛がってくださいました。そのセツ先生が、あの長屋門をくぐって出勤されるところを何度も見かけていましたから、あの門があるお屋敷は荒井村長のお宅であることは知っていましたので」

この申し入れを受け、室井は全国有数の進学校である宇高を受験、見事合格し、晴れて入学する。

当時、清原村には奨学金制度はなく、室井の場合はまったくの特例だった。当時の宇高の月謝は八四〇〇円だったから、千円は通学のバス代や電車賃を加えても十分な金額だった。荒井村長の勤務先である清原村役場は今の竹下町、岡崎校長宅は隣の道場宿《どうじょうじゅく》町にあり、二人は教育行政についてよく意見交換していたというから、その席で出た話と思われる。室井は頬を綻《ほころ》ばせながら、続けた。

「しかも、この奨学金は翌年八月、清原村が宇都宮市に吸収合併された時、市にきちんと引き継がれました。合併後、市教委から『君の奨学金は引き続き市から支給する。その代わり一〇日に一度でよいから、市の郵便物の宛て名書きを手伝いなさい』との連絡がありまして、アフターケアも万全でした。荒井村長の温かいお心遣いに、胸が熱くなりました」

　前述のように二〇〇八年春、荒井退造が清原村出身とわかった後、室井は拙著にある前掲の退造の出自部分をもう一度読み返していて、再び「えッ」と大声を上げた。退造の兄の名は〈甲一〉とあったから、フルネームでは「荒井甲一」となる。その名は室井が一生忘れられない恩義を被った

上写真／荒井甲一と妻リエ
下写真／1947（昭和22）年９月６日、清原村に行幸した昭和天皇を案内する荒井甲一村長（左端）

大恩人である清原村々長の名前そのものだったからである。その時の室井の感慨。

「私がお世話になったあの村長さんの弟さんが、沖縄県民に島守と慕われている荒井警察部長だったことがわかり、感激しました。兄弟揃って民草に思いをかけた優しい人だったのだなあ、と胸がジーンと熱くなりましてね。これはいよいよ退造さんの働きを栃木県民や宇都宮市民の皆さんに知ってもらわなければならない、との思いに駆《か》られました」

第三章　手間取った栃木での退造顕彰

「荒井退造という人を知っているよネ」

〝沖縄の疎開の恩人〟荒井退造は旧・清原村大字上籠谷字高田集落の出身であり、〝自身の一生の恩人〟荒井甲一・清原村々長は、退造と一つ屋根の下で育った彼の実兄とわかって、室井の脳裏に一人の顔が浮かんだ。

室井が小学三年生の学年末に転入した南校から、清原中、宇高を通じて九年間の同期生であり、前記のＮＰＯ法人「菜の花街道」の代表を務める荒井俊典《としのり》（七八）である。

同期生とはいえ、小、中、高校で一度も同じクラスにならなかったので、込み入った事情は知らなかったが、室井は同じ荒井姓の俊典の家も上籠谷にあったから、「甲一・退造兄弟の親戚では？」と思ったのである。

この推測は、当たっていた。荒井一族は長屋門がある甲一・退造兄弟の生家を中心に、上籠谷町の北のはずれ一帯に六戸固まって存在するが、俊典家はそのうちの一軒だった。というわけで以後、荒井姓が複数登場するので、錯綜《さくそう》を避けるため名前を敬称略で呼ぶ失礼を、あらかじめお断りしておく。

荒井俊典「菜の花街道」代表

俊典が語る自身の家系と甲一・退造兄弟家との姻戚関係。「私の父・貞徳（二〇〇一＝平成十三年死去、享年九一）と退造さんの父・國太郎さん（一九一六＝大正五年逝去、享年四九）は、再従兄弟《またいとこ》に当たります。家系を三代ぐらい遡《さかのぼ》ると、やっとくっつく、他人の始まりぐらいの関係なのです」

俊典は早稲田大学政経学部を卒業後、足利銀行に六年余、通産省の情報処理センターに一二年間勤めた後、宇都宮でコンピューター関連の「関東タック株式会社」を設立、社長を務めた。

その傍ら一九八〇（昭和五十五）年から、宇都宮市中国友好協会の事務局長も務めた。戦中、宇都宮市に司令部を置いていた陸軍第十四師団（略称・十四師）は、旧・満州黒龍江省斉斉哈爾《チチハル》市に国境守備隊として派遣されていた。このため戦後、残留孤児や残留婦人問題などが山積、その解決のため両市は姉妹都市協定を結び、友好協会を組織したのである。

事務局長を務めること二五年、最後の一〇年は副会長も兼任した後、友好協会は二〇〇五（平成十七）年、初期の目的を達成したとして解散するが、元協会員の四〇人と翌二〇〇六年から始めたのがＮＰＯ法人「菜の花街道」である。

斉斉哈爾に日本の菜の花を移植した体験があったのと、メンバーの大半が『菜の花の沖』の著者であり、命日が「菜の花忌」として惜しまれている人気作家・司馬遼太郎のファンだったのが法人の名に「菜の花」を冠した由来。一～二年に一度ぐらいの割合で、時事問題や郷土史をテーマにした「菜の花文化フォーラム」を開いてきた。

室井は言う。「一族である上、文化活動に熱心な俊典君なら荒井退造の顕彰活動をリードしてもらうにはもってこい、と思いましてね。荒井退造が清原村出身と気付いた二〇〇八年以降、二～三年毎に開かれる清原中学の同期会で会う度に、彼に声を掛けました。『荒井退造という人を知っているよネ』と。その都度、『ああ、知っているよ』との返事は返って来ましたが、話はいつもそこで終わってしまいました」

この問いかけと応答について、室井、俊典両人の記憶が鮮明に交差するのは二〇一三（平成二十五）年六月二十三日、清原中学の同期生二六人が宇都宮市竹下町にある飛山《とびやま》城史跡公園の歴史探訪に出掛けた時である。飛山城は市の中心街・本丸町にあった宇都宮城の出城で、清原台地のほぼ中央、鬼怒川左岸寄りに雄大な中世の城跡を残している。

この日、室井は勇んで馳せ参じた。と言うのは、案内役が「菜の花文化フォーラム」を主宰する傍ら二〇一〇（平成二十二）年から同城跡のボランティア・ガイドを務めていた俊典であったのと、この日は偶然ながら六八年前、沖縄戦の組織的抵抗が止んだのを祈念する「沖縄慰霊の日」で、荒井退造を偲《しの》ぶのに最もふさわしい日だったからである。今度は俊典が話す。

「ガイドが終わりかけのころ、それを待っていたように室井君が僕の側へ寄って来て、歩きながら言いました。『荒井退造という人を知っているよネ』と。僕は『ああ、もちろん知っているよ』と答えましたが、室井君はそれ以上、何も言わないのです。だから話は、そこで終わっちゃった」

一方、室井は、残念そうに話す。「せっかく、最高の日に馳せ参じながら、もう一押ししなかったのが悔やまれましてねえ。それにしても一族の逸材を話題にしたのに、彼はいつも話に乗って来ないなあと、がっかりしました」

退造へのトラウマ

それには、わけがある。俊典は一九五〇（昭和二十五）年春、清原中学へ入学したころから、両親に「同じ上籠谷出身の親戚で、沖縄戦の時、県民を守って殉職した荒井退造という立派な人がいたのだ。お前もしっかり勉強して、退造を見習え」と言われ続け、うんざりしていたのである。

父・貞徳は一四歳から陸軍士官養成機関の一つである憲兵学校に学んだ人。戦中は十四師憲兵隊の一員として満州の哈爾浜《ハルピン》近くの安達《あんたつ》に派遣されていたが、宇都宮十四師司令部からの命令で東京・九段の陸軍憲兵隊本部に呼び戻され、三六歳で終戦を迎えた旧・憲兵大尉である。復員後は清原村へ帰って農業に従事しており、二つの例外を除くと、戦争中のことはあまり話さなかった。

その一つは、フィリピン戦線のネグロス島で、独身のまま二六歳で戦死した弟のこと。実際は餓死だったという無念さもあって、話さずにはいられなかったようだ。もう一つは自分より九歳年長だが、少年時代から顔見知りだった親戚の退造のこと。軍隊で規律や風紀遵守《じゅんしゅ》を旨とした人だけに、退造の生きざまに敬服していたようだ。

俊典が一九五三（昭和二十八）年春、進学校の宇高に入学すると、父の話は一段とエスカレートした。宇高の大先輩である退造が警視庁巡査の激務をこなしながら明治大学専門部（夜間）に学び、一九二七（昭和二）年、難関の文官高等試験行政科試験（高文、今の国家公務員総合職試験）に合格した苦学力行ぶりを褒《ほ》めちぎった。

苦笑しながらの俊典の回想。「高文がどんなものかもよく知らない僕に、難しさをしきりに話し、とてつもない快挙だと褒めまくる。それに加えて、うちの母がまた所謂《いわゆる》教育ママだったもので、親父を上回る熱心さで明けても暮れても『あなたも退造さんを見習って、しっかり勉強し、偉い人になりなさい』でしょ。ほとほと嫌《いや》になりましてねえ（苦笑）」

退造を語る荒井一族。右から拓男、横嶋セツ、拓男夫人・京子、親族の俊典（退造の生家にて）

そんな空気は、例の長屋門がある退造の生家でも共通していたようだ。長年の会社勤めを定年退職し、今は農業に従事している当主の荒井拓男《たくお》（六八）が話す。「退造さんがいかに素晴らしい人であったかを、私の場合は元・清原村長の甲一爺《じ》っちゃんに言われ、親父（秀雄、二〇〇五＝平成十七年死去、享年八六）に言われ、『だから勉強しろ。立派な人間になれ』と耳にタコができるほど聞かされ、もう嫌になっちゃってねえ。うんざりでしたよ（苦笑）」

第二章で少し紹介した甲一の三女で、退造の姪に当たる元・小学校教員、横嶋セツの場合は、女性だけに「見習え」とは言われなかったが、退造の母である祖母・

ワカ（一九五四＝昭和二十九年逝去、享年八四）は、ことあるごとに「退《たい》は頭のよい、おとなしい子だった」と褒めちぎり、「今日は退が帰って来るから、行儀よくしていなければ駄目よ」と行儀見習いのお手本扱いだったと言う。

命名の謎

このように退造を呼ぶ母・ワカは「退」の一字に思いのたけを込め、他の成人家族は「退ちゃん」と呼んだ。

ところで退造が生まれた一九〇〇（明治三十三）年は、明治の国運を左右した二つの大戦——日清戦争（一八九四〜九五）と日露戦争（一九〇四〜〇五）の狭間《はざま》である。その後のわが国が仕掛けた侵略戦争とは違い、国の存立を危うくする二大強国との止むにやまれぬ自存自衛の戦いだったとはいえ、国を挙げて「前へ、前へ」の思いに駆られていた時代に生まれた男子の名に、國太郎・ワカ夫妻は何故、「退」の字を使ったのだろうか？

これは筆者が一族から最も聞きたかった疑問で、実は一六年前、子息の紀雄に前著の取材をした時にも、いの一番に発した質問だったが、今回の取材も含め、残念ながら一族からは伝聞一つ聞けなかった。

しかし、國太郎夫妻は東北地方と峠一つ隔てた野州（下野《しもつけ》国の別称、今の栃木県）で農業に汗を流しながら、国策の熱に冒《おか》され始めた時代に醒めた目を向けた思索の人ではなかったか、と筆者は勝手な想像をめぐらしている。

ところで褒めちぎられた当の退造は、どんな様子だったか？　その面影を語り得る人は、今となっては姪のセツ一人である。

「退造さんは当時としては長身の、一七〇センチ余はある、がっしりした体格で、警察官の制服がよく似合う人でした。少年時代から勉学に励み、目を酷使したのか、若い時から黒縁眼鏡を掛け、いつも笑みを浮かべている口数の少ない叔父さんでした。私より二七歳も年上で、親子ほども歳が違いましたから、お仕事のことはよくわかりませんが、地方から東京の本省へ出張して来ると、しばしばわが家へ立ち寄りました。優しかったから会うのが楽しみで、帰省を心待ちしたものです。何より祖母のワカさんが嬉々《きき》として出迎え、世話している姿が印象的でした。よほど、自慢の息子だったのでしょう。私がまだ一五歳、高女生時代の昭和十八（一九四三）年七月初め、福井県の官房長から沖縄県警察部長に赴任する前も、家族を連れて帰省しています。あの長屋門をくぐって出て行く後ろ姿が、私が見た退造さんの最後の姿になりました」

退造は翌四四年一月、長男の紀雄を伴い、お別れの心積もりだったと思われる最後の帰省をしているが、突然だったのでセツは会えなかったようだ。退造父子はワカが出掛けていた県下の保養地まで追っかけて行き、三人が川の字になって寝たことは前著で紹介した。

このように若い時から親、兄弟、親戚から褒めちぎられ、しかも沖縄で吏道のあるべき姿を命がけで示した荒井退造が、戦後七〇年になるまで何故、地元の人たちから賞揚されなかったのか？後に荒井退造顕彰事業実行委の会長を務めることになる俊典が、苦笑しながら告白する。

「天領が多かった野州の人間は古来、ひけらかさず、媚《こ》びず、自己主張にはあくまで慎重なよい気質を持っています。ところが、その一方で『隣家に蔵が建つと、腹が立つ』と言い伝えられる、もう一つの気質に残る自尊心の強さ、悪く言えば料簡の狭さもありまして、その辺が私たち親族のトラウマや遠慮も手伝って、ブレーキになったようです。実は上籠谷に集まる一族六軒の中でも、退造の存在を知っていたのは、お恥ずかしいことに生家とわが家の二軒だけでした。各戸の当主が若返り、世代交代が進んだからでしょうが、語り継ぎができていなかったと大いに反省しています」

室井先生、もう一押し

飛山城跡の歴史探訪から約一年半後の二〇一四（平成二十六）年十二月初め、探訪に参加した清原中学の同期生が再び集う機会があった。参加者の一人がこの間に亡くなり、その法事の席だった。この時も室井は例によって俊典に「荒井退造を知っているよネ」と問いかけ、俊典が「ああ、知っているよ」と、これもいつもの紋切り型の返事を返すと、室井は初めて、もう一押しした。

「退造さんやわれわれの母校である南校（宇都宮市立清原南小学校の略称）の校長先生は、退造さんのことを知っているべか？　退造さんの学籍簿は、学校に残っているべか？」

方言まじりの、この日のやりとりについて、俊典は「あの日、室井君はいつになくしつこくて、何か心に期するような感じでした」と言い、室井は「そんなにしつこく言った覚えはないのだけど、退造さんのことを栃木の人々に一刻も早く知らさないと、あの立派な人格と働きがこのまま埋もれてしまうのではないか、という私なりの危機感があったのは事実です。それに顕彰運動を始める以上、スタート点を間違えてはいけないので、まずは出身小学校の確認から始めたい、と考えたのです」と言う。

結局「二人で南校へ行って、卒業名簿を確かめよう」ということになり、二人は十二月中旬、退造の生家と同じ上籠谷町にある南校に青木孝夫校長（五八、現・宇都宮市立西ケ岡小学校長）を訪ねた。

青木は前記の中国友好協会の仕事を通じ、かねて俊典とは面識があり、「その関連の話かな」と思いつつ二人を出迎えたが、顔を合わせるなり「校長先生は南校出身の大先輩で、荒井退造という人を知っていますか？」と聞かれた。青木の述懐。

清原南小学校の「退造コーナー（113ページ）を囲む（右から）荒井俊典、青木孝夫校長、佐藤昭夫（後、顕彰実行委事務局長／64ページ）

「恥ずかしながら初めて聞くお名前で、それまでまったく知りませんでした。そう申し上げると、俊典さんと室井先生はさっそく、退造さんについてレクチャーしてくださいました。その対応で冒頭から、お二人の熱意を感じました」

母校の小学校長にレクチャー

二人は「退造さんが南校の前身である清原村立籠谷尋常小学校の出身であることは、生家で聞いて

警視庁警視を拝命時の荒井退造

いますが、名簿の上でそれを再確認していただきたいのです」とまず調査を依頼した上で、退造の生い立ち、人となり、働きについて青木校長に約三〇分間にわたって話した。

退造は例の長屋門の荒井家で一九〇〇（明治三十三）年九月二十二日に生まれているが、父・國太郎は退造にも家業の農業を継がせる心積もりだったらしい。一九一三（大正二）年、籠谷尋常小を卒業後、旧制中学は受験させず、清原尋常高等小学校高等科（現・清原中央小学校）へ進ませた。

残っている同校の内申書によると、性格は「無邪気」、素行は「善良」である上、学業成績は各科目オール一〇点満点、席次は四二人中、二番と抜群。担任教諭の強い勧めで、一九一五（大正四）年、室井、俊典、青木らの出身校でもある宇高の前身・旧制・県立宇都宮中学校を受験、見事合格した。長屋門の生家から学校まで直線距離でも一一キロ以上あったので、宇都宮市小幡町の親戚宅などに下宿し、一九二〇（大正九）年、同校も優秀な成績で卒業している。

その後、上京、東京・杉並の高千穂高等商業専門学校（現・高千穂大学）を卒業後、一九二三（大正十二）年、警視庁巡査となった。激務の傍ら明治大学専門部に学び、刻苦勉励《こっくべんれい》の末、一九二七（昭和二）年、高文に合格、四年後、内務省（現・総務省）に採用され、警視庁警視を拝命した。

三〇歳代前半の若さで東京の中心部の二つの警察署の署長を務めた後、満州へ渡り、警察部の要職を三か所で務めた。帰国後は福島、山口、長野、福岡各県で社事兵事、学務、特別高等警察（特高）の各課長を歴任したが、一九四三（昭和十八）年七月、福井県官房長から戦雲迫る沖縄へ、戦中最後の県警察部長として敢然と赴任している。

戦局が悪化する中、軍部は翌四四年三月、南西諸島防備の第三十二軍を創設、「敵の上陸軍は陸・海空軍が洋上で撃滅する」との航空優先主義を採ったため、一五もの飛行場が必要となった。軍はその建設作業に県民を総動員したが、その要員調達は警察部の任務となり、退造の苦悩が始まった。彼は県民の生活を無視した動員に可能な限り抗い、「軍は県民を消耗品とでも思っているのか」と怒り、嘆いた。

さらなる試練は赴任一年目の四四年七月、閣議が決めた沖縄県民一〇万人の県外疎開計画である。米軍の侵攻によって起きたマリアナ諸島サイパン島民玉砕の二の舞を避けるための措置だったが、その責任も一身に背負わされた。

戦火におののく当時の知事や内政部長は沖縄からの転出を密かに画策、そのためには県内が平静でなければ、との個人的理由で疎開に反対した。県民もそれにかこつけ疎開に消極的だったが、一人でも多くの県民を救いたい荒井は沖縄県人がほとんどの幹部会議の席でも「沖縄の奴らはまったく目先が利かない。睫毛《まつげ》に火がついてから慌てても、わしは知らんぞ」と言い放ち、県民の決断を促した。

同年十月十日のいわゆる10・10空襲では、火の海の那覇市内で警察警備隊を陣頭指揮、県民の避難・誘導に全力を挙げ、県民の彼を見る目は一変、信頼を集めた。同年暮れ、知事が職場を放棄、内地へ逃げ帰った後は、県政の重責を一人で担った。

四五（昭和二十）年一月末、官選最後の第二十七代沖縄県知事・島田叡《あきら》（一九〇一～四五）が潔く赴任すると、軍が県政を牛耳《ぎゅうじ》る戒厳令発令を二人三脚で食い止めるとともに、県内外への県民の疎開をさらに推し進め、前述のように約二〇万県民の命を救った。

同年三月末に始まった沖縄地上戦では、三十二軍の首里《しゅり》撤退に反対しつつ、島田知事とともに県民の食糧確保、避難・誘導に全力を挙げた。「一億玉砕」の空気の中、仕えた部下の県民に声をひそめて、こう訴えた。

「軍は勝つ、勝つと言い張っているが、沖縄は全滅になる恐れがある。今こそ古来、沖縄に伝わる金言――〝命《ぬち》どぅ宝《たから》〟（命こそ宝）を大切にしなさい。君たちは軍人じゃないし、まだ若いのだから、むやみに死ぬのじゃないぞ。日本がもし負けても、国は残して行かなければならないのだから、沖縄再建のために生きて、生きて、生き抜くのだ」

自身は最後、アメーバ赤痢《せきり》に罹り、高熱と下痢でボロボロになりながら本島南端へ撤退、六月二十六日、島田知事とともに公式の消息を絶った。

第四章　退造顕彰活動の芽生え

浮かぶ偉人の群像

荒井退造の献身一途な生涯を聞いた青木校長の感慨。

「驚きましたねえ。こんな立派な人が本校の大先輩におられるのなら、道徳教育の柱に据え、将来は教科書にも載せなければ、と思いました。同時に頭に浮かんだのは、やはり第二次世界大戦初期の一九三九年から四〇年（昭和十四〜十五年）にかけ、外務省の訓令に背いてまで約六五〇〇人のユダヤ人に国外脱出のビザを発給し、命を救ったリトアニア領事館の外交官・杉原千畝《ちうね》（一九〇〇〜八六）のことです。ところが退造さんは、その三〇倍以上の沖縄同胞の命を救っておられる。しかも、お二人の生まれ年が同じ一九〇〇年というのも、当時の教育の底力を感じさせ、感慨深かったですねえ。さらにもう一人、思い浮かんだのは、明治中期、地元の足尾銅山鉱毒事件に取り組み、一九〇一（明治三十四）年、国会議員を辞任して明治天皇に直訴した田中正造《しょうぞう》（一八四一〜一九一三）です。栃木県が生んだ逸材は少なく、従来は田中正造一人、とされていましたが、優ると

青木孝夫

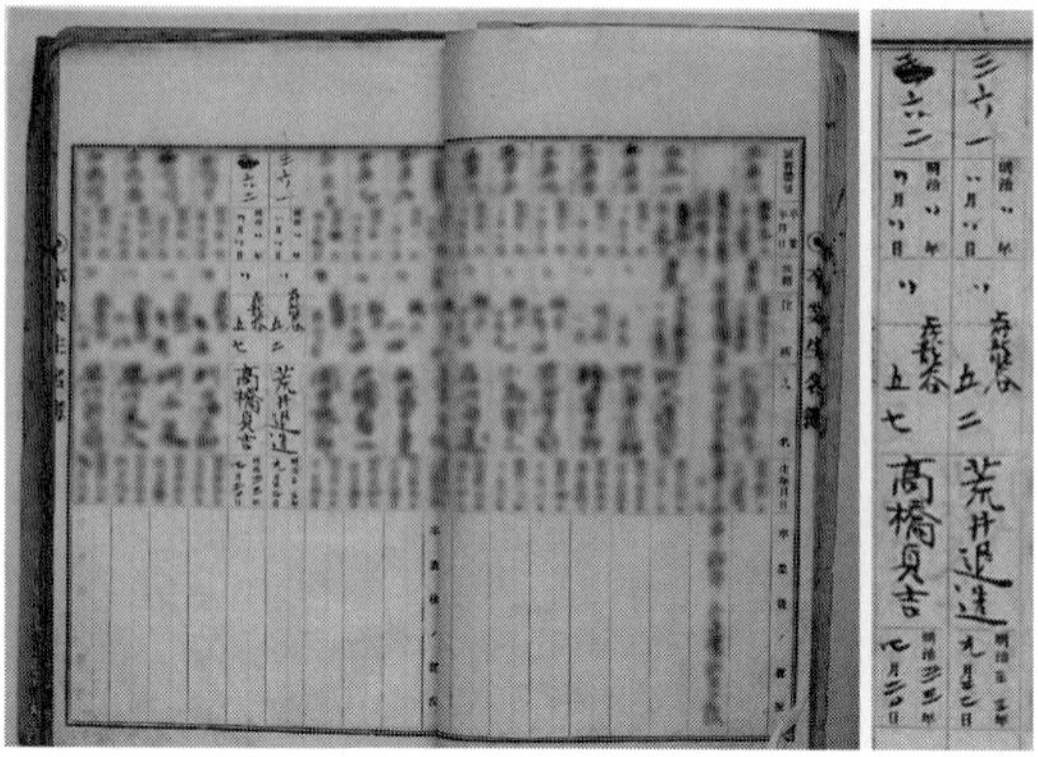

清原尋常高等小学校高等科の卒業名簿に残っていた荒井退造の名前

も劣らない人がもう一人、しかも本校が輩出していた。これは教育の場にいる者としては、何より嬉しかったですねえ」

興奮醒《さ》めやらぬ青木校長はさっそく、二人の先輩が希望した退造の卒業名簿を捜してくれた。退造は生家が言うように一九一三（大正二）年三月、清原村立籠谷尋常小学校を卒業しているが、同校は翌一四年四月、同・鐺山尋常小学校と合併統合して南校の前身である清原南尋常小学校になっており、卒業名簿は残念ながら合併の年以降の分しか残っていなかった。

しかし、退造は籠谷尋常小学校を卒業後、前述のように清原尋常高等小学校高等科（現・清原中央小学校）へ進み、一九一五年三月に卒業していることがわかった。

そこで俊典と室井は日を置かず、清原中央小に当時の野中政治校長（六〇、現・宇都宮市小学校校長会事務局勤務）を訪ね、倉庫を捜してもらい、貴重な卒業名簿を入手することができた。その写真は本書にも提供していただいたので、ご覧いただきたい（右上写真）。

話は卒業名簿の確認へと飛んだが、青木校長の感慨は、すかさず具体的な要望となって現れた。「今日のお話は、私が聞いただけで済ませるのは何としても、もったいない。うちの高学年の生徒たちにも、お二人のどちらかが話してやってくれませんか?」。

俊典が即答した。「身内の私が話すと自慢話に取られかねないから、室井君に話してもらいましょう」

顕彰を急ぐ室井に、異存はなかった。三人の話し合いは「道徳講話」の開催へと発展。二〇一五(平成二十七)年一月十九日、室井講師が「本校が生んだ偉人・荒井退造」のテーマで、五・六年の児童一四五人に話すことが決まった。

そのスケジュールを決めながら、せっかちな俊典は早くもその次を考えていた。「青木校長が初めて耳にした話が心の琴線《きんせん》に触れ、生徒たちにも……となった以上、この話は大人にも聞いてもらう値打ちがあるのではないか。ようしッ、次は菜の花文化フォーラムで取り上げよう」

「道徳講話」が口火

南校の道徳講話は予定通り一月十九日午前十一時から四五分間、同校で行われた。一〇一年前の一九一四(大正三)年、同校の前身である籠谷尋常小学校を卒業した大先輩の働きを、六五年前の一九五〇(昭和二十五)年に卒業した室井講師が、稚《おさな》い平成の後輩たちに語りかけた。

まず昭和戦争の切羽詰まった状況、沖縄が本土決戦の〝捨て石〟にされて行く惨めな戦況の中で、荒井大先輩が県民を守るために如何に奮闘、努力したか? 前章で紹介した青木校長に話した内容を、さらに噛み砕いて話した。

室井講師による道徳講話「本校が生んだ偉人・荒井退造」に聞き入る5、6年生（下野新聞社提供）

立ち会った荒井俊典は「生徒たちは身動《みじろ》ぎもせず、一生懸命聞いてくれました」と感激する。退造の生きざまを、一〇一年後の平成の後輩はどう受け止めたか？ 後日、生徒たちが「道徳」の授業時間に書いた感想文を二、三紹介する。

まず六年生の桜井菜乃さん（当時十二歳）。〈特に感動したのは、自分が病気におかされながら、沖縄の人を救おうとする姿です。最後の最後まで自分の命より、沖縄県民の命を守ろうとするところは、今の人たちにはできないことだと思いました。この時代は皆が「国のために喜んで死ぬ」という心構えでしたが、荒井さんは沖縄で守りつがれてきた「命どぅ宝」という言葉通り「生きて、生きて、生きぬきなさい」と言いました。おかげで、たくさんの沖縄の人が救われました。荒井さんの姿に感動したし、生きることの大切さを改めて教わりました。〉

次は五年生の塩澤征来君（同十一歳）。〈分かったことが二つあります。一つは、戦争は絶対にやってはいけないことです。たくさんの人々が最後までがんばらなかったら、もっとぎせいが出ていたと思います。二つ目は、何があっても負けないで生きていくことです。荒井退造さんは、いつでも「生きる」ということを心がけていたと思います。自分の命より、人々の命を守りました。荒井退

造さんは栃木県のほこりだと思います。わたしも役に立てる人になりたいです。〉
同じく五年生の菊地華凜さん（同）。〈荒井退造さんはみんなを助けようとし、みんなに生きる勇気をあたえました。私はそういうところに感動しました。「命どぅ宝」という言葉が心に残りました。今はとても平和な世の中ですが、もしこのような戦争がおきたら、私も荒井退造さんみたいに一人でも多くの人に「命どぅ宝」「生きる」ということを伝えたいです。〉
道徳講話を報じた地元紙・下野新聞社の記事は「とちぎ戦後70年」シリーズの一つとして、同二十二日付け朝刊に五段抜きで掲載された。退造と同じ上籠谷出身で、南校の後輩に当たる同新聞社宇都宮総局の小林亨記者（六二）が書いた。
児童に語りかける室井講師の写真に添え、「大先輩の偉業学ぶ」「沖縄県警察部長・故荒井退造氏終戦間際　県民疎開に奔走」の見出しが躍り、広く県民の関心を集めた。
退造精神の種が戦後七〇年にして初めて、野州・下毛野《しもつけの》の地（今の栃木県）に蒔《ま》かれた、と言えば大仰に過ぎるであろうか？

「菜の花文化フォーラム」で開花

南校の後輩たちの熱心な反応に力を得た俊典は、講話が終わった後、近くのレストランで室井と昼食をともにしながら、前年暮れ南校に青木校長を訪れた時から一人密かに温めてきた構想を打ち明けた。
「去年七月に第六回を開いたきりになっている菜の花文化フォーラムの第七回のテーマも、退造さんにしたいと思うのだけど、その講師も君がやってくれないか。会場は僕が設営するから」
退造顕彰を急ぐ室井に異存があろうはずはなく、その場で快諾。開催日時は二月二十二日の日曜日午前十時から二時間と決めた。メーンタイトルは「清原の志士、沖縄に殉ずる」とし、「沖縄では知らない人はいないが、内地ではほとんど知られていない人」とのサブタイトルを添えることにした。

俊典はさっそく、その日の夕方、清原工業団地の西側、宇都宮市竹下町にある作新学院大学を訪れた。同学園には六〇〇人が入れる立派なホールがあり、そこを会場にと考えての交渉だったが、使用料が約三万円かかる、と聞いて二の足を踏んだ。

NPO法人「菜の花街道」のフォーラムは毎回、入場料を取らず、会員四〇人のカンパで賄《まかな》っているため所帯は苦しく、三万円はとても出せない。やむなく入場定員は六〇人と手狭《てぜま》だが、半日、三五〇〇円で借りることができる清原工業団地内の清原地区市民センターホールで開くことにした。

次は聴衆集め。俊典と室井は「菜の花街道」の仲間から三〇人、飛山城跡のガイド仲間一一、三人から出席の確約を取り、最低限の参加者を確保した。その傍ら一般の参加者向けに会の趣旨を書いたA4判の宣伝チラシを多数作成、前記下野新聞の小林記者に二月二十日付けで予告記事を書いてもらったが、双方とも「入場無料　定員六〇名　先着順」を強調するのを忘れなかった。

この作戦は功を奏し、当時、俊典家に置いていた「菜の花街道」の事務局には参加申し込みの電話が相次ぎ、開催数日前に六〇人の定員をオーバーした。慌てた俊典は幸いにも空いていたホールの隣室も借り受け、二部屋ぶち抜きで一二〇席を用意したが、当日はそれを上回る約一六〇人が詰めかけ、約四〇人は〝立ち見〟の盛況となった。まず俊典代表、ついで青木・南校校長が立ち、「南校が生んだ偉人・荒井退造さんについて、まず清原地区の皆様に知っていただけることを嬉しく感じています」と挨拶、フォーラムは幕を開けた。

室井講師の講話は、本稿の第一、第二章で紹介した自身の旧・満州生活と引き揚げに伴う苦渋、それが端緒となった清原村への奇《く》しき移住話を織り込みつつ、疎開を中心とする退造のひたむきな働きに及ぶと、会場に感嘆の輪が広がった。

一時間半に及ぶ講話は、最後まで感動的だった。室井は一方で二〇万沖縄県民の命を救った退造の働きを賞揚しながら、他方で子息の紀雄が他の多くの県民や部下を死に至らしめた父の責任を詫びている辛い心情にも触れた。それを切々と綴っている前出の私家本『戦さ世の県庁』の「あとがき」を最後に朗読、聴衆は「この親にして、この子あり」と感じ入り、会場をしめやかな静寂が覆った。

その上で室井は「退造さんは自分の信念に生き、沖縄県民が一人でも多く生き残ることを願って自身の一生を捧げた人でした。こういう素晴らしい人物が清原村から出たことを私たちは誇りに思い、これからも熱く語り継いでいきたい」と締め括った。

この会場でも事前に退造の存在を知っていたのは、講師の室井を除けば主催者の俊典はじめ一族の四人だけ。それだけに来場者の驚きと感銘は大きかった。それは当日、俊典がにわかに思いついて書いてもらったアンケートの回答が来場者の三分の一近い五〇余通にのぼり、どれも荒井退造を称賛する内容だったことに示されていた。

顕彰実行委が発足

予想以上の反響に打たれた「菜の花街道」理事会は、フォーラム直後に開いた反省会でアンケートの声も生かして顕彰活動をさらに推し進めることを申し合わせ、四月一日、「荒井退造顕彰事業実行委員会」を発足させた。

生家を継ぐ荒井拓男を名誉会長に、会長に荒井俊典、顧問に室井光と本稿ですでにお馴染みのメンバーを互選、事務局長に「街道」理事の佐藤昭夫（六八）を選んだ。実行委員も「街道」理事が兼任、宇都宮市議五期二〇年在任中に中国友好協会活動で先頭に立った藤井弘一・元市議（七一）、同じく友好協会理事として、工藤政美、松原通子ら九人を選んだ。

実行委は四月一日の第一回会合で、退造の生誕一一五年に当たる同年九月二十二日に、記念誌『たじろがず沖縄に殉じた荒井退造――戦後70年、沖縄戦最後の警察部長が遺したもの』（下野新聞社刊）の出版を早々と決定、役員・委員一三人を編集委員に任じるなど、何をやるにも急ピッチだった。

この間、南校の青木校長はさっそく、三月の卒業式の式辞で、卒業生に「皆さんは先日の道徳講話で、本校出身の荒井退造さんの信念を貫いた素晴らしい生き方を学びましたが、卒業後は大先輩に負けないよう頑張ってください」と訴えた。青木は言う。

「私は例年の式辞では江戸中後期の米沢藩主で、藩の行財政改革に努めた上杉鷹山《ようざん》治憲《はるのり》（一七五一～一八二二）の名言を取り上げて来ました。『成せば成る　成さねば成らぬ何事も　成らぬは人の成さぬなりけり』ですが、二〇一五年からは、それに荒井大先輩の生きざまをプラスし、学ぶよう話しました」

卒業式の式辞で荒井退造の生き方を慫慂《しょうよう》する手法は、退造の卒業名簿を捜し当てた清原中央小学校（清原尋常高等小の後身）でも、野中元校長によって実行された。同校では南校のような事前の道徳講話は行わなかったので、略歴から紹介しなければならなかったが、同校長は式辞の三分の一を費やし、「皆さんも、偉大な先人の卒業生を誇りに思い、人の役に立つ人間になってください」と呼びかけた。その全文は、前記の記念誌に収録されているので、読んでいただきたい。

退造の顕彰活動はこの後、実行委や宇都宮高校を軸にもっぱら栃木県下の高校、大学へと広がりを見せることになるが、発端が退造の母校である二つの小学校から始まったのは、何とも嬉しいではないか。

もう一つの不思議な邂逅

以上のような数々のエピソードは、第二章で述べた六四年前の室井少年と荒井退造の実兄との数奇な出会いに端を発するが、この顕彰活動が動き出して間もなく、荒井、室井両家の間で、実はもう一つの不思議な邂逅《かいこう》があったことを紹介しておきたい。

記念誌編集委員の一員となった室井は、筆者の提案もあって、同誌にフォーラムの講演記録をそのまま載せることにした。そこで講演の録音記録をパソコンで活字にする作業を、長女で県立宇都宮清陵高校で地歴公民科（世界史）教諭を務める高橋淳子（五一）に頼んだ。淳子が学校の仕事を済ませた夕方、職員室でパソコンに向き合っていた時である。

隣の席に座っている県立真岡高校、早稲田大学出の若い数学担当教諭・上杉理（二七）が「今ごろ、何を熱心に……」といった感じで画面をのぞき込んだが、荒井退造の名を見つけると、「あれーッ、荒井退造というのは僕の親戚なのですよ」と言い、淳子を驚かせた。

聞けば、上杉の祖母で、やはり元・教育者の上杉久子（八三）は退造の兄・甲一の四女で、前出の三女・横嶋セツとともに退造の姪である。荒井、室井両家とも一族に教育者が多いのに感心するが、それはとにかく、上杉理教諭から見れば退造は大々叔父に当たる。

上杉教諭自身は第七回菜の花文化フォーラム当日は所用があり参加できなかったが、祖母姉妹は駆けつけ、最前列で室井の講話にいたく感激したとのことだった。「あの講話をなさったのは、高橋先生のお父さんでしたか。祖母が厚くお礼を申し上げていた、と伝えてください」と感謝してくれたが、淳子のお返しの言葉に、今度は上杉が驚く番だった。

「私は晩婚だったので、二女はまだ七歳の小学生ですけど、名前はあなたと同じ字なのよ。もっとも理と書いて、あや、と読ませますが……」

「あや」を「ただす」。過酷な沖縄戦と軍部のありさまに対峙した退造の、思考系統そのものではないか。そのよってもって来たる所以については、次章で詳しく述べるが、荒井一族と室井一族は見えぬ運命の糸で繋がっているなあ、というのが、筆者の率直な感想である。

第五章　退造の原点は宇都宮中学の「瀧の原主義」

退造に魅せられた宇高校長

話は前後するが、第七回菜の花文化フォーラムの聴衆の中に室井講師とは違った立場で、荒井退造との強い縁を感じた人がいた。退造が学んだ旧制・栃木県立宇都宮中学校（略称・宇中）の後身である宇都宮高等学校（同・宇高）を一九七六（昭和五十一）年に卒業したOBで、二〇一四（平成二十六）年春から母校の第三十八代校長を務めていた齋藤宏夫《さいとうひろお》（六一、現・栃木県立博物館長）である。

フォーラムを聞きに行ったきっかけは、この年二月二日、同校で開いた百三十六回創立記念式典の後の同窓会理事会で、一九四九・五〇（昭和二十四、五）年卒（六・三・三制への学制移行で、卒業年度が二年にまたがっている）の常務理事で、郷土史家の塚田保美（八八）が一枚の資料を配ってくれたことから。

齋藤宏夫

見ると、宇中を一九二〇（大正九）年に卒業した大先輩・荒井退造に関する講演会の案内だったので、清原中央小学校教諭の眞砂江夫人（五九）とともに足を運んだが、会場で目に見えぬ絆を感じることになる。齋藤の述懐。

旧制宇都宮中学の1920年卒業アルバム。中列右端が荒井退造

「退造氏の一族であるフォーラムの主催者・荒井俊典代表の開会挨拶に続いて、宇高の同級生で、当時も今も仲よしの青木孝夫君が登壇したのには驚きました。話を聞いて、彼が校長を務めている清原南小学校は退造氏の母校とわかり、感無量でした。俊典代表も講師の室井先生も宇高の先輩だし、話された退造氏の事跡には、『ああ、わが母校には、こんな凄い人がいたのだ』と深い感銘を受けました。また、講話の内容から妻が教壇に立っている小学校は、退造氏の尋常高等小学校高等科時代の母校であることも知りました。それに私は、校長を拝命して三八年ぶりに母校へ戻って来たばかりでしょ。どちらを見ても　退造氏の関係者や宇高の同窓生ばかりで、人の縁を強く感じた一日でした」

　齋藤はさっそく、学校の倉庫を探し回り、一冊だけ残っていた一九二〇（大正九）年三月の卒業アルバムのなかに若き日の退造の姿を見つけた。制服制帽姿の学生たちが三列に分かれ、思い思いのポーズでおさまっている集合写真。退造は「第五学年二ノ組」の中列右端で、前をしっかり見つめていた。

　もともと、地歴公民科日本史の教員である齋藤は「退造氏についてもっと詳しく知り、宇高の生徒たちにも伝えたい」と思い、フォーラム直後から関係史料を渉猟《しょうりょう》した。宇高の門外漢である筆者が書いた『沖縄の島守——内務官僚かく戦えり』も、その一冊に加えてもらったが、「はじめに」

の項で書いた取材意図や姿勢に共鳴していただいたのは何より嬉しいことであった。

また、拙著で退造の長男・紀雄が前記の私家本『記録集成　戦さ世の県庁』を自費出版しているのを知り、読みたいと思った。同書は紀雄によって同県立図書館に寄贈されていたが、稀覯《きこう》本扱いなので何日も通って読んだ。

戦時下の沖縄県政に関する貴重な資料に基づく冷静な記述、沖縄戦を辛うじて生き抜いた亡父の部下が戦後に綴った証言を丹念に拾っている点に、父の最期に迫りたい子息の熱い思いを感じた。また室井が講演の最後で披露したように、多くの県民や部下を死なせた罪を、亡父になり代わって詫びている真摯な姿勢にも打たれた。

一方、フォーラムの資料を配った塚田常務理事の父・保治（一九四五＝昭和二十年逝去、享年五三）は、栃木県下の那須《なす》、烏山《からすやま》、鹿沼《かぬま》、栃木、佐野、宇都宮など、主だった警察署の署長を歴任した県警界の著名人である。その後輩で戦後、北関東綜合警備保障株式会社を設立した青木忠三（一九九六＝平成八年死去、享年八四）は、警察ＯＢの誼《よし》みで『戦さ世の県庁』が出た一九九二（平成四）年にいち早く入手、先輩の息子で、退造の宇高の後輩でもある塚田に「宇中卒のこんな先輩がいたのを知っているかい？」と同書を贈ってくれた。

以来、荒井退造の調査、研究は塚田の宿題となったが、当時、彼は八〇〇ページの大作『栃木県郵便史』など一連の栃木県駅逓史関連の著作にかかっていたため、即応できなかった。「沖縄県民を救うべく職に殉じた荒井退造警察部長（大正9年卒）」と題する四八〇〇字の原稿を「宇高同窓会報60号」に寄稿したのは、二〇一三（平成二十五）年の六月だったから、「もう少し早く同窓生に知らせるべきだった」と悔やむのである。

その翌年、宇高へ校長として赴任した齋藤も多忙に紛れ、この原稿を読み落としていたが、フォーラムで室井が紹介したことから急いで読み、文末の二行に目を奪われた。塚田は、こう書いていた。〈笹川臨風《りんぷう》校長が説かれた「瀧《たき》の原《はら》主義とは何ぞや」――私はこの稿を起こしながら、荒井退造氏にその精神の真髄を見た。〉

笹川臨風校長の気概

笹川臨風は一九〇一（明治三十四）年六月十七日、三一歳の若さで宇中の第八代校長に任ぜられた笹川種郎《たねお》（一八七〇～一九四九）、雅号を臨風と号した文学者である。

東京府神田末広町（現・東京都千代田区）生まれの旧士族で、生粋の江戸っ子だが、家庭の事情で愛知県立の中学校、京都の第三高等学校（略称・三高。のち京都大学教養部に併合）を経て、東京帝国大学（東京大学の前身）国史科に学んだ。詩人で、評論家の大町桂月《けいげつ》（一八六九～一九二五）や評論家の高山樗牛《ちょぎゅう》（一八七一～一九〇二）らと親交があり、雑誌「帝国文学」に拠って論陣を張った文壇一方の雄であった。

当時の公立中学校長は、文部省（文部科学省の前身）が任命した。臨風が後年、宇中在任中の思い出を綴《つづ》った随筆「明治すきがへし」（宇高の『百年誌』に収録）によれば、創立二一年と、まだ若かった当時の宇中は、校内で騒動が多く、ストライキが頻発する利《き》かん気の学校だった。しかし、臨風は校長就任を打診されると「よく治まっている学校では、治績を挙げるのは難しいが、そういう学校ならやり甲斐がある」と、その場で引き受けている。

赴任前、東京・上野の料亭で開いてもらった送別会で、かつて島根県立簸川《ひのかわ》中学で教諭を務めた経験がある大町桂月から「臨風よ、君なんか宇都宮へ行っても、せいぜい一年そこそこで帰ってくるよ」と冷やかされたが、どうしてどうして、一九〇七（同四十）年十二月二十八日まで六年半も勤め上げ、この間、現在の宇高へと連綿と引き継がれている教育指針「瀧の原主義」を確立、学校の礎石を固めた。

「瀧の原」とは、宇都宮市の南西部、日光に通じる県道二号線の東側に、職住混在で南北に延びる円錐形の町の名前である。宇中は一八七九（明治十二）年、瀧の原よりさらに県南西部の都賀《つが》郡薗《その》部《べ》村（現在の栃木市薗部町）で開校したが、一八九三（明治二十六）年、この地に移転、瀧の原地区の南端一一万一三七七平方メートルもの広大な校地を得た。そのまた南端にある陸上競技用のトラックとグラウンドの間を、JR日光線の線路が横切るほどの広さである。

校庭には旧制中学からの男子一貫校では全国最古の白亜の校舎の名残りである「瀧の原会館」があり、桜をはじめ一四〇種・四千本と言われる樹木、無数の草花が生い茂る、これ以上ない教育環境。卒業生総数はすでに三万二千人を超える全国有数の伝統校であり、現在、現役生徒の東京大学合格者数は全国公立高校の中で上位を占める進学校でもある。

筆者も宇都宮での荒井退造顕彰活動の萌芽を聞き、二〇一五年秋から「瀧の原主義とは何か」と

「宇高同窓会報」を渉猟してきたが、二〇一四（平成二十六）年六月発行の第62号に「『瀧の原主義とは何ぞ』を問い続けて」と題した岡島一浩・元教頭（六三、現・足利短期大学付属高等学校長）の論考を見つけた。

岡島は一九八四（昭和五十九）年から同県下の公立高校で社会科―地歴公民科を担当してきた教育者で、宇高には一九九六（平成八）年四月から二〇一四（同二十六）年三月まで、最後の教頭職二年を含め連続一八年間も勤務している。自身は同県立佐野高校出身だが、宇高赴任当初から同校の教育指針に打たれた。そこで東京の国会図書館まで出向いて臨風校長を研究する傍ら、生徒に瀧の原主義を問い続けてきた。離任最後の授業テーマが「瀧の原主義とは何ぞ」なら、前記の論考も離任の挨拶という熱心な臨風研究家である。宇高離任後は、栃木県立栃木女子高校長、足利工業大学教育連携センターの副センター長を各二年務めた。

筆者は厚かましくも電話やFAXで一〇項目もの質問をさせていただいたところ、折り返し数々の参考資料を添付した懇切丁寧な回答文を、分厚い封筒でどっさり届けていただいた。本稿の記述はそれに基づくが、最初の質問「瀧の原主義は笹川臨風校長が創立二二年の宇中の校訓を纏《まと》められたものか、丸ごとご自身の発想か」との問いには、こんな答えをいただいた。

「歴史と伝統が醸《かも》し出す校風こそが教育目標の出自で、忽然《こつぜん》と誕生したはずはありません。従って瀧の原主義は、笹川校長赴任時にすでに宇中に存在していたのであり、校長はそれが何であるかを自身の言葉で語られた。それが名文であることから、宇高では瀧の原主義として定着しているのではないかと思います」

「瀧の原主義とは何ぞ」

では、その瀧の原主義はどのようにして纏め上げられたかを物語る興味深いエピソードは、前記臨風随筆の中で、あれこれ語られている。しかし、この章の眼目は、瀧の原主義が荒井退造の生きざまにどう関わったか、にあるので、エピソードは後回しにして、まず臨風先生が宇中校長を退任した翌年の一九〇八（明治四十一）年三月、「宇中　同窓会雑誌　第十九号」に寄稿した「瀧の原主義」と題する決定稿を原文のまま一部抜粋、その概略を紹介する。

「瀧の原主義とは何ぞ、瀧の原男児の本領を云ふ、宇都宮中学校生徒の守る所を云ふ」で始まる文章は、「何をか瀧の原主義となす」と本題に入り「曰《いわ》く剛毅なるにあり、元気なるにあり、沈勇（沈着で勇気あること＝田村注）なるにあり、自重なるにあり、活躍的精神に富めるにあり、気概心あるにあり、高潔なるにあり、義侠心あるにあり、天空海濶《てんくうかいかつ》の襟度《きんど》（度量が空や海のように広い＝同）にあり、男子らしきにあり」と続く。

ついで「瀧の原主義は贅澤を排す」を筆頭に排除すべき事項を列挙するが、それはハイカラ、女性的、浮華、軽躁、粗野、腑甲斐《ふがい》なき、薄志弱行、陋劣《ろうれつ》なる心性、膽玉《きもったま》の小さき、度量の狭小へと及ぶ。

その上で目的論へと移り、「今の世には猪口才子多く藝人多けれとも人物に乏し、瀧の原主義は人物を作らんとするにあり、剛健なる眞男子を作らんとするにあり、浮華軽俗なる時代精神に反抗せんがために、否、寧《むし》ろ之《これ》を救済せんがために瀧の原主義を鼓吹し之を以て瀧の原男児を作り上げんとするなり」と説く。

さらに学校がある北関東の自然、風土の素晴らしさに言い及ぶが、経済、文化面での評価は手厳しい。自身が三高時代に関西の人と文物にじかに触れたからだろうが、富、智能、人材の点で「いたく関西に劣れり、特に我か栃木縣の人材に乏しきは誰しも認むる所なり」と断じ、その挽回策として瀧の原主義を天下に獅子吼《ししく》せよ、と訴えた。

そのために校旗、校歌、生徒心得の制定を呼び掛け、「我が瀧の原主義に依りて養はれたる瀧の原男児は　時代に於《お》ける指針者とならさるへからす、即ち瀧の原主義の鼓吹者となり、瀧の原主義の傳道者となるを期すへきなり」と結ぶのである。

現に「正義と剛毅」を詠み込んだ一九四二（昭和十七）年制定の宇中二番目の校歌は、臨風先生自身の作詞だったし、文言冒頭の主要部分七行を自ら流れるような達筆で墨書、それを刻んだ石碑は一九八九（平成元）年十二月、瀧の原会館の傍に建立されている。

退造による主義体現

この瀧の原主義は、荒井退造の生きざまにどう影響したか。退造に心酔する一人として筆者なりに分析してみると、主義の冒頭に謳われている「剛毅」「元気」「沈勇」について、退造は早くも、沖縄赴任前の段階で身をもって体現している。

後に沖縄県民の県外疎開を進めるため退造に協力した内務省防空総本部救護課主任事務官・川嶋三郎の生前の証言によれば、退造は「天下国家のために働く」近道として民衆との接点が多い警察官僚を選んだから、内政畑の福井県官房長在任中の一九四三（昭和十八）年、内務省に警察部長職への転任を強く希望した。

折から戦況の悪化を憂慮する政府は、大行政改革による地方の徹底的戦力化を検討中で、とりわけ南方への前進基地として重要度を増していた沖縄県の知事と警察部長人事に苦慮していた。退造は前任地の福岡県で、政治思想犯の取り締まりを主な任務とする特別高等警察（特高）課長を務め、それらの政治情勢を把握していたから、この時期の警察部長職志望は戦火が及ぶこと必至の沖縄赴任もあり、と覚悟しての剛毅・元気・沈勇な意思表示だった、と言えるのだ。

次に強きを挫《くじ》き、弱きを助ける「義侠心」、度量の広さを問う「天空海闊の襟度」は、まず沖縄赴任時の姿勢、言動で示した。序章でも触れたように、本土人は昔から沖縄の人々を差別、軍、政、官界ともに「都に遠き離れ島、民族的紐帯の薄い三等地」と揶揄《やゆ》して憚《はばか》らなかったが、退造は違った。

彼は赴任第一声で「とても明るい感じのする土地」と賞賛、県下の全警察署を精力的に視察した後では「当地の警察官は規律正しく元気に溢《あふ》れ、言語動作がきびきびはきはきして素質がよい」と評価、同じ目線を印象付けた。

赴任の翌一九四四（昭和十九）年春、布陣した日本守備軍・第三十二軍の無理無体な県民総動員作戦に対し、全責任を負わされた退造が示したまさに〝理を理《ただ》す〟理詰めの抵抗も、「義侠心」と「天空海闊の襟度」の二度目の発露と言えよう。

そして最大の課題であった疎開問題。孤立無援の中での孤軍奮闘は、一人でも多くの県民の命を救いたい「男子らしき」「気概心ある」「活躍的精神」の表れであったし、この三つの精神は10・10空襲の中での目覚ましい働きとしても発揮される。

この後、島田知事の赴任で、退造はやっと心を許せる上司との二人三脚を果たすが、それは陰鬱な戦中には得がたい「高潔なる」心の出会いだったと言ってよい。

その連携は沖縄戦が終るまで県民の保護、避難誘導、食糧確保に注がれ、「鬼畜米英」「一億玉砕」がスローガンとなる空気のなかで、行く末に戸惑う部下に「アメリカの兵隊は民間人をむやみに殺しはしないから、生きて、生きて、生き抜くのだ」と言わしめた。瀧の原主義が理想とした「剛健なる眞男子」を、退造は身をもって具現したのである。

瀧の原主義が成立するまでのエピソードも紹介しておこう。現在、宇高に引き継がれている学力の向上、上級学校への進学率を高めるため、英語と数学教育には特に力を入れたが、成績の悪い生徒は容赦なく落第させた。校長就任の翌春、県知事が頼んできた息子の入学は、断固拒否している。

旧制中学の教職員人事は校長の専権事項だったので、信州小諸《こもろ》中学の教師だった、あの島崎藤村（作家、詩人。一八七二〜一九四三）を英語教師に迎えようとしたが、藤村が提示した月給百円が調達できず、計画は失敗した。ただ、藤村の名作『破戒』は臨風校長在任半ばの一九〇四（明治三十七）年から書き始められているので、宇中移籍が叶っていれば、かの夏目漱石と松山中学のような関係が生まれたのではないか、と惜しまれる。

同窓会の塚田常務理事は「荒井退造さんの思索と行動と最期を追ううち、瀧の原男児そのものの生きざまを見ました。栃木県が生んだ偉人・田中正造にも匹敵する人物と感じ、退造氏顕彰原稿の締め括りに書いたのです」と言った。

臨風校長、水没の谷中村へ

戦後七〇年ぶりに荒井退造の事跡を知った宇高の同窓生のうち、前章では南校の青木・前校長、この章では塚田常務理事が、期せずして足尾銅山鉱毒事件で活躍した郷土の偉人・田中正造の名を挙げたが、田中と臨風校長の間に実は交流があったという驚くべき事実を教えてくれたのも、岡島・元宇高教頭である。

足尾銅山鉱毒事件は生糸貿易で辣腕を振るった古河市兵衛《ふるかわいちべえ》（一八三二〜一九〇三）が一八七七（明治十）年、利根川の支流・渡良瀬《わたらせ》川最上流の栃木県足尾で銅山の経営に乗り出し、鉱毒の流出で恵みの川を死の川と化したのが発端。明治二十年代以降、農業、漁業、健康、環境面で壊滅的被害を受けた栃木、群馬、埼玉、茨城の四県に跨がる被害民は団結、地元選出の衆院議員・田中正造とともに銅山の操業停止を訴えた。

しかし、明治政府は富国強兵、殖産興業のシンボルとも言うべき足尾銅山を擁護、被害民を切り捨てた。おまけに鉱毒を首都圏に入れないよう、栃木県最南端の谷中《やなか》村（現・栃木市藤岡町の渡良瀬遊水地一帯）を「洪水防止の遊水地に」との名目で、実質は鉱毒沈澱《ちんでん》池にする〝すり替え計画〟を進めた。

たまりかねた田中は一九〇一（明治三十四）年、国会議員を辞し、問題の解決を明治天皇に直訴するが、それは偶然ながら、臨風校長が宇中に赴任した年である。赴任早々、このニュースに接した臨風校長の気概心や義侠心が少なからず影響を受けたことは、次の行動で示される。

田中は、水没・廃村の危機にある谷中村を救済しようと、一九〇四（明治三十七）年から活動の拠点を同村へ移すが、臨風校長は同年十月、宇都宮からそこを訪れているのだ。同月九日付け「平民新聞」に「谷中村」と題した訪問記を「臨風」のペンネームで書いているのが、その何よりの証明である。ちなみにこの新聞は、七年後に大逆事件で刑死する幸徳秋水《こうとくしゅうすい》（一八七一〜一九一一）らが設立した平民社が一九〇三年に創刊した社会主義週刊新聞で、〇七年に政府の弾圧で廃刊に追い込まれている。

訪問記は〈余は両毛線の佐野驛から、葛生越名《くずうこえな》間の鐵道に乗り替へて、越名へ向つた。それは噂に聞いていた谷中村を見舞う爲《た》めである。〉（漢字、送り仮名とも原文のまま。以下同）と書き出す二千字の紀行文。現地の惨状は概略、こう綴《つづ》られている。

〈越名の寒村につくと、一面に道路は泥濘である。田も畑も、桑も稲も泥だらけである。渡良瀬の氾濫《はんいつ》は唯もう満目をして粛條《しょうじょう》たらしめて居る。（中略）是《これ》は赤麻沼《あかまぬま》かねと聞くと、赤麻はずっとあちらですと云ふ。ハテナ、此沼は何と云ふのかと聞くと、冷然、谷中村ですと答へた。余は愕然とした。エッ是が谷中かへ。余が訪はうとした谷中村は、實に谷中沼であった。（中略）眸《ひとみ》を放つと、渺々《びょうびょう》として目も遙かなる大江の如しである。處々に家屋が島を形づくつて居る。鎮守の森は半島の如く突出して居る。庚申塚、墓地の石塔が水上に少しばかり浮かんでいる。（中略）嗚呼千五百

町歩の沃土は空しく水底に葬られて居るのである。（後略）〉

　時に田中正造六三歳、三四歳の笹川校長は、この文章を、こう締め括っている。

〈古《いにしえ》の禹《う》（治水で功をおさめた古代中国の王＝田村注）は家門を過ぐれども入らずに水を治めた。今の官にあるものは恬《てん》として拱手し、姑息の手段を以て自然の成行きにまかせるのであらうか。是れ栃木縣の不名誉なり、是れ日本帝国の不名誉なり。

　飽食暖衣するの徒は一たび谷中へ行て見るが薬であらう。否、之よりは世の志士仁人、一たび此荒村を訪うて、今の此窮民を恤《あわれ》み、且《か》つ百年の大計を立つることに、志を立てられんことを、余は偏《ひとえ》に望むのである。〉

　岡島・元教頭は国会図書館のマイクロフィルム化された平民新聞から、臨風の名とこの文章を探し出した時、「感動して手が震えた」と言うが、その理由をこう語った。

「堂々たる正論。特に最後の一節は、瀧の原主義の目的論の中で『浮華軽俗なる時代精神に反抗せんかために、否、寧ろ之を救済せんかために……』と述べている文章そのものではないか、と直感しました。臨風先生が孤軍奮闘する田中正造の支援者の一人であったという事実、そのために谷中村へ足を運んだという事実の中に、瀧の原主義の出自の一つを見出すことはできないでしょうか」

　その訪問記は何故、平民新聞に掲載されたか？　臨風校長は社会主義とは無縁の人だから、記事の文末にある〈即夜筆を走らす〉の添え書きから、岡島は臨風校長の谷中村訪問を知った平民新聞が急遽、執筆を依頼したと見ている。

宇都宮高校校庭に建つ「瀧の原主義」の石碑。傍らに立つ齋藤宏夫

齋藤校長、沖縄の「暗黒ナル壕」へ

時代は下って、宇高の齋藤校長も改めて「瀧の原主義」の関係資料を読み返し、臨風校長が三高―東京帝国大学出であることに強い関心を持った。

「荒井警察部長が沖縄で肝胆《かんたん》相照した上司の島田叡知事が、臨風先生と同じ学歴なのですよ。退造氏は臨風校長から直接、薫陶《くんとう》は受けていませんが、京都で雅びの文化を学んだ臨風先生の瀧の原主義を通じ、基本的な考えを教えられたと思います。だから、島田さんと荒井さんは思考形成の上で、無縁の人ではないのです。これがお二人の呼吸がぴったり合い、〝二人の島守〟と並び称される所以ではないでしょうか」と分析する。

長文の「瀧の原主義」は戦後間もない一九四五（昭和二十）年十二月、宇中の「生徒指標」として「和敬信愛　質實剛健　自律自治　進取究明」に要約され、現在、宇高の正門近くにある石碑に刻まれている。

これがまた、島田知事の母校である神戸二中―兵庫高校の校訓「質素、剛健、自重、自治、これを貫くに至誠をもってす」に実によく似ているのである。ここでもそれぞれの母校の教えが、二人の生きざまを相寄せたと言えるであろう。

齋藤校長は言った。「生徒指標は戦後の混乱期に、生徒がわかりやすい目標に、と集約したものですが、その原文とも言うべき瀧の原主義は、今こそ熟読玩味したい。実は同窓会雑誌十九号の原文は読み辛いので、私はパソコンで全文を打ち直し、Ａ３の用紙一枚に収めました。今後は修業式や卒業式で生徒に配り、じっくり読んでほしいと思っています」

　齋藤は、さらに言葉を継いだ。「それといろいろな資料を勉強する中で、一番気になったのは沖縄県那覇市字真地《まあじ》の識名《しきな》霊園墓地内にある〝県庁・警察部壕〟の存在です。島田知事と荒井警察部長は〝鉄の暴風〟と形容された米軍の激しい砲火が荒れ狂うなか、一九四五（昭和二十）年四月下旬から、戦況が危機に瀕した五月二十五日までほぼ一か月間、この壕に身を寄せ、県民保護のためにさまざまな施策を練られた。その最終日、荒井部長の提案で、内務省宛てに『六〇万県民只暗黒ナル壕内ニ生ク……』で始まる悲痛な最後の電報（第二章に全文）を打っています。その「暗黒ナル壕内』の実情をいくらかでも肌で感じたい。そこでお二人は日々、何を考え、行動に移されたか？その現場を見ないでは、生徒に語り継ぐことはできないと思いました。それに、お二人の終焉《しゅうえん》の地である本島南端の摩文仁の丘へ行き、宇高と清原中央小学校の校庭の土を撒いて慰霊したい、との思いも募りましてね」

　第八代・臨風校長は、田中正造が苦闘した水没寸前の谷中村へ駆けつけた。第三十八代・齋藤校長は一一一年の時空を超え、栃木が生んだもう一人の逸材・荒井退造が沖縄戦で呻吟した苦難の壕を訪れようとしていた。

第六章　沖縄・兵庫・栃木のトライアングルへ第一歩

栃木県から初の接触

宇高には全日制と通信制があり、通信制の生徒には毎年五月の連休明けに校長が直接、生徒に語りかける「校長講話」を行う決まりになっている。齋藤校長はこれを、荒井退造の事跡を生徒に語り継ぐ最初の機会にしたい、と考えた。

それには那覇市真地にある「県庁・警察部壕」を訪ね、内部をじっくり見ておかなければならない。また退造が尋常高等小学校時代に学んだ清原中央小学校の教壇に立つ眞砂江夫人も、大先輩の足跡に触れたいと同行を強く望んだから、夫妻は新学期早々の忙しい日程を調整、二〇一五（平成二十七）年四月二十五日（土）から二十七日（月）まで、自費による沖縄訪問の旅を計画した。

県庁・警察部壕は、初めてその存在を知った齋藤が強く心を惹かれるほどの働きをした壕だが、その存在意義とは裏腹に戦後半世紀余も所在不確定のまま放置されていた。

それを一九九五（平成七）年九月に再発見したのは、所在地から北西へ約六〇〇メートルの同市繁多川《はんたがわ》四丁目に住む沖縄戦研究家で、郷土史家でもある知念堅亀《ちねんけんき》（八六、元・ＮＨＫ沖縄放送局営業部員）である。彼はこの壕の前で祖父を亡くした親戚の女性の依頼で、一か月余にわたる懸命な探索の末に突き止めた。その経緯は、筆者が前記の拙著冒頭で明らかにした。

当時、壕は出入り自由だったのと、県庁・警察部壕とわかってからも沖縄県や那覇市の広報不足から、かけがえのない〝沖縄戦のA級遺跡〟とは知らない人がゴミ捨て場にしたり、用済みのスクーターを放り込んだりする不心得者もいて、荒れ放題になっていた。おまけに二〇一〇（平成二十二）年八月には、独断で壕内の斜面に階段を設けるなど内部を一部、改変する者さえ現れた。

自然洞窟を利用した戦時中の防空壕を調べる知念堅亀

知念ら地元民の訴えで、那覇市教育委員会文化財課はようやく管理に乗り出し、壕の出入口に金網製のフェンスを設け、二〇一一年一月四日から施錠、鍵は同課と地元の同市繁多川公民館の双方で保管することになった。

そんな事情をネット情報で知った齋藤は三月末、市教委文化財課に電話で四月二十五日（土）の見学を申し入れたところ、「当方は土日は閉庁なので、繁多川公民館に頼んでほしい」と言われた。

そこで四月初旬、同公民館に電話、自身の身分と見学したい理由を話し、依頼すると、南信《みなみしん》乃《の》介《すけ》館長（三五）は快く応じてくれた。その応対から齋藤は「これで壕入りはＯＫ」と軽く考えたが、公民館がこの壕に寄せる思いは格別なものがあった。

同公民館は二〇〇五（平成十七）年の開館当初から、沖縄大学や沖縄国際大学などで民俗学を講じる波平《なみひら》エリ子講師（五八）に成人講座「繫多川見聞録」の指導を依頼、管内の繫多川、真地、識《しき》名《な》地域でさまざまな地域文化財の発掘や復活、さらに自治会レベルでは県下初の「指定」まで行うプロジェクトを展開してきた。

そんな中で波平は、県庁・警察部壕の管理や、見学に来る戦没者遺族、学生、教育者などに対するガイドが、再発見者の知念堅亀ただ一人の、無償の努力に頼っている実情に心を痛めた。そこで知念をサポートするため、教え子の沖縄大学生を中心とする学生ボランティアを募り、二〇〇六年から壕プロジェクトを始めた。最初、沖大二回生の金城修君（当時二〇歳）一人きりだったボランティアは、その後二十数人に増え、約三〇回のガイドで約七〇〇人を案内している。

一方、南は、開館二年後からNPO法人「一万人井戸端会議」のスタッフとして公民館に常駐、二〇一五年四月、同法人が市の指定管理者になったため、法人の代表理事として館長を委嘱された。彼は波平講師の考えに共鳴、壕プロジェクトを公民館事業の最重要課題に据える戦争の若き語り部である。南の述懐。

「これまで何の連絡も無かった栃木県から、しかも荒井警察部長の母校の校長先生夫妻がはるばるお見えになる、と言うのでしょ。これは大切な訪問者だ、と直感しましたので、かねて栃木県関係者との接触がないのを残念がっていた『島守の会』の島袋《しまぶくろ》愛子《あいこ》事務局長（六八、二〇一六年五月から事務担当理事）に連絡しました」

「島守の会」愛子事務局長、意気込む

島守の会（渡久地英男会長、一五〇人＝二〇一八年末現在）は、沖縄本島の最南端・摩文仁の丘に建つ前記「島守の塔」を護持する慰霊団体である。

塔を建てた中心人物は戦中、荒井警察部長や島田知事の指示で県民を県内外へ疎開させた警察部特別援護室の室長や内政部人口課長を歴任、腕を振るった浦崎純（戦後、在東京の財団法人・沖縄財団総務課長。一九七五＝昭和五十年死去、享年七四）である。

彼は石垣島の尋常高等小学校を卒業後、沖縄県に用務員として採用されたが、熱心かつ緻密な仕事ぶりと才能をまず荒井、ついで島田に認められ、抜擢された。二人の上司が県民の疎開や食料調達、避難誘導に全力を傾ける姿を見て、尊敬と敬慕の思い止みがたく、戦禍の跡なお生々しい戦後六年目に塔を建立した。

「島守の会」６代目事務局長・島袋愛子

第三回慰霊祭を営んだ一九五三（昭和二十八）年六月二十二日、塔前に集った生存元県職員一〇二名に呼び掛けて島守の会を結成、初代会長に選ばれた。本稿のテーマ「沖縄の島守を語り継ぐ群像」では、元祖とも言える人物である。

会は一九五八（昭和三十三）年、一般財団法人となり、毎年五月の総会と六月二十三日の慰霊祭、塔周辺の整備や戦没者の追加刻名などを主な活動としてきた。

この間、心ある会員の心を悩ましていたのは「島田知事の

出身地・兵庫県とは熱い交流があるのに、荒井警察部長の故郷・栃木県とは何の繋がりも無いのは何故?」の一点だった。愛子事務局長は言う。

「栃木県と同県遺族連合会が一九六六（昭和四十一）年に建てた栃木の塔は、島守の塔のすぐ東隣にあり、双方の敷地の間には塀も柵もありません。それなのに栃木の塔にお参りする方々は、すぐそばにある島守の塔や荒井退造さんの終焉の碑には立ち寄りません。何故だろうと思いまして、私は県庁職員だったころからの先輩で、私の前の事務局長だった川上ヨシさん（二〇一二＝平成二十四年一月死去、享年八九）に何度か尋ねました。ところが、いつも『連絡が取れてないのよ』の返事で終わりました。たまりかねた私は数年前、島守の塔のお掃除に出掛けた時、たまたま来あわせていた栃木からの修学旅行団の引率の先生に事情を話しましたが、『そんな塔や碑があるとは知りませんでした。でも、今日はスケジュールが立て込んでいるので、お参りできません。今後のために、学校へ帰ってから検討します』の返事をもらうのがやっとでした。でも、その後も何の返事もないままで、がっかりしていました」

そんなところへ、宇高校長夫妻の来訪話である。愛子事務局長は、意気込んだ。その様子は当のご本人より、齋藤校長に聞く方が客観的だろう。

「沖縄行きの飛行機やレンタカーの予約も済ませたころ、島袋さんから突然、勢い込んだ電話が入りました。『繁多川公民館長から話を聞きました。荒井警察部長さんの母校の校長先生夫妻が沖縄へお越しになるのであれば、ぜひ案内したい。会の嘉数昇明顧問（七七、元・沖縄県副知事）や沖縄にいる栃木県人会の方も当日、摩文仁でお迎えしたいと言っておられます』とのことで、その熱意に圧倒され、お言葉に甘えることにしました」

愛子事務局長からの電話はこれに留まらず、その後も連日となる。齋藤が頬を綻《ほころ》ばせながら話す、その内容。

「着かれてすぐレンタカーを借りに行かれると聞きましたが、貴重な時間がもったいないので、わが家の車で空港へ迎えに行き、壕へ案内します」

「これも時間節約のため、昼食は空港で摂らないでください。壕見学後、公民館近くの食堂で沖縄料理を御一緒しましょう」

「壕に入られる際のヘルメット、軍手、懐中電灯は、こちらで用意します」等々。愛子は「よかれと思うことを思いつく度に逐次連絡しました」と言う。

宇都宮からのお土産

市役所の土日閉庁と重なったため、島守の会から思いもよらぬ数々の好意に接することになった齋藤は、これに応えたいと思った。もともと、沖縄訪問前に退造の生家を訪ね、霊前に報告してから出掛けよう、と考えていたので、退造ゆかりの場所の写真を島守の会の人たちに見せてあげようと思った。四月十九日の日曜日、南校の青木校長の案内で生家を訪問、仏壇や近くにあるお墓にお参りし、長屋門など写真をあれこれ撮った。また、摩文仁の丘の退造終焉の地に供える宇高と清原中央小の校庭の土も、夫妻がそれぞれビニール袋に用意した。

一方、齋藤を前記フォーラムに誘った宇高同窓会の塚田常務理事は同十八日、宇高で開いた理事会で、今度は自身が六月十三日（土）午後一時から宇都宮市竹林町のトヨタウッドユーホーム・すまいるプラザで開くべく準備していた「荒井退造・追悼講演コンサート」の内容を紹介する印刷物を配った。地元で退造の人物と働きに最も早く着目した者として、自身も追悼の催しを開かずにはいられなかったのである。

第一部は講演で、共催者の谷博之・前参議院議員（七三）が尊敬する島田知事を、塚田は退造を語ることにした。第二部はコンサートで、塚田の思いに共鳴した長女・由美子（五七、ツカダ音楽教室主宰、読売・日本テレビ文化センター宇都宮の講師）がピアノ、二女の佐柄香保里《さがらかほり》（五四）がオカリナを演奏、由美子の友人であるソプラノ歌手・石井真由美（五〇）が沖縄ゆかりの歌曲「さとうきび畑」や、慰霊の歌、叙情歌を歌い上げるプログラムを予定しており、沖縄向けにも、この印刷物を齋藤に託した。

出発前夜の四月二十四日（金）は、宇高の二〇一五年度新入教職員一二人の歓迎の宴があり、お酒をいささか過ごした齋藤は、一睡もしないまま二十五日午前二時半、宇都宮発のバスで東京・羽田空港へ。同日朝、夫妻は那覇へ飛んだ。

清明祭に県庁・警察部壕詣で

齋藤夫妻は昼前、那覇空港で島袋愛子事務局長夫妻の出迎えを受けた。事前の打ち合せ通り、愛子の夫・常宏（七五、元・労働省那覇職業安定所長）が運転する自家用車で、まず繁多川公民館へ直行した。

常宏は七人兄妹の下から三番目の三男で、沖縄戦当時は五歳。米軍が沖縄本島上陸前の〝上陸空襲〟を始めた一九四五（昭和二十）年三月二十三日、父（四〇。本島中、南部を走っていた県営軽便鉄道管理事務所の技手）や母に連れられ、親子九人が歩いて那覇を出発、北約七〇キロの久志《くし》村（現・名護市）を目指した。

両親はそれぞれ幼い弟妹をおぶっていたので、常宏は懸命に後を追った。その後、幼心にも忘れがたい惨めな避難生活を体験、戦争の惨めさを嫌というほど胸に刻んでいるだけに、妻の慰霊活動を陰に陽に支えている心優しい人である。

2015（平成 27）年 4 月 24 日、齋藤校長夫妻を案内するため県庁・警察部壕入り口前に立つ島袋常宏・愛子夫妻

齋藤夫妻は公民館で南館長に挨拶、南はあいにく急用ができ、壕へは同行できなかったが、壕の鍵のほかヘルメット、軍手、懐中電灯を用意していた。両夫妻はさっそく、これら装備を身に着け、県庁・警察部壕へ向かった。

この壕は地元では、シッポウジヌガマ（四方地の洞窟）と呼ばれている。四方地は那覇市字真地の小字の名で、標高七〇～一〇〇メートルの識名台地でも高台にあり、四方を見渡せるところから、この名が付いた。

確かに北に首里城、西に那覇港を見遥かす広い識名霊園内にあり、その日は林立するお墓の前で、色鮮やかな琉球料理が詰まった重箱を開いているピクニック気分の家族連れでごった返しており、齋藤夫妻は「何ごと?」と目を丸くした。

それはウチナーグチ（沖縄の方言）で「シーミー」と呼ばれる、旧暦三月の「清明祭」の季節に行う先祖供養の行事。週末の午後なので、お参りの人が特に多かったのである。

そんなお祭り気分とは似つかわしくない装備の四人は人ごみを掻き分け、お墓の間をすり抜けるように壕を目指した。入口に到着、愛子事務局長がフェンスの鍵を開けたが、辿り着いての齋藤の感想。「鍵さえ貸してもらえれば、と軽く考えていましたが、案内なしではとても辿り着けない場所でした。土日閉庁とかち合い、島袋さん夫妻に案内していただけてよかったーっ、と心底思いました」

壕は縦約二メートル、間口約一メートルの岩穴をぽっかり開けていた。その先は傾斜三〇度ぐらいの急な下り斜面が数メートル。島袋夫妻がまず転がるように降り、下からかざす懐中電灯の光を頼りに、齋藤夫妻が続いた。中は荒井電報にあった「暗黒ナル壕内」そのままの漆黒の闇。先ほど、見かけたシーミーのお花畑のような風景との落差は、齋藤夫妻を早くも七〇年前の暗黒の時代へと導いた。

斜面の真ん前にキノコ型の、柄の部分だけで高さ二メートル余、大人の手で三抱えもある乳白色の巨大な琉球石灰岩の柱が立っていた。その背後に半楕円形の七〇畳敷きぐらいの〝広間〟があり、島袋夫妻は「この部分は自然洞窟で、この広間で戦中最後の市町村長会議が開かれました」と解説した。

石柱の左、つまり南側の琉球石灰岩の壁をぶち抜いて、間口・高さとも約二メートルの坑道が口い坑道が奥へ延びていた。緩い下り坂に造られた前記〝改変階段〟を数段降りると、同じ規模の乳白色の四角い坑道が奥へ延びていた。

愛子は「これが掘削に五か月近くもかかった構築坑道です。奥の別の出入口への曲がり角まで正確には六三メートルありますが、三分の二付近で落盤が酷く、そこから先へは行けません」と説明しながらも、なお奥へ進んだ。

坑道に入って五メートルほどの右側に間口、奥行きとも二・五メートル、天井高二メートルのポケット状の小部屋があり、それが荒井警察部長室だった。その先、約一〇メートルの今度は左側に掘られた間口二・二メートル、奥行き二・九メートル、天井高一・九メートルの同じような小部屋が、島田知事室だった。説明を聞きながらの、齋藤の思い。

「壕内は暗く、足元は滑り、低い天井に何度もヘルメットをぶつける想像以上の厳しい環境。こんな所で島田さんと荒井さんは一か月余、百人もの部下と身を寄せ合い、県民保護に苦慮されたのかと思うと、鬼気迫るものを感じました」

退造の碁石をめぐる因縁話

そんな中で齋藤夫妻が唯一、表情を和《なご》ませたのは、愛子が「荒井退造さんが先ほど見た部長室で使っておられた碁石《ごいし》が八年前、二年越し、三度にわたる壕内捜索で、六二年ぶりに一三個も見つかっていますのよ」と伝えた時だった。

齋藤夫妻の沖縄訪問リポートが中断することになるが、退造の唯一の遺品とも言える碁石に絡む

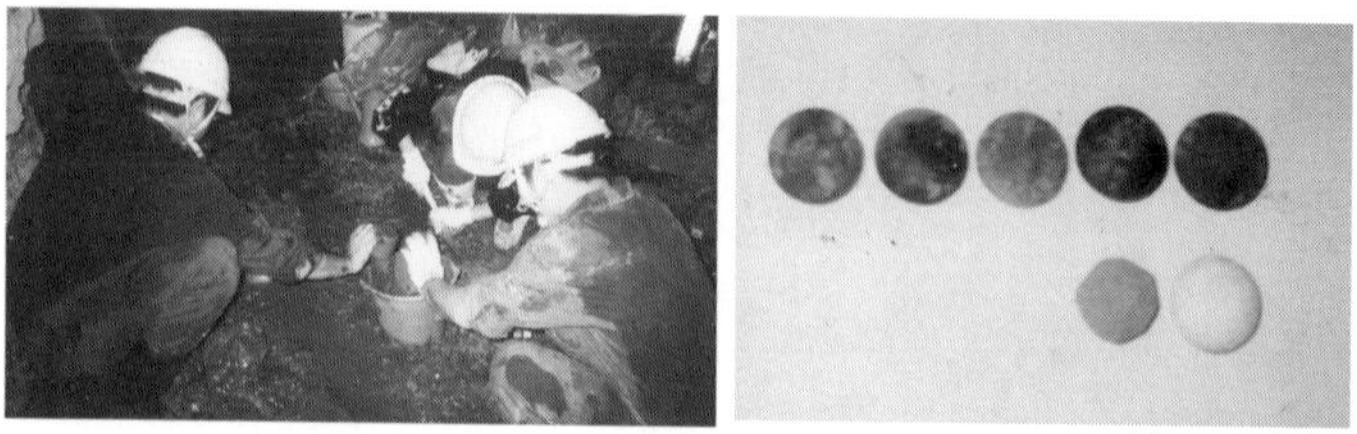

右写真は2007（平成19）年4月24日、警察部壕で見つかった退造愛用の碁石。左写真は碁石の捜索風景

話なので、ここで書いておく。

退造の出身地・清原村上籠谷集落は古来、稲作が盛んな所で、毎年、田植えが終わると集落全体が丸一日休暇を取り、囲碁や将棋の大会に興ずる「大早苗饗《さなぶり》」と呼ぶ風習があった。それゆえか退造も少年時代から囲碁が得意で、初段に二目ぐらいの腕前だった。だから平時はもちろん、壕生活に入ってからも、激務の疲れをひととき囲碁で癒《いや》していたという。

この碁石は退造が現在の那覇署県庁前派出所付近にあった警察部長官舎に住んでいたころから愛用していたもので。それを官舎のお手伝いさんとして仕えた上地《うえち》よし子（旧姓・具志、八九。ハワイ・オアフ島バール市に健在）が退造より一足遅れてこの壕に入った時、機転を利かせて重い碁盤とともに運び込んだ涙ぐましい品であった。

それが、よし子の姪・野原郁美（六二、「沖縄原爆展を成功させる会」事務局長）が二〇〇七（平成十九）年九月二十一日、初めてこの壕に入った時、最初の八個が見つかった、というから、本稿第二章と第四章で紹介した数奇な邂逅に続いて、またも因縁話の登場である。野原は二〇一五年末に定年退職した那覇国際空港内のレストランで長く務めていた人だが、原爆展との関わりを次のように話してくれた。

「私は娘時代に両親から聞いた戦争体験によって、沖縄戦に関心を持つようになりましたが、その後、父から『よし子叔母の戦争体験が書いてあるから読んでごらん』と、あなたが書かれた『沖縄の島守』を渡され、一層あの愚かな戦争を語り継がねば、と思うようになりました。そのうち原爆の被害者が沖縄にもおられるのを知り、戦争の全体像を見ないと沖縄戦の真実もわからないと考え、沖縄ですでに四回、原爆展を開いて来ました」

そんな中で、戦中、健気な働きをしたよし子叔母が正規の警察部職員に登用され、荒井部長の下で苦労した県庁・警察部壕の内部を一度、見ておきたいと思い、近くに住む壕の再発見者で、事情に詳しい沖縄戦研究家・知念堅亀（八五）に案内を頼んだのである。

退造に仕えた上地よし子（右）と姪の野原郁美（2016年9月、ハワイ・オアフ島の上地宅にて）

壕入り当日、野原が原爆展関連で知り合った沖縄大学や早稲田大学の学生ら九人も同行、一一人で壕に入った。知念は野原の希望通り、まず警察部長室から案内したが、入口前の通路で突然、野原に大声で叫んだ。

「荒井さんの碁石だーっ。よし子叔母さんが運んだ碁石を見つけたぞーっ」

驚いた野原が知念の視線の先に目をやると、天井から滴《したた》り落ちる地下水の水滴に、黒い碁石が一個、洗い出されていた。それを合図に一同は見学を後回しにし、地面に這いつくばって捜索を開始、部長室内外で何と八個も見つけた。

余りの偶然に興奮した野原自身は一つも見つけることはできなかったが、知念から手渡された八個を掌《てのひら》で撫でまわし、感激した。一同もそれに倣《なら》って次々手渡していったが、興奮状態で手が震えたか、手元が暗かったゆえか、不覚にも、うち二個はいつの間にか行方不明になった。

止むを得ず知念は、その日のうちに発見状況を東京都日野市に住む退造の長男・紀雄（一九三二〜二〇一〇、元・国土庁官房審議官）に電話で報告、追っかけて手元の六個を郵送した。遺骨・遺品とも未発見だった荒井家は、随喜《ずいき》の涙とともに押し戴いた。なお、一時紛失した二個は後日、沖大生が再発見している。

二回目は同年十二月二十二日、繁多川公民館で民俗学の成人講座を担当している沖縄大学・沖縄国際大学の波平エリ子・非常勤講師、沖縄戦調査に熱心な琉球新報社の志良堂《しらどう》仁・記者らが入った時に四個見つけた。

三回目は翌二〇〇八年二月十四日、島守の会の映像記録『島守の塔』制作のため入った島袋愛子が一三個目を見つけている。このＤＶＤについては、章を改めて詳述する。

発見された碁石は、何故か黒い石ばかりだったが、うち一個は長年、石灰混じりの水滴に洗われたゆえか、片面が白に変色していた

「全部で十三個発見」と知らされた荒井紀雄は「わが家は六個で十分。残りの七個は上地よし子さんら関係者に贈って」とのことで、五個はこの壕が市の文化財に指定される時に備え、繁多川公民館の壕プロジェクト（責任者・波平講師）が預り、残りはハワイの上地家と島守の会へ一個ずつ贈られた。ついでながら碁石発見者の一人は、捜索疲れからだろうが、発見当夜、高熱にうなされた

ことを付記しておく。

広がる人脈、心の交流

話を二〇一五年四月二十五日に戻すと、泥んこになって壕を出た両夫妻は、繁多川公民館近くの食堂で所用から駆け戻った南館長を交え、沖縄の家庭料理であるゴーヤーや麸《ふ》のチャンプルー（油炒め）などをおかずに、遅い昼食を摂《と》った。

席上、愛子事務局長は「島守の会」の、それまで六二年間に及ぶ慰霊と追悼の歴史をかいつまんで、また南館長は「壕プロジェクト」で県庁・警察部壕内の清掃やマナー遵守を訴えていることを説明、齋藤夫妻を感激させた。

昼食後、齋藤夫妻は再び島袋夫妻の車で、二人の島守が南下したルートを辿り、「平和祈念公園」内の摩文仁の丘東麓にある島守の塔へ。塔の前には島守の会顧問で、島田叡氏事跡顕彰期成会や県立那覇高校・城岳同窓会の会長を務める元副知事の嘉数昇明、元那覇高校長で、前記期成会、同窓会とも副会長として嘉数を支える名嘉山興武《なかやまおきたけ》（七二、那覇市首里石嶺町二）、沖縄の栃木県人会元会長・小林文男《こばやしふみお》（六九、中頭《なかがみ》郡読谷《よみたん》）の三人が待ち構えていた。

一行はまず島田、荒井はじめ戦没県職員四六九柱を祀《まつ》る島守の塔に、祈りを捧げた。嘉数と名嘉山は島田と荒井が沖縄戦の中で、県民のために如何に心を砕いてくれたかを交々《こもごも》話した後、「両氏の教えを守り、沖縄戦を生き抜いた県職員ＯＢが戦後、いち早くこの塔を建立したとはいえ、県民は島守へのウンジケーシ（恩返し）は、それで十分とは思っていません。そこで二〇一三年十一月、沖縄の野球人が中心になって事跡顕彰期成会を組織、今年六月二十六日の島守七十回忌の日に新しい顕彰碑を奥武山運動公園内で除幕するべく現在、最後の仕上げに入っています。会の名称は島田叡氏事跡顕彰期成会としていますが、その碑には荒井さんの功績も明記します」と話し、齋藤夫妻を喜ばせた。

これを受けて今度は栃木側が、無念そうに口を開いた。まず齋藤は「かつて別の二校の校長として二修学旅行で、東隣にある栃木の塔にお参りしていながら、すぐ西隣にあるこの塔に母校の荒井大先輩が祀られているのを、戦後七〇年に当たる今年まで迂闊にも知りませんでした」と悔み、小林は「われわれはこれまで一体、何をしていたのだろうなあ」と嘆くように呟いた。

小林は栃木県立石橋高校、芝浦工業大学卒の一級建築士。大学の恩師で、建築家の金高慶三《かねたかけいぞう》は一九七〇（昭和四十五）年、大阪で開いた万国博覧会の会場建設で辣腕を振るったが、その人の勧めで沖縄国際海洋博（一九七五）に参画、沖縄本土復帰翌年の七三年から現地に移り住んでいる。沖縄暮らしはすでに四二年。この間、浦添《うらそえ》市に「株式会社ワールド設計」を設立、国頭郡本部町でホテルを経営してきた。沖縄の栃木県人会「栃の葉会」（約七〇名）会長も八年間務め、栃木の塔の管理にも力を注ぐなど、沖縄と栃木の連携・融和に心を砕いてきただけに、沖縄で〝島守の守〟と崇《あが》められる郷土出身の荒井退造の事跡はもちろん、慰霊塔が隣り合わせにあることすら知らなかったことにショックを受けた。

気を取り直すように「嘉数さんとは県議をされているころからのお付き合いなのに、親しくお話するのを遠慮したのが失敗のもとでした。今後は荒井さんのことを、県人会員に周知徹底していきます」と話した。

続いて一行は、塔背後の階段を二十数段上がった所に建つ「沖縄県知事島田叡　沖縄県警察部長荒井退造　終焉之地」と刻まれた碑に参った。碑の背後には二人が最期近くまで身を潜めた沖縄守備第三十二軍の軍医部壕が口を開けており、齋藤夫妻は宇都宮から持ってきた宇高と清原中央小の校庭の土を撒き、慰霊の誠を捧げた。

その時、嘉数と名嘉山が期せずして漏らした言葉が、齋藤夫妻の胸を打った。

「私たちの家族は沖縄戦の時、九州へ疎開していました。今、生きていられるのは、荒井警察部長が疎開を熱心に推し進めてくださったおかげ、と感謝しています」

軍医部壕の入り口に宇都宮高と清原中央小の土を献じる齋藤宏夫と眞砂江夫人

島尻郡真和志村字上間《うえま》（現・那覇市）出身の嘉数は、父・昇（一九七四＝昭和四十九年死去、享年七二）が同郡の県会議員に選出された一九四二（昭和十七）年の生まれ。二歳の一九四四（昭和十九）年十月、父を沖縄に残し、母や姉とともに大分県竹田市へ疎開したが、父も翌四五年二月末、島田知事から疎開者受け入れに一方ならぬ協力をしてくれた熊本県知事宛ての感謝の親書を託され、熊本へ。その出張中に米軍が沖縄に来攻、沖縄に戻れなくなり、一家揃って命拾いした。

かたや那覇市泊に住んでいた名嘉山家の八人は、那覇署勤務の叔父の呼び掛けで、大分県鶴崎《つるさき》町字皆春《みなはる》（現・大分市）へ疎開した。戦後間もなく病死する父も元・警察官だったから、荒井部長が勧めた県外疎開に応じたようで、一九四五（昭和二十）年三月五日、那覇港を出た最後の疎開船「鉱州丸」で九州に渡った。当時、名嘉山は母の胎内にあり、終戦直前の七月、皆春で呱呱《ここ》の声をあげている。

初対面の沖縄の知名士二人から突然、母校の大先輩への感謝の言葉を寄せられ、齋藤は胸を熱くしつつ、宇都宮からの土産噺《みやげばなし》を伝えた。

まず、本稿第四章で紹介したような経緯で、退造が年初からにわかに栃木で顕彰され始めた経過を説明、今回の旅の前に訪れた退造の生家やお墓の写真を披露した。また六月に開く前記「荒井退造・追悼講演コンサート」の予告チラシも手渡した。

それらの情報に接した嘉数は「宇都宮へ行きたいねえ」と呟くように言った。しかし、宇都宮での講演コンサートは前記のように六月十三日。十日後の同二十三日は沖縄あげて全戦没者を追悼する戦後七〇年の「慰霊の日」、さらに三日後の同二十六日は島田叡氏顕彰碑の除幕式と日程は目白押し。齋藤は「ああは言っても、嘉数さんらの宇都宮訪問は難しいだろう」と思っていたのだが……。

心尽くしの戦跡案内

続いて一行は東隣の栃木の塔へ向かったが、参拝の後、愛子事務局長は首を傾げながら一同に語り掛けた。

「島田知事はじめ兵庫県出身の戦没者（三〇七三柱）を祀る『のじぎくの塔』は、『島守の塔』と背中合わせの摩文仁の丘にあります。また、先ほど行かれた軍医部壕の地下の坑道は栃木の塔の背後まで延び、この敷地内に出入り口がありました。ですから一番早く建立された島守の塔を中心に、沖縄・兵庫・栃木三県の塔の配置は、早くからトライアングルの近しい関係にあったのです。それなのに人的交流の面では戦後七〇年の今回が初めて、というのは不思議でなりません。三県の塔の配置は偶然にしてはでき過ぎで、この位置取りには島田、荒井両氏が肝胆相照らす仲であったことをよく知る人物の配慮があったのでは、と推測していますが、残念ながらいまだに裏付けが得られないのです」

一同は改めて島守の塔を振り返り、頷き合った。筆者も今回、栃木の塔が現在地に建てられた経緯について、栃木県保健福祉部の援護担当に調査をお願いしたが、「事情が解るような資料は、何一つ残っていません」との返事だった。

ここで沖縄側の四人は「島田さんと荒井さんが軍医部壕を出て、北部・国頭方面へ逃れるべく辿られた道へも案内しましょう」と言い、先に立って歩き始めた。

栃木の塔から東へ約二〇〇メートル行くと、左手（北側）に黒御影石の屏風を林立させたような、一一八基の「平和の礎《いしじ》」が整然と並び、内外を問わぬ沖縄戦の全戦没者二四万一四一四人（二〇一六＝平成二十八年六月二十三日現在）の氏名を刻んであるのが望める。その南側、続いている琉球石灰岩が、そこだけ割れているので地元民が「ワイジー（割れ岩）」と呼ぶ箇所を下ると、東方向にある海岸線へ出る幅一メートルぐらいの急峻《きゅうしゅん》な坂道があった。

それが島田主従の通った道と断定できるのは、この辺で海岸へ通じる道はここ以外にはないのと、沖縄戦当時、二四歳の陸軍軍医部見習士官だった長田紀春《ながたきしゅん》（二〇一八年死去、享年九八、小児科医）

の生前の証言があるからだ。

「組織的戦闘が止んで四日目の一九四五（昭和二十）年六月二十六日未明、軍医部壕にいた私は喉の渇きに耐え切れず、水を求めて脱出しましたが、この坂道の入口付近で倒れてしまいました。その時、軍医部壕でお見掛けした島田知事が、アメーバ赤痢でふらふらの荒井警察部長を支えながら、私を追い越して行かれた。『港川はあちらだろうか』『国頭突破に行くからな』と話す島田さんの声を残して。私が見たお二人の最後の姿でした」

一行はその坂道を下ること約一二〇メートルの海岸線近くまで行ったが、後の日程の都合で、そこから引き返した。

ここで、夕方から欠かせぬ所用がある嘉数、名嘉山、小林の三人は、トライアングルのさらなる進展を約してお別れ。齋藤夫妻は再び島袋家の車で、摩文仁から国道三三一号線を西へ向かった。

沖縄戦に殉じたもう一人の宇中OB

日程の一つは、島袋夫妻からの熱心な提案。「せっかく、ここまで来られたのですから、戦中、最後の県庁壕になった糸満市伊敷《いしき》の轟《とどろき》の壕は、入口だけでも見ておかれた方がよいと思います。荒井さんが病に倒れ、島田さんが県庁を解散し、職員に行動の自由を許された、いわくつきの壕ですから。那覇への帰り道にありますのでぜひ」と勧め、行くことが即決していた。

ここで、夕方から所用がある嘉数、名嘉山、小林の三氏はトライアングルのさらなる発展を約してお別れ。齋藤夫妻は再び島袋家の車で、摩文仁から国道三三一号線を西へ向かった。

一方、齋藤校長の方にも那覇への帰途、立ち寄らねばならない墓碑があった。それは摩文仁から西約三キロの糸満市伊原《いはら》の地で、沖縄師範学校女子部（略称・女師）学生や沖縄県立第一高等女学校（同・一高女）生徒、教職員からなる、あの有名な学徒看護隊「ひめゆり部隊」二二七柱を合祀する「ひめゆりの塔」。訪問の理由は、墓碑銘の中に一人の教職員の氏名を確認することだった。

それは宇中―宇高ＯＢの顕彰に熱心な前出の塚田常務理事からの要請。塚田の調査によれば、女師の助教授として沖縄戦で殉職した内田文彦（享年二五）は宇都宮市出身で、一九三七（昭和十二）年に宇中を卒業したＯＢ。沖縄戦ではひめゆり部隊とともに南部の戦場を彷徨《さまよ》い、日・米両軍の組織的戦闘が止む直前の六月下旬、摩文仁から西約一・五キロの島尻郡大度《おおど》海岸付近で消息を絶っていた。

ひめゆり学徒隊を引率した教職員は一八人。うち本土出身者は熊本県出身の野田貞雄校長（享年五四）と内田の二人で、沖縄県出身の他の同僚とともに職に殉じた。

ひめゆりの塔を訪れた両夫妻は、この日、四度目の敬虔《けいけん》な祈りを捧げるとともに、刻名板に内田文彦の名が刻まれているのを確認したが、それ以上の調査をする時間の余裕はなかった。

後日、この話を島袋夫妻から聞き、力になったのは教員経験が長い名嘉山である。彼は「ヤマトウンチュウ（本土人）の若い教師が、沖縄の女子学生のために命を捧げてくれた。しかも、その人は荒井警察部長と同郷で、宇都宮中学の後輩であったことは、もっと語り継がなければならないし、栃木県を含むトライアングルをより一層強めなければならない」と考えたからである。

それには内田助教授の横顔を、もっと詳しく知る必要があった。名嘉山がひめゆり学徒隊の生還者・上原当美子《とみこ》（八九）を母に持つ城岳同窓会の金城美智子副会長に相談すると、金城から「ひめゆり平和祈念資料館」の前泊克美・学芸員（三九）が執筆した「引率教師の実像（Ⅰ）――内田文彦先生」と題する論考が載った「資料館だより58号」（二〇一六年十一月三十日発行）が届いた。

名嘉山はそれを大阪府下の筆者宅にも届けてくれたので、それに基づき沖縄戦の犠牲になったもう一人の宇中OBの苦悩の生と死を、この機会に紹介しておく。

内田は父も弟も軍人の家庭で育ったが、体が弱かったので教育者の道を選んだ。大学卒業後の一九四三（昭和十八）年四月、二三歳で女師に赴任したが「上級生にからかわれると、すぐ顔を真っ赤にする」との評が残る純情な〝坊っちゃん先生〟だった。

教育原理が専門で、主に本科生の授業を受け持った。「丁寧で分かりやすい授業」と学生の評判はよく、学級担任としても学生たちの信頼を集め、教育者としての充実感を覚えていたようだが、沖縄戦は限りない苦悩と死をもたらす。

「尽忠報国」を旨とした学校当局は荒井警察部長が奨励した疎開に消極的で、特に教職員と女師学生のそれを渋った。このため父兄と学校当局間の折衝は絶えなかったが、内田は学生に「学校は生命の保証まではできない。家族が疎開するのなら必ず一緒に行きなさい」と疎開を勧め、「自分も後で帰郷する」と付け加えるのを忘れなかった。このあたり荒井と同じ「剛毅・沈勇」の瀧の原主義を貫いているが、疎開の推進者が宇中の大先輩と知っていたかどうかはわからない。

内田家では文彦の弟が戦死したこともあり、父は帰郷を促していた。沖縄戦直前の一九四五年一月、彼が小さいトランクを下げ、小禄《おろく》海軍飛行場（那覇国際空港の前身）へ通う姿を、何人もの学生が何度も目撃している。

証言者の一人は「内田先生は搭乗の手筈を整えておられたようですが、官民ともに県外脱出の先を争った時期。おとなしい方なので割り込んで乗ることはされなかったのでしょう。私らの家族が疎開の飛行機に乗れた日、『君たちはよかった。うらやましいなあ』とおっしゃり、トボトボと引き返されました。その寂しげな後ろ姿が、今も瞼《まぶた》に焼き付いています」と涙ぐむ。

結局、内田は栃木に帰ることはできず、同年三月二十三日、引率教師の一人として南風原《はえばる》村の丘陵地帯に掘られた四〇余の横穴壕からなる「沖縄陸軍野戦病院（略称・野病）」で任務に就いた。

最初は作業班を引率したが、負傷兵続出に伴う野病再編成後は与那嶺松助《よなみねしょうすけ》・教授と二人で、第二外科（内科）班の五八人を引率した。生き残った与那嶺は戦後、多くを語らず、詳細は不明だが、同五月二十五日の南部撤退後は、学生生徒とともに真壁《まかべ》村の糸洲《いとす》第二外科壕、摩文仁村伊原の第一外科壕などを転々とした。

六月十八日、牛島満《うしじまみつる》第三十二軍司令官は訣別電報を発し、ひめゆり学徒隊にも解散を命じた。このころから内田は「女師生は捕虜になってはいけない」と自決を主張、国頭への突破を主張する与那嶺と意見が分かれた。ほとんどの生徒は与那嶺についてゆくことを決め､その場を後にしたが、「僕一人を残して行くのか、と言う内田先生の声が今でも耳に残っています」という女子学生の悲痛な証言もある。以後、内田の消息は不明となった。

戦場で自決を強く主張した内田の姿は、学級運営で生徒に慕われ、彼女らに疎開を勧め、自らも帰郷を明言していた内田像とは結びつかない。彼をそのような行動に駆り立てたのは、何だったのか。

沖縄戦直前、生徒に託した家族宛ての手紙（遺書）には「軍人の息子として恥ずかしくない死に方をする」とあった。沖縄戦という異常な状況下、絶望感が内田の心を押し潰したのであろうか。前泊学芸員は「若い一教師の実像は、私たちに改めて戦争の悲惨さと理不尽さを伝える」と文章を締めくくっている。

たゆまぬ慰霊に敬服

同窓のよしみで内田助教授の話に寄り道したが、話を元に戻すと、両夫妻はその後、西北西へさらに約二・五キロの巨大な自然洞窟・轟の壕へ。この壕は古来、「伊敷轟洞遺跡」の名があるように、戦争遺跡である前に考古学遺跡だった。直径数十メートルもある、すり鉢状の自然洞窟は上、中、下の三層からなる。地下約三〇メートルの最下層を東から西の名城海岸へ流れ下る水流があり、大雨の時は奔流となって水音が地上に轟いたのが、壕の名の起こりである。

戦中は軍・官・民が、この呼び方とは逆の順番で約千人も潜み、さまざまな悲劇が起きた。その悲痛な実相は前著で詳述したので、ご一読願いたい。

今は地元のボランティアが維持管理している、琉球石灰岩をコンクリートで補強した急階段が、下層の入口まで三八メートルも続いている。両夫妻は途中の拝所で、この日五度目の祈りを捧げ、最下層の水の流れの音を聴き、この日の慰霊巡拝を終えた。

前夜、一睡もせぬまま、強行日程を終えた齋藤は、感に耐えぬ表情で言った。

「びっくり、ですよね。われわれが全然知らなかった大先輩・荒井退造の人格と偉業をいち早く見抜き、戦後の荒廃の中で立派な碑まで建ててくださった。島田、荒井両氏の働きが如何に素晴らしかったということでしょうが、六四年間もたゆまず祀ってくださった思いの深さに、ほとほと敬服しました」

第七章　栃木と沖縄でトライアングルへ第二歩

齋藤校長、宇高で退造の顕彰始める

荒井大先輩に対する沖縄の人たちの手厚い慰霊に胸打たれた齋藤校長は、宇都宮へ帰るとすぐ、退造の顕彰活動を始めた。

まず五月十日、今回の沖縄慰問のきっかけとなった宇高通信部生徒への「校長講話」で、予定通り退造をテーマにした。

「荒井退造氏に学ぶ～戦後70年　瀧の原健児ここにあり」と題し、前半は生い立ちと、沖縄戦の中で母校の教えを如実に具現して多くの県民を救ったかを話した。後半は沖縄で撮りまくってきた退造縁《ゆか》りの場所や、エピソード絡みの映像をパワーポイントを使って紹介。県庁・警察部壕など今も残る劣悪な環境を示しながら「君たちならどう行動したか」と問いかけた。生徒たちは初めて聞く大先輩の生きざまに胸打たれ、これまで間遠であった沖縄戦の中に、瀧の原主義が息づいていたことに感動した。

生徒の啓発に続いては、教員仲間に対するそれである。齋藤は退造の肖像写真や、沖縄で撮ってきた「島守の塔」の写真を配したA４判のプリントを作った。

見出しは、沖縄で聞いた「島守の会」の島袋愛子事務局長の訴えをそのままに、「訪沖の際にはぜひ訪問を『栃木の塔』の隣にある『島守の塔』戦時下の沖縄県民20万人の命を救った荒井退造氏」とし、ここでも退造の略歴や沖縄戦での働きを簡略に紹介した。

多分に修学旅行を意識したこのプリントは五月二十二日、宇都宮市内で開かれた栃木県高校教育研究会の地歴公民部門で、参加した先生方に配られた。

宇都宮高通信制生徒への校長講話

退造講話は六月十六日にも、再び宇高で開いた。今度は全日制の生徒を対象にした「図書館談話会」で、演題、内容とも前回を踏襲したが、パワーポイントを駆使しての映像紹介は一層念入りで、「沖縄が目の前に広がるようだ」と生徒たちをくぎ付けにした。二年一組の中村航大君（一七）は、講話の感想をこう綴っている。

〈（前略）齋藤校長先生が忙しい中、沖縄へいらしていたことにも驚いたが、それ以上に荒井氏が戦時中、生活していた環境のひどさを見せられて愕然《がくぜん》とした。パワーポイントに映し出される洞窟（ガマ）内部の写真を見ていると、『僕はこんなに暗くて狭い場所でも、自分の信念を曲げずに頑張れるだろうか？』と思うほかなかった。それでも、最高の待遇だったということだ。それでは一緒に逃げていた島民たちは、どんな状態だったのだろう。

今回の談話会を通して、どんな状態でも自分の責任を放棄しない、信念を曲げないということが如何に難しいことか、それを成し遂げることが如何に尊いことかを深く考えた。今まで誰も評価していなかったことを、70年たって校長先生が知り、僕たちに伝えたように、思いが通じる人間が必ずあらわれるということも……。〉

退造の瀧の原精神は、栃木で着実に語り継がれ始めたようだ。

プリント作戦の第二弾も「沖縄慰霊の日」前日の六月二十二日、今度は栃木県立高六〇校の校長宛てにメール送信されたが、初号の見出しを一部補強する念の入れ様。前記「20万人の命を救った荒井退造氏」の見出しを大きくし、それに齋藤が沖縄で嘉数・元副知事から直接聞いた「荒井部長が母を疎開させていなければ、今の私はない」との言葉を添えて、退造の実績を強調した。

このプリントは受けた校長の共鳴で後日、新たな退造顕彰活動へと発展するが、それは章を改めて紹介する。

親切が仇の訪沖先送り

前章から齋藤校長周辺の話ばかりが続くが、この間、栃木での退造顕彰事業の先鞭を付けた実行委は、手を拱《こまね》いていたわけではない。

二月の前記フォーラムの直後、俊典会長と佐藤事務局長の二人は、沖縄行きを考えた。齋藤校長同様、県庁・警察部壕で退造のガマの執務室を見学、「島守の塔」にお参りするつもりだった。

そこで那覇市に住む友人の紹介で、沖縄新報社の読者相談室に問い合わせると、「沖縄の島田叡氏事跡顕彰期成会が六月二十二日に新しい顕彰碑の除幕式を予定しています。せっかく沖縄へ来られるのなら、その日の方がよろしいのでは……」と勧められた。

新報社の親切心はこれに留まらず、その日のうちに期成会の嘉数会長宛てに栃木からの来訪話を伝えた。すると同会長から、これもその日のうちに俊典会長に電話連絡が入り、「沖縄へ来られるのなら、顕彰碑の除幕式にぜひ出席していただきたい。当日は兵庫からもたくさんの人がお見えになる予定ですので、栃木の皆さんもお越しください。トライアングルの顕彰をしましょう」と招かれた。

こうして俊典会長らの訪沖話は、約四か月、先送りされるのだが、この間は島守顕彰のトライアングルが、どういう形で第一歩を踏み出すか、がメディアから注目されていた時期。その結果、前章から紹介しているように、先着の齋藤校長夫妻が脚光を浴びた。メディアはよほどのことがない限り、二番手、三番手は追わない。後世に残るドキュメンタリーを追う筆者から言えば、俊典会長らには誠に惜しい約四か月の〝先送り〟だった。

筆者も顕彰のお手伝い

だからと言って実行委は、この四か月を無為に過ごしてはいない。第四章でも触れたように、フォーラムに感銘、多数のアンケートを寄せた来場者の熱意に応えるため、退造顕彰本の出版準備を始めた。

そんな三月九日、筆者は前著の出版社・中央公論新社経由で、面識がなかった俊典会長から丁寧《ていねい》な手紙を受け取った。内容はフォーラムの開催履歴や、退造を取り上げた第七回の紹介プリントに加えて、室井講話に対する反響の大きさを直筆で切々と綴っていた。

その結果、顕彰本の発行を望まれていることに触れ、編集についてアドバイスをいただきたいとの要望。出版決定は前記のように四月一日の第一回実行委で決まったが、俊典はそれに先立ち着々と準備を進めていたのである。

筆者は栃木での退造顕彰が戦後七〇年ぶりと遅れたとは言え、ようやく始まったこと、それも拙著が発端となったことが嬉しく、折り返し返事を書いた。

それにはフォーラムで聴衆の胸を打ったという室井講話の完全収録がまず必要であること、次に退造の長男・紀雄が出版した前記『記録集成　戦さ世の県庁』の中に、退造の謦咳《けいがい》に接し、心酔した人の文章がいくつか収録されているので、それを再録すること、拙著でも使わせてもらった肖像写真や、愛児宛ての最後の手紙などは東京都日野市の荒井家に保存されているので拝借されては……などと提案した。これを機に筆者と退造顕彰実行委の交流は始まり、微力ながら顕彰活動のお手伝いをすることになった。

沖縄から栃木への使者

栃木での退造顕彰をめぐって、血族と宇高の後輩がそれぞれに活動に打ち込む姿を、沖縄の島田顕彰期成会は見逃さなかった。

嘉数会長は齋藤校長との出会いの中で漏らした「宇都宮へ行きたいねぇ」の思いを実現すべく、

顕彰碑除幕式直前の超多忙な日程の調整に乗り出す。その結果、自身の方が先に宇都宮を訪れることになるのだが、これは島田、荒井の〝二人の島守〟を等しく顕彰したい沖縄の思いを映していた。

二〇一五年（平成二十七）年までの島守顕彰は、沖縄と島田の出身県である兵庫を結ぶのが精一杯で、すでに六四年の歳月を費やしてきた。しかし今回、退造の出身地である栃木から退造の母校の校長夫妻が訪れ、にわかな顕彰情報を知らせてくれた上、その実行委役員も沖縄へ来たがっていると知って、嘉数とそのブレーンである名嘉山は機は熟したと見た。

沖縄と兵庫の点と線に、新たに栃木という点を加えると、トライアングルが組め、新しい面ができる。それを起点に二人の島守の心を語り継がぬ術はない、との考えである。

宇都宮訪問案には、前記のようにかねて栃木県関係者との接触を請い願っていた「島守の会」の島袋事務局長がまず賛成した。ついで栃木県民が退造をどう受け止めているかを現地で確かめたい南・繁多川公民館長、退造を通じて沖縄と交流を深めたい沖縄栃木県人の小林・元会長、それに「島守の会」の伊野波《いのは》進会員（七八、元沖縄県職員）も名乗りを上げた。

伊野波が八歳の時に殉職した父・盛和警視は戦中、沖縄県警察部の警防課長として退造を支えた人である。沖縄戦末期、沖縄県民の苦難と奮闘を何としても内務省へ伝えたい退造の願いに応え、部下三人と決死の沖縄脱出を図ったが、南部の具志頭《ぐしかみ》村で米軍の襲撃に遭い、職に殉じた。当時四一歳で、退造の享年に近く、伊野波はもっと退造のことを出身地で知りたかったのである。

嘉数を団長にした沖縄からの五人の宇都宮訪問話は、半ば諦めていた齋藤校長を驚かせたが、同年六月十二日に実現する。

トライアングルが現実に

その日昼過ぎ、一行は羽田空港―ＪＲ東京駅経由で宇都宮駅に到着。荒井退造追悼実行委員会一同の歓迎昼食会の後、齊藤、塚田の案内で退造の母校である同市滝の原の宇都宮高校（宇高）を訪れた。

校長室には退造が一九二〇年（大正九）年三月、宇高の前身である宇中を卒業した時の記念アルバムが用意されていた。齋藤が校内の書庫から探し出した貴重な一冊で、「第五学年二ノ組」とある制服制帽姿の学生三列二六人の中列右端で、退造は真面目な表情で、前をしっかり見据えていた。九五年前の写真発掘に、トライアングルの着実な進展を感じて、訪問団一行は胸を熱くした。

広い校庭を案内してもらった際には、校訓「瀧の原主義」が笹川臨風校長の流れるような直筆で刻まれた立派な石碑の前で、一行は立ち尽くした。「剛健なる眞男児を作らんとする」ために謳《うた》われた指標「剛毅」「元気」「沈勇」などは、退造の生きざまそのものだったからである。嘉数は「荒井警察部長の原点は、ここから始まるのですね」と評し、齋藤を感激させた。

生徒代表との懇親会も開かれた。生徒たちから「沖縄県民にとって荒井さんは、どんな存在か」などの質問が出され、嘉数や島袋が今なお「島守」と尊崇される戦中の事跡を話した。逆に嘉数から「この学校から、こんな立派な人が出た理由は」と問われ、市川陽介・生徒会長（一七、二年）は「健全な身体と精神を育《はぐく》み、質実剛健を基本とする瀧の原主義を強く持っておられたからでしょう」

と答え、校訓が百年以上も脈々と受け継がれていることを印象づけた。

翌十三日、一行は齋藤の案内で、やはり退造の母校である南校へ。同校には四日前の九日、退造顕彰実行委が拙著など退造の関連図書五冊を寄贈、それを中心に図書室に「荒井退造コーナー」が設けられたばかり。同校では青木校長が、宇高同期の齋藤から委されて案内役を務めた。

同校には齋藤と青木の肝入《きもい》りで、退造顕彰実行委の俊典会長、室井顧問、佐藤事務局長らが招かれており、前年暮れの活動開始以来、ほぼ半年ぶりに沖縄の島守の会や島田叡氏事跡顕彰期成会役員との初顔合わせとなった。

嘉数、島袋らは、遅《おく》れ馳《ば》せながらも退造顕彰事業が始まったのを喜び、嘉数は同年六月二十六日に予定している「島田叡氏顕彰碑除幕式」に退造顕彰実行委の役員を改めて正式に招待した。ここに沖縄と栃木の島守顕彰団体は提携、トライアングルは現実のものになった。

一行はその後、宇都宮市上籠谷町の退造の生家を訪問。当主で実行委名誉会長の荒井拓男と会い、近くにある荒井家の墓地に参った。遥々持参した県庁・警察部壕の湧水や、戦中、荒井らが命をつないだ非常食の黒砂糖を供え、深い祈りを捧げた。

午後一時からは宇都宮市竹林町のトヨタウッドユーホーム内、オトスクホールで開かれた前記「荒井退造・追悼講演コンサート」に参加した。ホールは約四百人の市民で満員。急遽、臨時席を設ける盛況で、一月以来の退造顕彰活動の着実な広がりを印象づけた。

集いは島守の会が映像によって島守を顕彰したＤＶＤ『島守の塔』（制作の経緯は章を改めて詳述）

の上映で始まり、齋藤校長が開催までの経緯を説明、沖縄側を代表して嘉数会長は、「戦後七〇年にして栃木の地で荒井警察部長の追悼行事が行われ、沖縄県と栃木県の交流が始まったことは意義深い。今後もこの交流を密にしていきましょう」と呼びかけた。

栃木沖縄県人会の玉城会長も挨拶に立ったが、彼は幼時、退造が推し進めた本島北部疎開で命を救われており、七〇年ぶりの退造に対する感謝の言葉は、疎開が県民に及ぼした影響力の大きさを改めて物語った。

催しの第一部は講演で、谷博之・元参院議員（七三）が尊敬する島田知事を、郷土史家の塚田保美が荒井警察部長の生きざまを語り、感銘を与えた。

第二部のコンサートでは、前述のように（八八ページ）塚田の長女・由美子のピアノ、二女の佐柄香保里のがオカリナを演奏にのせたソプラノ歌手・石井真由美が沖縄ゆかりの慰霊の歌や叙情歌を歌い上げだ。

退造顕彰時実行委、沖縄へ

一方、島田知事の顕彰碑除幕式に招かれた退造顕彰実行委はさっそく、俊典会長ら役員八人の参加を決めた。このセレモニーには筆者も二月から出席を要請されていた上、除幕式当日に期成会が発行する記念誌（A４判、一一〇ページ）への寄稿も求められていた。

それを知った俊典会長は、沖縄で筆者と会おうと考え、除幕式前夜の六月二十五日夕、那覇市具志のレストランでの夕食会に招いてくれた。

会は藤井実行委員の司会で始まり、冒頭、俊典会長は「地元のわれわれの立ち上がりが遅れ、退造顕彰に七〇年もかかってしまいました」と反省。他の委員も揃ってそれに同意をする謙虚さだった。それだけに全員が退造研究に熱心で、なかんずく、顕彰の先鞭を付けた室井顧問は退造の数々の事跡を、この問題は拙著の何章、何ページにありと列挙したのには、筆者の方が驚かされた。

研究熱心を象徴するように、一行はこの日午後、沖縄戦研究の第一人者である大田昌秀・元沖縄県知事（二年後の二〇一七年六月十二日、九二歳の誕生日に呼吸不全で逝去）を、彼が理事長を務める沖縄国際平和研究所（那覇市西）に訪ねたことも話した。大田は戦中、沖縄師範鉄血勤皇隊の一員として九死に一生を得た人で、戦後はその苦い経験を基に琉球大学教授として沖縄戦を研究した。

訪問の目的は、俊典が事前に依頼していた退造顕彰本の巻頭文を受け取ることと、退造の評価を聞くことだったが、大田の退造に対する評価は高く、こう切り出した。

「沖縄の人たちは、荒井さんが島田さんに負けないくらい県民のために尽くしてくれたことを、よく知っています。二人とも沖縄の恩人だし、大事な人です。それなのに、どういうわけか近年は島田さんばかりが取り上げられるのを不思議に思っていたのです」

評価の理由としては、一九四四（昭和十九）年の10・10空襲以来、臆病者の泉守紀《しゅき》知事は東京に出張したまま帰らず、伊場信一内政部長も不在がちで、県政の重責は荒井が一人で担った。しかも、島田が翌年一月末に着任するまでの約四か月間、県民の県内外への疎開や食糧確保にも尽力した功績は大きい、とした。

その割に島田より評価が低い点については「当時の警察はスパイ摘発に力を入れる怖い存在だっ

たことが、荒井評価の足を引っ張っているのではと分析、「だから今回、出身地の栃木の皆さんが顕彰活動を始めたのはとても嬉しい」と語った。そんな評価を映して、大田は退造顕彰本に寄稿した巻頭文のタイトルを「沖縄の恩人　荒井退造警察部長について」としていた。

退造への高い評価を、沖縄戦をよく知る人から直接聞いた後だけに、夕食会の空気は弾んだ。俊典会長は顕彰本のメーンタイトルを、退造が沖縄戦末期に、側近に言った言葉である「頼む！逃げてくれ」とし、サブタイトルに「荒井退造没後70年記念誌」と添える考えを明らかにした。

さらに「これが今日の本題なんですが……」と前置きして、九月に宇都宮市で開く出版記念会への筆者の出席を要請した。それはやがて講演依頼になり、筆者が宇都宮で退造を語ることになる。

それは章を改めて紹介するとして、その前に翌日の島田叡顕彰碑の除幕式を書かねばならないのだが、筆者としてはこの時系列をこのまま続けるわけにはいかない。

何故ならば、この顕彰碑ができる背景には沖縄戦跡がまだ生々しく残っていた一九五一（昭和二十六）年六月、生還県職員が島田叡知事や荒井警察部長を偲んで、最期の地近くに建立した「島守の塔」がある。この塔から始まる長く重い前史を踏まえないでは、話を前に進められない。

栃木、荒井退造顕彰事業に関わる皆さんには悪いが、しばらくご辛抱を願って、話を六四年前へカットバックするのをお許しいただきたい。

第八章　始まりは沖縄からのウンジケーシ（恩返し）

まず浦崎純あり

　齋藤校長夫妻が感じ入った二人の島守に寄せる沖縄県民の熱い思いは、前章でも少し紹介した故・浦崎純に端《たん》を発する。戦中は県民の県内外への疎開促進を任務とした沖縄県警察部特別援護室の室長や内政部人口課長として腕を振るい、戦後は島守の塔建立に主導的役割を果たした人である。

　彼は島田知事の「あんたたちは非戦闘員なんやから、とにかく命を大事にしなさい」、荒井警察部長の「日本がもし戦争に敗れても、国は残して行かねばならないのだから、とにかく生きて、生きて、生き抜くのだ」の教えを胸に、過酷極まる沖縄戦を懸命に生きた。

　戦後、悲痛な沖縄戦の実相と、その中で上司が示した吏道の鑑《かがみ》とも言うべき姿を伝えようと一九五一（昭和二十六）年、『沖縄戦秘史――島田知事』を沖縄出版社から上梓したのは、沖縄県民からのウンジケーシの始まりだった。同書を含め一九七一年までの二一年間に、沖縄戦の悲劇を五冊の著書で訴えている。

　ところが、彼は自身が中心になって進めた「島守の塔」建立の経緯については、代表作『消えた沖縄県』（一九六五年、沖縄時事出版社刊。四一〇ページ、定価一ドル＝三六〇円）最終章の最終節で、わずか四ページを費やしているに過ぎない。それも自身の働きや苦心にはまったく触れず、経過の大筋を淡々と綴っているだけである。

それはそれで男らしく奥床《おくゆか》しいのだが、「序章」でも書いたように「沖縄の島守を語り継ぐ群像」を発端からドキュメンタリーとして残しておきたい筆者としては、正直言って甚だ困る。

その伝で、戦後七〇年に栃木県下でにわかに起きた荒井退造顕彰の動きも、発端から事実を正確に書き残しておかないと、後世に正しく伝わらない恐れがある。

現に本稿第二章で紹介した退造の実兄である荒井甲一・清原村村長と室井・黒羽高校元校長の数奇な出会いが、栃木での一連の顕彰活動、ひいてはトライアングル形成の発端になった大事を報じたメディアは残念ながら一社もなかった。栃木を中心にした本稿のここまでの展開に、島守顕彰の先達である沖縄や兵庫方面からは批判もあろうが、ニュース優先で事実をしっかり押さえておきたい筆者の考えをご理解いただきたい。

前置きが長くなったが、浦崎が自著で差し控えた内容は、生前の父から詳しく話を聞いた四女・屋冨祖《やふそ》なほ子（七九）が補足してくれた。

ところで彼女の旧仮名遣いの名前は、浦崎が思いを込めて名付けた戸籍名だが、少女時代、友人から「呼びにくい」と言われ、彼女は独断で「直子」に変えていた。それを一九六六（昭和四十一）年の結婚時、父に指摘され、元に戻した。それはとにかく、彼女が父から、ふんだんに体験談を聞けた理由へと話を戻す。

「七人兄妹のうち、私だけが顔の造りも性格も父親そっくりで、あとは全員、母親似でした。だから、私は中学生になったころ、自分は父がどこかでお妾さんにでも産ませた子じゃないかと疑い（笑）、真剣に悩んだ時期がありました。とにかく父とはよく気が合い、父は好きなお酒を呑むと、私にだけ戦中、戦後の話をあれこれ話してくれました。特に島田知事さんと荒井警察部長さんについては『あんな立派な人々は、これまでに見たことがない。一緒に仕事ができて幸せだった』と褒めちぎっていました。だから私、敗戦前後は小、中学生だったのに、戦争中のことをいろいろ知っているのです」

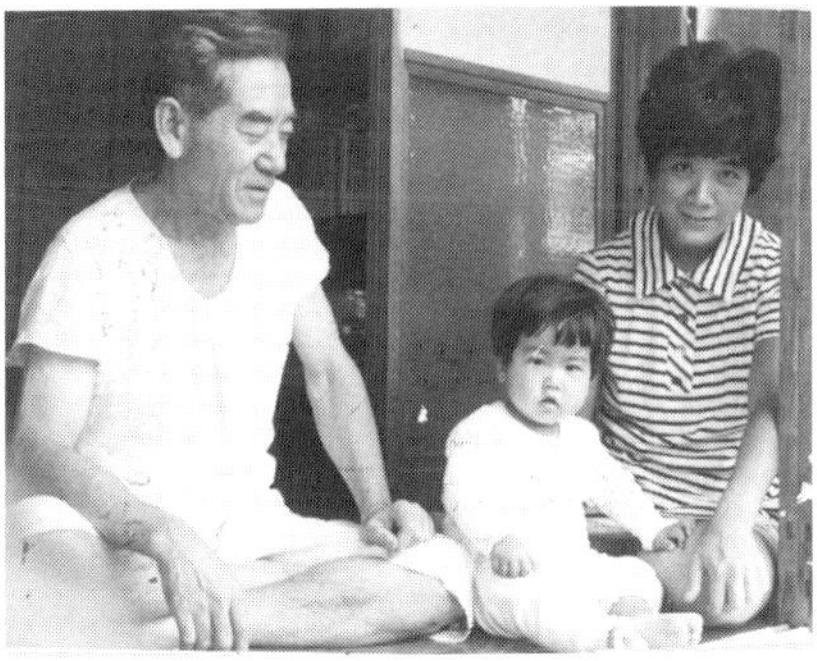

自宅縁側でくつろぐ浦崎純と四女の屋冨祖なほ子母子（屋冨祖なほ子提供）

そんな父親っ子だったから、真和志中学二年生だった一九五一（昭和二十六）年六月二十五日の「島守の塔」除幕式当日、同級生の伊芸雅子（七八。戦中は県中頭地方事務所長や町村分遣隊佐敷分遣隊長、戦後は琉球政府立法院副議長や島守の会二代目会長を務めた故・伊芸徳一の長女）とともに、塔の建立委員長と祭典委員長を務めた父から、除幕の幕引きの大役を仰せつかった。

除幕の後、浦崎は東京から招いた島田知事の美喜子《みきこ》夫人（当時四二、今は故人）や自身（同四九）を中心とする百人近い関係者の記念写真を塔前で撮らせた。その画面後方、島田と荒井終焉の碑に通じる石段の途中に、白い帽子を被《かぶ》ったセーラー服姿の少女が二人、横向きで佇《たたず》んでいる姿が可愛く写っている。その左側が、なほ子、右側が伊芸雅子である。

前記のように浦崎が戦後、東京の財団法人・沖縄財団総務課長の職に就いてから、一家は長く関東で暮らすことになったが、彼女は望郷の思い止みがたく二〇一一（平成二十三）年春、沖縄へ帰った。この年六月二十三日の「沖縄慰霊の日」に六〇年ぶりに島守の塔の慰霊祭に参列、さっそく、島守の会に加入した。以後、毎年、参列するとともに、高齢化で減り続ける会員の新規勧誘に奔走していると言うから、父親譲りの血は争えない。

苦難、逆境にめげなかった人

浦崎が島守の塔を建立するまでの経緯を説明するため、話を沖縄戦当時へカットバックする。

浦崎家は一九四四（昭和十九）年七月二十一日、当主の純だけを沖縄に残し、妻子八人は県庁・警察部の職員家族七五二人を乗せて那覇港を出帆した疎開第一船「天草丸」で、宮崎県都城《みやこのじょう》市へ疎開した。なほ子は言う。

「母が『私たち役人の家族だけが先に行くのは……』と躊躇《ためら》ったら、父は『行く人がいないから、県の職員家族が率先して範を示すのだ』と言ったそうです」

一方、沖縄に残った浦崎は沖縄戦末期の四五年五月末から、学童疎開の推進で苦労をともにした永山寛・視学（当時の地方教育行政官、のち殉職）ら五人連れで、本島南部を逃げ回った。彷徨《さまよ》った戦場は県庁・警察部壕があった真和志《まわし》村字真地《まあじ》（現・那覇市）から歩いて南部へ、島尻郡の豊見城《とみぐすく》村字長堂《ながどう》（現・豊見城市）―高嶺《たかみね》村字与座《よざ》（現・糸満市）―東風平《こちんだ》村字高良《たから》（現・八重瀬《やえせ》町）―摩文仁村（現・糸満市。以下同）。ここから西へ転進して真壁《まかべ》村字真壁―同村字名城《なしろ》へ、と砲煙弾雨の中をまさに這いずり回った。

その挙げ句、六月十二日、五人は名城海岸でついに岩場に追い詰められた。死期が近いと感じた浦崎は、付近にいた友軍の負傷兵から手榴弾を一発、分けてもらい、使用法を教わっていた午後三時ごろ、付近で爆弾が炸裂。その破片で右肩など数か所に負傷、血だるまで海岸の防風林に伏す身になった。

名城集落が米軍の重囲に陥った同十九日、永山らは海岸でクリ舟を見つけ、北部への脱出を計画、浦崎にも同行を勧めたが、彼は足手まといになると考え、乗船を断念した。止むを得ず永山ら四人は出発、その数日後、浦崎は偶然出会った旧知の那覇地方裁判所・富川盛介判事（故人）の説得を受け、米軍に投降した。一方、永山らが乗ったクリ舟は行方不明となり、戦後、全員殉職と認定された。浦崎にとっては、まさに〝怪我の功名〟だった。

まともな治療が受けられなかった浦崎は、傷の痛みと化膿、空腹にあえぎながら捕虜生活を続けた。収容所は豊見城村字伊良波《いらは》から中部の宜野湾《ぎのわん》村字野嵩《のだけ》（現・宜野湾市）、さらに越来《ごえく》村（現・沖縄市）へと北上、最後の国頭郡宜野座《ぎのざ》村の収容所で、負傷約二か月後の八月中旬、米軍軍医によって肩に食い込んでいた爆弾の破片をやっと摘出してもらった。

郷里の石垣島には、終戦の翌四六年三月に帰った。家族も一足先に都城市から全員無事帰り着いており、一家は一年八か月ぶりに無事再会を喜び合った。

しかし、戦争の後遺症は続いた。浦崎がいみじくも自著代表作の表題で謳《うた》ったように、勤務先の沖縄県は米軍に占領されて消えてなくなり、生活の基盤を失った。これから先のなほ子の辛い回想は、浦崎が生前、まったく封印していた体験だ。

「戦後、父は仕事を失いました。戦争中、県の幹部だったため『戦争を推進した』とか『アメリカのスパイ』など、ありもしない噂を立てられ、職を斡旋してくれる人もなく、石垣島の知人宅に間借りする惨めな生活でした。母と一番上の姉が豚を一〇頭ばかり飼い、それが唯一の収入源でした。たまりかねた父は借家の庭先で文房具店を始めましたが、全然売れませんでした。そんな窮状が旧県庁時代の父の後輩で、同じ八重山列島出身の西銘《にしめ》順治《じゅんじ》さん（一九二一～二〇〇一）の耳に入ったのでしょう。私が中学生になった昭和二十五（一九五〇）年春、父は西銘さんが那覇市楚辺《そべ》の城岳《じょうがく》公園前で経営されていた沖縄ヘラルド新聞社に招かれ、やがて社説を担当しました。父は『待っていました』とばかり社説で島田、荒井両氏の顕彰や戦没県職員慰霊の必要を説く論陣を張りました。それに対する県民の共鳴や反響は大きく、それが翌年の島守の塔建立へと発展するのです」

西銘は沖縄が本土復帰後、三代目の知事を三期一二年間務めるが、彼の炯眼《けいがん》が浦崎の思いを萌芽させるわけで、筆者は島守顕彰の〝隠れた元祖〟と見る。

感謝の結晶・島守の塔

島守の塔建立の動きは、浦崎が社説を書き出した一九五〇年十二月に早くも組織化、翌五一年二月から本格化し、浦崎は自ら建立委員会の長を務めた。

塔を建てる場所は、島田、荒井の終焉の地が詳《つまび》らかでなかったから、せめて足取りの最終地点でなければならなかった。しかし、戦中の浦崎は前記のように知事一行とは別行動だったから、正確な場所を知らなかった。

すると、戦中、島田知事の秘書官を務めた小渡信一《おどしんいち》（戦後、沖縄配電ビル常務、島守の会・五代目会長）と嘉数《かかず》安全（戦後、徳田と改姓。島守の会・二代目事務局長）、さらに知事警護官だった新垣徳《あらがきとく》助《すけ》（戦中は警察部警防課警部。戦後、琉球政府警察本部長）と当真《とうま》嗣盛（戦中は知事官房秘書課兼務の巡査部長。戦後、コザ＝現・沖縄市＝警察署長）ら生き残り県職員一〇人ほどが名乗り出て、現在、塔が建つ場所一帯が足取りの最終場所近くであることを証言した。

名前がはっきりしている前記四人は全員、今は故人だが、小渡と嘉数は島田が一九四五（昭和二十）年一月三十一日、沖縄へ赴任した日から秘書官として仕えた。また新垣と当真は同年四月二十五日、島田が真和志村字繁多川の新壕——那覇署・真和志村役場の壕から同真地の県庁・警察部壕へ移った日から警護官として、いずれも最期近くまで仕えた。それだけに四人とも、生前の島田、荒井に関しては、一級史料の語り部揃いだ。

とりわけ小渡、嘉数、当真の三人は、軍医部の壕口で島田知事に同行を願い出たが、「生きて沖縄を再建せよ」と命じられ、今生のお別れをしただけに、終生忘れがたい場所であった。島田の県民思い、部下思いを物語る象徴的なエピソードは前著で詳しく紹介しているので、読んでおられない読者はご一読願いたい。

話を塔建立時に戻すと、確定した敷地の買収や登記手続き一切は、地元・三和村《みわ》（戦禍で人口が減った摩文仁、真壁、喜屋武《きやん》三村が戦後、合併して作った村。現・糸満市の最南端）の伊敷喜榮村長はじめ、村の職員が引き受けてくれた。

しかし、難問は塔の建立資金集めだった。苛酷な戦火を辛うじて生き抜いた旧県庁職員は三百数十人いたが、大部分はその日の生活に追われており、多くの寄金は望めなかった。

ところが「琉球日報」など沖縄の日刊新聞各紙は、戦中、軍の報道管制に全面屈伏したことへの反省からか、連日、慰霊塔建設に協力的な報道を展開した。

これに対して米軍統治下の当時、沖縄本島に設立されていた住民側の行政機構・沖縄群島政府（平良辰雄《たいらたつお》知事ら職員三五〇人。五二年四月、琉球政府発足で廃止）は補助金を公費で支出、参道の工事を施工してくれた。その上、全職員が俸給から天引きで寄付金を醵出《きょしゅつ》してくれるなど、募金事情は好転し始めた。当時の父を見守った、なほ子の述懐。

「父は昭和二十五年暮れから、後に島守の会の初代・事務局長を務める黒島安重さんや、理事になる西平賀仁さん（いずれも故人）を毎夜、家へ招き、資金作りや塔の設計を深夜まで相談していました。中学生になったばかりの私は毎晩のように、接待のための泡盛《あわもり》を酒屋さんへ買いに行かされるのが嫌《いや》で嫌で、ホウキを逆様《さかさま》に立てる人払いのおまじないを隣の部屋で密かにやり、お二人が早く帰るよう祈っていました（笑）」

各界各層からも長者の万灯、貧者の一灯が寄せられるようになった。なかでも北部・大宜味《おおぎみ》の山村と八重山列島・西表《いりおもて》島の僻村で、隣組（戦中からの隣保組織）を通じて集められた浄財は、浦崎ら建立委員を奮い立たせた。

　こんな動きに応えて建立委員会は塔の名前を南西諸島全域から公募、応募作は七百数十点にのぼった。これを群島政府や新聞社などに委嘱した銓衡《せんこう》委員が厳選の結果、「島守の塔」が選ばれた。

　また浦崎は除幕式前後の六〇日間、琉球日報の紙面に『沖縄戦秘史――島田知事』と題した原稿を連載、島田と荒井の事跡を県民に熱心に語りかけた。これを纏《まと》めた著作が前記の処女出版本だが、同年六月二十五日の除幕式前後の父について、なほ子の回想。

「父は島田知事夫人を何としても式にお呼びしたい、と夫人が当時、お住まいだった東京都武蔵野市吉祥寺へ何度も足を運びました。でも最初のうちは断られていたようで、『四度目のお願いでやっと来てくださることになった』と、こおどりしていました」

　夫人の参列が決まると、浦崎は「せっかく、遠路はるばる来てくださるのだから、遺骨を持ち帰っていただかねば……」と、二代目の三和村長・金城増太郎《きんじょうますたろう》（元・沖縄一中教諭、のち琉球博物館長、故人）ら有志約一〇人とともに軍医部壕に入り、捜索している。しかし、島田と荒井は前記のように沖縄戦の組織的抵抗が止んだ三日後、この壕から脱出しているので、願いは叶わなかった。

表情硬かった島田夫人

　沖縄戦戦没者の遺骨収集は敗戦直後、本島南端の最後の激戦地の一つ・糸満市米須《こめす》集落で始まった。集めた約三万五千柱の遺骨は、手造りの円形石積み墳墓に納め、敗戦の翌一九四六（昭和二十一）年二月、慰霊塔の第一号「魂魄《こんぱく》之塔」は早々と完成した。

これを嚆矢《こうし》に南部戦跡では同三月、摩文仁の丘の西端に「沖縄師範健児之塔」、同四月には糸満市伊原に女師と一高女の「ひめゆりの塔」、翌四七年一月、糸満市国吉に二高女の「白梅之塔」など、若き学徒の死を悼む学校関係の慰霊塔が五基、相ついで建立された。

続く七基目は四九年六月、東風平町富盛《ともり》の住民が激戦地・八重瀬岳周辺で収骨した一五〇〇柱を祀った「八重瀬の塔」、そして八基目が五一年六月に建てられた「島守の塔」である。

もっともこの間、沖縄本島中、北部でも実に二九基もの慰霊塔・碑が、地元町村や自治会、青年団などによって建てられている。また本島のみならず離島まで含めると、現在、塔・碑は四四〇基に上り、沖縄戦の戦禍が如何に広範かつ甚大、苛酷だったかを物語る。

島守の塔除幕式に参列した島田夫人は、次のように挨拶した。

「この地に、こんな立派な塔を建ててくださったことは、遺族の一人として無上の喜びです。東京から招いていただき、初めて夫の最期の地に額ずけましたが、この感激は生涯忘れることはできません。各方面からのご援助に対し、厚く感謝を申し上げます。今日、お見えになれなかった荒井警察部長さんの奥様と、二人分の御礼を申し上げます」

この言葉に浦崎は感銘したが、挨拶とは裏腹に、その後の夫人は憮然として多くを語らなかったようだ。父から、その時の様子を聞いた、なほ子の述懐。

「最もお知りになりたかったはずの沖縄戦中の知事の様子を、夫人は何一つお尋ねにならなかった。そこで父が、知事の立派な働きや壕でのご様子に話を向けても、乗って来られなかった。ただ、黙って硬い表情のまま座っておられ、セレモニーが終わると、さっさとお帰りになってしまった。

除幕式と慰霊祭の後、父はがっくりと肩を落としておりました」

　夫人の胸中には、戦中、内務省から沖縄赴任を打診された島田が「これは妻子に相談することじゃない。自分が決めることだ」と、その場であっさり受諾、敢然と死地へ赴いたこと。そんな人事を発令した内務省は終戦直前、島田に「内務大臣賞詞」と「顕功章」、荒井に「顕功章」を贈り、「官吏の亀鑑」と讃えたものの、戦後のどさくさの中で経済的に何ら遺族に報いるところがなかったことなどへの憤懣が渦巻いていたのであろうか。

　戦後の夫人は、内務省の後身である自治省へ雑貨の行商に出かけたり、自宅に女子大生を下宿させたりして生計を立て、二人の娘さんを育てた。荒井退造のきよ子夫人も前述のように、たばこ屋を営んで子育てに苦労している。

　戦後の日本は、一五年にも及んだ、あの愚かな昭和戦争の総括や責任追及を連合国の極東軍事裁判に委ね、自ら律することはなかった。あの戦争の責任について、筆者は軍部・政界・官界と、それを後押しした報道機関が負うべきものと考える。軍部は敗戦とともに瓦解、政界と報道機関は根本的な体質改善を迫られ、それなりに責任を果たした。ところが官僚機構だけは唯一、戦後も組織をそのまま温存し、自らを省みなかったと言えよう。そんな不遜な後輩たちの冷たい対応によって、先輩義人の遺族はまったく報われなかった。

　島田夫人は前記の沖縄訪問以降、東京都・吉祥寺の都営住宅で世俗とは縁を切っての隠遁の生活に入り、二度と沖縄、島守の塔を訪れることはなかった。マスコミに対しては一九八八（昭和六十三）年九月、沖縄から訪れた地元紙「琉球新報」の一記者に玄関口で五分ほど会っているが、他は一切シャットアウト。筆者も一九八〇年と二〇〇〇年の二度、お宅を訪ねたが、顔も見せていただけなかった。

なほ子の最後の回想。「除幕式当日、私は学校に事情を話し、参列しました。ところが後に、学校が私を欠席扱いにしていたことを知った父は、激怒して校長室に怒鳴り込みました。『娘は沖縄県民にとって忘れられない島田、荒井両氏や戦没県職員の慰霊祭に出席しているのに、欠席にするとは何ごとだ。学校はそんなことも理解できないのか』と怒鳴る声が教室まで轟き、私は小さくなっていました」

島田、荒井両氏への浦崎の一途な思い、その一方で戦争を指導した県幹部に対する悪しき県民感情があったことを伝えるエピソードである。

沖縄の語り部たち

筆者が『沖縄の島守』を出版した二〇〇三（平成十五）年四月、浦崎はすでに亡くなっていたが、小渡、嘉数両秘書官、新垣、当真両警護官は幸い健在だった。筆者の取材申し入れに、両ペアとも申し合わせたように「島田、荒井両氏のこととあれば、何はさておいても協力しなければなりませんなあ」と、筆者が泊まっていたホテルまで足を運んでくれ、じっくり話を聞かせてくれた。

とりわけ当真は、島田と荒井が砲煙弾雨をものともせず、県庁・警察部壕から毎日、首里の第三十二軍司令部壕へ情報収集のため命がけで通った道筋や、南部落ちルートを正確に覚えていた。その記憶に基づく全図は単行本の二八九ページと三一九ページ、文庫本では三三一ページと三六七ページに収録した。おまけに道中での様子や避難民への温かい心遣いの情景描写も実に克明で、筆者は「さすが警護官」と感心するとともに、語り部の役割の大きさ、ありがたさを痛感した。

いずれにしても島田と荒井にじかに接し、事跡に胸打たれた人の熱い想いが、戦後七五年にも及ぶ島守の顕彰を支えている。そこで本稿に、これまで登場した人以外にもたくさんいた沖縄の語部の多彩な顔ぶれを、この際、肩書や略歴、横顔とともに紹介しておきたい。年齢、住所が入っていない人は、惜しくも今は鬼籍に入られた。証言の内容は、筆者の前著『沖縄の島守』文庫版に登場するページ数を添えておいたので参照していただきたい。本稿にすでに登場し、プロフィールや働きを紹介した人は、ページ数だけにさせていただいた。

▽浦崎純（六八、七六、八一、一〇四、一二二、一二八、一六三、一六七、一八五、一八八、三七三、四一七）

▽小渡信一（一五六、一六六、一七一、一八七、二二二、二七〇、二九四、三六五、四四五、四四九）

▽嘉数安全（一五六、一八八、二二三、二七〇、三六五、四〇九、四四五、四四九）

▽新垣徳助（二九、三〇、三〇七、三〇八、四二二）

▽当真嗣盛（三〇七、三〇八、三二八、三六五、三六九、三七〇、三八九、四四五、四四九）。

▽上地よし子（九一）＝旧姓・具志。ハワイ・オアフ島パール市に健在。警察部長官舎のお手伝いさんだったが、健気な働きが買われ、正規の警察部職員に登用された。荒井と一年一か月行動をともにし、素顔をよく知る第一人者（五四、六一、一三〇、二七八、三一〇、三四一、三四四、四二七）。

▽伊芸徳一＝一人でも多くの県民を救いたい島田、荒井の意向で、沖縄戦末期、県中頭地方事務所長から町村分遣隊の佐敷分遣隊長に抜擢され、南部地区県民の避難誘導に奔走した。戦後、島守

の会・二代目会長を一五年務めた（六〇、八七、一二二、一二九、三二四、三二六、四一二、四三五、四四〇）。
▽山川泰邦＝疎開問題や10・10空襲時の荒井の働きをよく知る那覇署の監督警部（次席）。後に繁多川の新壕—那覇署・真和志村役場の壕で島田とも三週間、寝食をともにしたので、彼の人間性にも精通している（六六、七五、一一〇、一二九、二二五、二九四、三〇二、三〇六、三七五、四〇五）。
▽長山一雄＝旧姓・仲兼久《なかがねく》。警察部特高課から疎開担当の特別援護室（一二人）、さらに沖縄戦末期、窮状を本土・内務省へ報告する警察特別行動隊（八人）に抜擢された腕利き警部補。北上中、辺野古《へのこ》で捕虜に。荒井の労苦をよく知る人（八三、一一八、三四五、三四八、四二〇）。
▽山里和枝（九二）。山形屋百貨店勤務から警察部防空監視隊本部、同輸送課員に転職。果ては篤志看護婦を志願して豊見城の海軍野戦病院壕で勤務。警察部へ復帰してからは真壁村伊敷の轟の壕で、地獄を見た（一〇七、三四〇、三四二、三八四、四一四、四二八、四三四）。
▽西平守盛《にしひらしゅせい》＝名護署国頭巡査部長派出所勤務から輸送課警部補に転じ、島田が台湾で入手した蓬《ほう》莱《らい》米（内地産の稲苗を台湾で育てた米）三千石の搬入や県内輸送で苦労。警察部壕内で部下の安眠を妨げまいと気遣う島田の人間的な姿を目撃。戦後、警察部壕再発見にも貢献した（一一四、一二七、二〇三、三三五、三三六）。
▽稲嶺成珍《いなみねせいちん》＝県国頭地方事務所（名護市）総務課長だった昭和二十年二月二十日、着任挨拶と県内疎開対象地の視察を兼ねて訪れた島田から、赴任の決意を聞く。赤裸々な内容に打たれ、さわり部分を原文のまま伝え続けた。島守の会四代目会長を一一年務めた（一五七）。
▽与儀清秀《よぎせいしゅう》＝「ユージさん」の愛称で親しまれた首里在住の内科の名医で、県会議員や大政翼

賛会役員も兼ねた。死を覚悟して赴任した島田に心酔、県庁が首里・識名台地へ移転した時、島田を与儀医院へ招き、一〇日間生活をともにし、尊敬の念を一層深めた（一五九、二六二、二六八、二八八）。

▽大山一雄＝沖縄新報社政経部の県政・知事担当記者として島田のリーダーシップ、荒井の剛毅を数々の記事で報じた。島田が新聞記者志望だったことを直接聞き出し、日ごろ記者を大事にした理由を突き止めている（一六七、一七〇、一八〇、一八五、三一一、四〇五）。

▽新垣進松＝県内政部衛生課員。首里北部・末吉宮近くの同課救護班壕で、上陸空襲のため負傷した多数の県民を手当て。島田、荒井の意向で、緒戦はきめ細やかな救護活動が行われたことを証言。島守の会七代目会長を一二年務めた（二六四）。

▽仲本政基＝沖縄新報社社会部記者。全身火傷で捕虜になった米軍飛行士が首里署の裏庭に放置されているのを、訪れた島田がいたわるように凝視していた様子を目撃。戦後、島田の話題になると、決まってそれを話した（二七一、四〇五）。

▽具志堅宗精《ぐしけんそうせい》＝赴任以来の島田、荒井の仕事ぶりに敬服した那覇署長。与儀医院にいた島田の身を案じ、食糧や備品豊かな新壕へ招いて厚くもてなした。才覚豊かな人で戦後、赤マルソウ味噌醤油、琉球精油、オリオンビールの各社を興し、社長や会長を務めた（二八五）。

▽矢賀千津子＝旧姓・照屋。新壕に身を寄せた島田の身の回りの世話をした真和志村役場軍事援護課員。島田が滞在中、砲煙弾雨の中を毎日、北約一・二キロの軍司令部壕へ通った勤勉な仕事ぶり、職員への思い遣りなどを女性らしい視線で証言（二八九、二九一、二九三、二九六、二九八、三〇六）。

▽牧港篤三《まきみなととくぞう》＝沖縄戦末期、南部撤退を明言せぬ軍司令部に翻弄された沖縄新報社の司令部担当社会部記者。懸命に情報を求める島田、荒井ら県首脳のひたむきさと、牛島満司令官ら軍幹部の尊大さを対比させて語った。戦後、沖縄戦記録フィルム1フィート運動の会代表（三五五）。
▽宮城嗣吉《みやぎしきち》＝県幹部と親しかった海軍沖縄特別陸戦隊上等兵曹。南部落ち途中の島田に妻を託した際、「一人でも多くの県民を救いたい」との願いを聞き、六月末、伊敷の轟の壕から避難民約六〇〇人を救出することで応えた。戦後、総合レジャー会社「沖映」社長（三九九、四四一）。

一〇二歳顧問、「島守の会」維持に奮闘

前記の語り部リストに、実は大事な人が一人欠けている。知事官房秘書課の事務官として官選第二十四代知事の渕上房太郎《ふちがみふさたろう》（一八九三～一九七六）をはじめ、同二十五代の早川元《はじめ》（一八九五～一九七〇）、同二十六代の泉守紀（一八九八～一九八四）、同二十七代の島田叡（一九〇一～四五）の四知事に仕えた島守の会の板良敷朝基《いたらしきちょうき》・顧問（一〇二歳）である。

彼は琉球王国時代の首都・首里（一九二一＝大正十年市制施行、一九五四＝昭和二十九年、那覇市に合併）の出身だが、病弱のため学校へ行っていない。独学で一九三四（昭和九）年、一七歳で沖縄県臨時雇に採用され、同四〇（昭和十五）年、沖縄県属に登用された〝頑張り屋〟である。

その後、前述の職歴を重ねた人だけに、筆者は二〇年前、前記の拙著を書くにあたり取材をお願いしたが、すげなく断られた。当時の取材ノートに恨みがましくも残っていた辞退の言葉はこうだ。

「私（板良敷）は戦中、二七、八歳の下働きで、島田知事や荒井警察部長と親しくお話しするほどの器量を持ち合わせていませんでした。その上、酷い胃腸病のため職場は欠席がちで、沖縄戦直前、本島北部の県国頭地方事務所へ避難することを奨められたので、お二人の極限状態は知りませんから、お役に立てません」

とは言え、今回の取材では、米軍による激しい上陸空襲時の島田の豪胆さや、自らの病状を気遣ってくれた荒井の優しさなどをあれこれ話してくれたから、やはり遠慮だったのであろう。

その埋め合わせからか、戦後は島守の顕彰に打ち込んできた。島守の会の副会長は実に三一年、ついで理事を一六年、さらに顧問を現在まで一九年務めている。通算すると六六年間に及び、それは塔建立二年後の一九五三（昭和二十八）年六月に発足した会の歴史そのものなのだ。

この間、彼が最も力を注いだのは会の維持と存続。会は沖縄戦から生き残った元・県職員を参加資格に一四四人で発足したが、年を経るにつれ当然のことながら、会員数は先細りとなった。つれて当初、年に一ドル（当時のレートで三六〇円）だった会費の集まりも年々減少、慰霊祭の経費や塔の整備費にも事欠くようになった。前記語り部リストの一人である伊芸徳一・二代目会長について、板良敷は「余りの会員減を苦にして、一五年間務めた会長職を辞めてしまわれたほど、事態は深刻でした」と打ち明ける。

「島守の会」役員を67年勤めた板良敷朝基

それだけに彼は「県や国はわれわれの活動を支援すべきだ」と声《こわ》高《だか》に主張し始めた。何故なら島田、荒井両氏は沖縄県民の大恩人であり、元はと言えば国が沖縄へ派遣した官僚なのだから、というのが論拠だった。

会の一九九九（平成十一）年の集計によると、最初からの会員のうち一〇七人が死去、生存会員はわずか三七人に減った。そこで板良敷はこの年、元・県職員の遺族も会員に加われるよう会則を変更することを理事会に提案、これが承認されて会員は一気に二二三人に回復した。

ところが十数年経つと、今度は遺族の物故、高齢化も進み始めた。そこで二〇一二（平成二十四）年一月九日、第五代事務局長を一〇年間務めた川上ヨシ（享年八九）が亡くなったのを機に、会則の会員資格を一気に拡大した。

それは「島田知事、荒井警察部長ら戦没県職員の慰霊を通じ、世界の平和を希求するとの会の趣旨に賛同する人は、誰でも参加できる」との内容。これはマスメディアでも「島守の会入会資格、一般県民へ拡大」と大きく報じられ、これにより二百人台の会員数を維持している。

この会則変更で、川上を蔭に日に補佐してきた島袋愛子は晴れて会員になり、六代目事務局長に、また嘉数昇明・元副知事も会に参加、顧問に就任した。二人の亡父を通じての島田、荒井両氏との深い関わりは、章を改めて詳述する。

さて、板良敷のこれらの努力、かねての願いに応えるように、沖縄県は二〇一六年度から島守の会の慰霊祭主催に踏み切った。その理由について県人事課は「県が主催し、県職員が慰霊祭の運営に携わることによって、戦中の県職員がどういう状況で仕事をしていたかを学ぶ機会にしたい」と言う。それは取りも直さず、戦中の島守の働きが戦後七一年目にして初めて公に認められたことになり、島守顕彰の著書がある筆者としては、真摯な顕彰活動を続けて来られた島守の会員の皆さんとともに喜びたい。

「沖縄全戦没者追悼式」を誘う

さらにもう一つ、島守の会に大きな功績があったことを板良敷は知っていた。それは一九五二（昭和二十七）年八月十九日を第一回に、全県規模で始まり、現在まで連綿と続く「沖縄全戦没者追悼式」が、実はその前年から始まった島守の塔の慰霊祭を範にしてスタートしていることである。

この因果関係を裏付ける公的資料は残念ながら県公文書館に残っていないが、板良敷は次のように証言する。

「当時の追悼式の主催者であった琉球政府は同じ年の四月に創設されましたが、創設早々、私は同政府高官から島守の塔の案内を頼まれ、同道しました。彼らが塔の前で『旧県庁職員が昨年、この塔を建て、慰霊祭をしめやかに営んでいることをわれわれも見習うべきだ。沖縄戦戦没者の慰霊は、全琉規模で盛大に営むべきだ』などと話し合う様子を目の当たりにしていますので、われわれの会や塔が引き金になったのは間違いありません」

当初の追悼式は、第六回を営むまでに一二年を要し、開催時期も八～十一月、場所も琉球大学や那覇高校の校庭など流動的だったが、第七回からは摩文仁の丘に定まる。米軍の占領下、いやそれだからこそ、なおさら、戦没者の霊を慰め、平和を願う県民の意思は固かったと言えるであろう。

第九章　やっと来たヤマト（本土）からの応答

〝文春砲〟のハシリ・池島信平

前章で紹介した「沖縄の語り部」は、島守の塔建立後も島守の事跡を、ことあるごとに熱心に語り継いできたが、その間、知らぬ顔だった本土の人々に警鐘を鳴らしたのは、当時、文藝春秋新社の編集局長だった池島信平《いけじましんぺい》（一九〇九～一九七三）である。

彼は一九五五（昭和三十）年十二月二十五日、朝日新聞社が戦後一〇年の年末に当たって夕刊に連載した「ことし言い残したこと」の第二十回に、「この人の名も！」と題した約一二〇〇字の原稿を寄稿、島田知事の沖縄での働きを本土へ初めて紹介した。

その原稿は「戦後十年というので、今年は戦争についていろいろの思い出が発表された。（中略）私がひそかに、だれかくわしく書いてほしいと思っていた人について、だれも触れないので、ここで一筆する」と前置き、一九四五（昭和二十）年一月、内務省から沖縄県知事就任を打診された島田が、敢《あえ》て死地に身を投じたことから書き出し、沖縄県民を戦火から守るため疎開、食糧確保、避難誘導に全知・全能を傾け、職に殉じた経過を略記した上で、文章を、次のように締めくくっていた。

〈三年前、沖縄へ行った時、私が耳にした限り、みな島田知事の死を心から惜しむ人ばかりであった。にくまれていい地位にある者が、これほどまでに慕われているということは、一体どうしたことであろうか。しかもその七回忌には、わざわざ日本から島田未亡人を現地に呼んで手厚く供養したのは沖縄の人たちである。いわゆる軍国美談は好きでないが、島田知事はなんとなく心に残る人である。会ってみたら、少しM過剰の純粋な能吏だったであろう。沖縄ではだれ一人知らぬ者とてない有名な人であるが、内地ではだれも知らない。私はそのことを悲しむ。〉

文中にもあるように、池島は島守の塔建立の翌一九五二（昭和二十七）年に沖縄を訪れ、早くも島田の存在を胸に刻んでいたというから、後に文藝春秋新社の三代目社長を務めた人ならではの炯《けい》眼《がん》である。第七章で紹介した浦崎純や西銘順治の場合、島守の事跡を伝えた相手は主として沖縄県民だったが、池島は本土に語り伝えた最初の人だった。

沖縄が米軍政下にあった時代とは言え、現地の新聞記者や本土からの特派員は何をしていたのか？　池島の記事が出た一九五五年は、かく言う筆者も新聞記者になった年なのであまり大きな口は叩けないが、記者の肩書が泣こう、というものであろう。

グーンと時代は下って、二〇一六年末の流行語大賞選考では、文春発行の週刊誌による相次ぐ特ダネ攻勢を評して〝文春砲〟なる新語が生まれた。島守に関する池島原稿は、近年の品の悪い特報とは比較にならない高邁《こうまい》かつ重厚な内容だったから、その衝撃度は文春砲のハシリと言ってもよいだろう。

池島原稿に打たれた中野好夫

池島の文春砲に撃たれた、いや、打たれた人は、これまた掲載紙の「朝日新聞」の記者でも、筆者を含む競争紙の記者でもなかったのは、なんとも情けない。

その人は池島の長年の友人であり、また旧制・三高野球部で島田の一年後輩だった後の東大教授で、英文学者、評論家の中野好夫《なかのよしお》（一九〇三〜八五）である。

彼は池島原稿が出た翌五六年三月発行の「別冊　文藝春秋」に、いち早く島田についての初の本格的評伝「最後の沖縄県知事――人間・島田叡氏の追憶」を発表した。島田叡研究の先鞭《せんべん》だが、この論考ができるまでには、ちょっとした経緯がある。

それを説明するためまたもや恐縮だが、少し私事を挟ませていただく。筆者は戦後三〇年に当たる一九七五（昭和五十）年七月から、読売新聞大阪本社版で長期連載「新聞記者が語り継ぐ戦争」（全五二二一回。八五年、第三三回菊池寛賞受賞。二〇冊を読売新聞社、九冊を新風書房から刊行したが、現在は絶版）の取材班長兼デスクを務めたが、この連載の中で島田知事を二八回にわたって自身で書いたのは八〇（昭和五十五）年十月である。

その取材で前月十一日から、島田夫人はじめ東京方面在住の関係者の取材にかかった。前章で島田夫人に会ってもらえなかったことを書いたが、それはこの時のことである。

その日はあいにく、台風十三号の接近で、朝から土砂降《どしゃぶ》りの雨が降ったりやんだりしていたが、その夜、東京都杉並区善福寺の中野好夫邸を訪問、論考が生まれた経緯を聞いた。

当時の氏は評論活動が忙しかったゆえか、新聞記者の間では「冗漫な取材を嫌う辛辣かつ気難しい人」の定評があった。筆者も恐る恐る事前に電話で取材をお願いしたが、「叡《えい》さん（三高時代の友人が呼びならわした島田のニックネーム）のことなら家へ来てくれ。ゆっくり話すよ」と言われ、氏の島田先輩に寄せる熱い想いにホッと安堵した記憶がある。会うなり「あいにくの天候で悪かったなあ」と労《ねぎら》ってくれ、話はさっそく、池島記事の評から。

「短い文章だけど叡さんの素顔や働きをよく捉えていて、僕には何より嬉しい記事だった。でも一か所だけ、気に入らないところがあってね。それは締め括り部分に『少しM過剰の純真な能吏だったであろう』と書いていた点だ。戦時の直情径行型人間を想定したのだろうが、叡さんはそれとは真逆の人間だ。それだけは言っておかねば……と思ってね」

「朝日新聞」に記事が出た翌々日、中野は慰労の一献《いっこん》献上を兼ねて池島に会い、感謝の気持ちを伝えるとともに、前記の異論を率直に話した。

「ところが、彼は大人でね。私の言い分は軽く受け流し、すぐに切り返してきた。『それなら島田さんを一番よく知っている君が、本格的な評伝を書けばよいじゃないか。そうだ、わが社が来春、発行予定の別冊にスペースを空けておくから、それに書きなさいよ』と。さすが一流の編集者、あっという間に原稿を書く約束をさせられちゃってね（笑）」。

若いころから右顧左眄《うこさべん》しない島田は官僚になってからもそれを貫いたから、本省の受けはよくなかったらしく、東京の本省勤めは一度もなかった。だから中野は、三高を出てからまったくと言っていいほど島田に会っていなかったので、原稿を書くに当たって島田夫人はじめ、戦前戦中、島田の謦咳《けいがい》に接した人々を丹念に訪ね歩き、取材して驚いた。

「どこにも、三高の野球部時代そのままの叡さんがいるのだなあ。あまりの純粋さに改めて驚いたよ。正しいと思えば相手構わず直言し、上司に媚《こ》びへつらうことを徹底して嫌った、官僚としてはまったくの型破り。それでいて目下の者には優しく、思い遣りに溢《あふ》れていた。あれは神戸二中、三高、東京帝大の野球部で学んだスポーツマンシップ、フェアプレーの精神ですよ。僕はそんな姿をそのまま書くだけで、叡さん伝はでき上がりました」

神戸二中・兵庫高の同窓会「武陽会」も立つ

池島と中野の原稿は、次に島田の母校である県立神戸二中＝兵庫高校の同窓会「武陽会」と姉崎岩蔵・第十一代校長（一九〇〇～〇〇、校長としては一九六三＝昭和三十八年四月から六五＝同四〇年三月まで二年間在任）を動かし、筆者が前著『沖縄の島守』の最終章で紹介した一九六四（昭和三十九）年六月の三つの島田顕彰事業へと発展する。

それは追悼記念誌『沖縄の島守　島田叡　親しきものの追憶から』（三三七ページ）の出版、島田の四年後輩である詩人・竹中郁《いく》が設計し、校庭の一角に沖縄に向けて建てた合掌形の記念碑建立、そして神戸二中―三高―東京帝大の野球選手として島田の生涯を貫いたスポーツマン・シップを讃え、後輩に体育を奨励する島田杯の制定である。

ちなみに「武陽」という呼称について少し説明しておくと、兵庫県の南東部に広がる神戸市の後背部を東西に走る六甲《ろっこう》山地と関わり合う古い呼び名である。この山地は大昔から「向こうの山」と呼ばれ、転じて「武庫《むこ》（六甲）の山」の表記を生んだ。山系の南に位置する「武庫の陽《みなみ》」は文武を鍛えるのにふさわしい土地と考えられ、縮めて「武陽」と呼んだが、それを同窓会の名に戴いたのである。ちなみに卒業各期は「武」の文字の部分に、それぞれの年次数を算用数字で入れ、「○陽会」と称した。島田は7陽会員である。

顕彰三事業の一つとして発行した前記追悼誌の序文に当たる「母校から」に、事業を取り仕切った姉崎校長が書いた経緯によれば、「武陽会」でも終戦直後、島田顕彰の声は上がった。彼は在学中から学業とスポーツを両立させた俊秀として知られていたし、この時点ではまだ沖縄県知事としての素晴らしい働きの詳細は伝わっていなかったものの、沖縄戦という未曽有の難局にたじろがず敢然と赴任、職に殉じたことは知れわたっていたからだが、その時の計画は戦後の混乱に紛れ、先送りされた。

ところが「武陽会」は、池島と中野の原稿によって沖縄で島守の塔が建立され、島田が手厚く祀られていることを知ると、「母校は立ち遅れた」と感じた。さらに中野原稿が一九六一（昭和三六）年、文藝春秋新社から改めて単行本として出版され、島田の事跡が全国に知れ渡るに及んで、いよいよ心急かれた。それが前記の三事業へと具体化する経緯について、前記の「母校から」で姉崎はこう書いている。

〈その頃、二中、三高を通じて、特に（島田と＝田村の補注）親交のあった本校六回の小川重吉氏、大久保太三郎氏、七回の清瀬三郎氏、九回の名倉周雄《かねお》氏等をはじめ、二回の「武陽会」理事長・森崎了三氏や十回の兵庫県知事・金井元彦氏等が中心となって発起人会を組織し、いよいよ具体化を図ることになった。〉

「武陽会」に於ける島田の先輩、同輩、後輩の名前がズラリと並び、それらの発起人会による合議制を思わせる記述である。しかし物ごと、ましてや学校挙げての大きな事業には発端やきっかけがあるのが普通だが、それがこの文章ではわからない。

発起人会の中心人物を求めて

姉崎は他の直筆文で、その辺の経緯について何か書き残していないか、と考えた筆者は二〇一七年十一月二十二日午後、冨田哲浩・兵庫高校校長（五九）に厚かましくも電話で姉崎校長の直筆文捜しをお願いした。すると、その場でこんなありがたい返事をいただいた。

「本校は『武陽通信』という名の同窓会の機関紙を保存していますが、姉崎校長はそれに何かお書きになっていると思います。もっとも来週は期末試験、その後は戦後七〇年に当たる二〇一五年から島田叡先輩を偲ぶために始めた沖縄修学旅行の三回目が出発する慌ただしい時期ですが、その合間を縫って何とかご希望に沿うようにしましょう」

そして合間も何も、翌二十三日の勤労感謝の日の祝日を挟んだ同二十四日午前中に二度、冨田校長からさっそく、拙宅に電話で返事をいただいた。

「武陽通信は当時、新聞形式で、年に何回か発行したものを製本して保存しています。姉崎校長は在任中に発行された三つの号に各一本、退任翌年の号にも一本の計四本、島田さんの顕彰に関する記事を書いておられます。ご自身は神戸二中の出身ではありませんが、島田さんに心酔されている様子がよくわかります」

「製本なのでページの変わり目はコピーしづらかったのですが、読めるよう努力しました。また二〇〇八（平成二十）年の本校創立百周年に発行しました冊子『百年のあゆみ』も島田さんの顕彰事業に一節割いています。余部がありますので、一緒にお送りします」

こうして昭和中期の「武陽通信」四号の当該ページコピーと百年史の大冊を合わせた小包便は、お願いしてから四日目、正味経過時間で言えば何とまる三日しか経っていない同二十五日午後、大阪府下の拙宅に届いた。冨田校長も県北の進学校・県立小野高校出身で、「武陽会」員ではないが、姉崎校長に勝るとも劣らない島田知事の崇拝者と見た。

こうして入手した姉崎校長の在任中の三本の記事は、すべて顕彰三事業が行われた一九六四（昭和三十九）年に集中していた。いずれも島田の人格と働きを讃え、事業の着実な進行状況を伝えていたが、六月二十八日の盛大な記念碑除幕式を報じた八月三十日付三本目の記事の末尾に、こんな記述があった。

〈三つの記念事業の実現に当たりましては、金井知事が極めてご多忙にかかわらず直接ご指導とご援助下さっただけでなく、再度沖縄に赴かれて資料の収集並びに連絡を図っていただきましたことは、私どもとしてまことに心強く、首尾よく達成できましたのも偏《ひとえ》にご助力の賜《たまもの》と感謝いたすところであります。〉

この文章は金井元彦知事（一九〇三～九一）が10陽会の会員であり、顕彰事業の発起人の一人であることより、地方行政の長として協力したことに対する感謝の気持ちを強調していたが、必ずしも事業の提唱者を指し示した記事ではない、と思った筆者は、姉崎が退任翌年の一九六六（昭和四十二）年二月号に書いた四本目の記事に目を移した。

　それは姉崎が校長に赴任した時の一年生が卒業するに当たって、転任先の私立育英高校から寄稿した「兵庫高第十八回卒業生へ」と題した記事で、そこにも金井の名が挙げられていた。

〈本校は創立六十年に近く、伝統を象徴する何かがほしいと思われるころ、幸いにも一昨年、島田知事顕彰の議が起こり、金井知事を中心とする「武陽会」関係者によって合掌の碑をはじめとして幾多の記念事業を実現することができた。島田先輩を介してよき伝統を理解するまたとない機会であったと信じている。〉

　この記事は金井を島田知事顕彰の中心人物としているが、何が金井をそうさせたかについては触れていなかった。

第十章　「武陽会」島田顕彰の推進者は金井元彦知事

「県民の会」長谷川事務局長の証言

「武陽会」による島田顕彰三事業の真の発起人探しに行き詰まった筆者は、「兵庫・沖縄友愛運動県民の会」の生き字引的存在であり、旧知の長谷川《はせがわ》充弘《みつひろ》・事務局長（七五）なら然るべき情報を持っているのでは……と二〇一七年の暮れ、彼が社主を務める「文化教育新聞社」（当時は神戸市長田《ながた》区御蔵通《みくらどおり》五丁目二〇五の三、すみれビル六階）を訪ねた。

「兵庫・沖縄友愛運動県民の会」事務局長で「文化教育新聞」社主の長谷川充弘

同県民の会の設立は一九七七（昭和五十二）年五月、同新聞社の創刊は翌七八年七月で、本稿の現時点での時系列から言えば少し先になるので、両者についてはその時点で章を改めて書くとして、ここではとりあえず筆者の問いかけに対する長谷川の答えを紹介する。

「武陽会による島田さん顕彰の推進者は、姉崎校長が言うように第三十九代兵庫県知事の金井元彦《もとひこ》さんです。神戸二中では島田さんの三期後輩に当たる10陽会の会員ですし、内務官僚としても後輩でしたから。県民の会ができる前後、私は有力な発起人の一人であり、昵懇《じっこん》だった作家の春木《はるき》一夫《かずお》さん（一九一八〜八二）を神戸市東灘《ひがしなだ》区深江北町《ふかえきたまち》のお宅にしばしば訪ね、いろいろな情報をいただきましたが、そのなかで聞いた話です。

金井さんの次の知事・坂井時忠《ときただ》さん（一九一一〜九〇）は、金井さんの副知事を二期務めた後、後を引き継いだ人ですが、春木さんは坂井さんが公私にわたって書く文章をチェックする役割を任されていましたから、かなり立ち入った話も聞いていたようです」と前置きして、話は本題へ。

春木一夫

「春木さんが坂井知事から聞いた話によると、沖縄戦が目前に迫っていた昭和十九（一九四四）年暮れ、沖縄県の泉守紀知事（第二十六代。一八九八〜一九八四）は公務を理由に上京、そのまま沖縄へ戻ろうとしなかったので、内務省人事課は後任の人選にずいぶん、苦労したようです。任命の候補者リストを作り、最初の候補者から次々当たって行ったが、まず打診した三、四人はことごとく固辞した。そこで島田さんに当たることになったが、そのリストでは島田さんの次は金井さんになっていたようです。それを知っていた金井さんは、坂井さんに『島田先輩が沖縄行きを引き受けてくれなかったら、私が行かねばならなかった。だから島田さんは私の命の恩人なのだ。県としての島田さん顕彰は、私の退任後もしっかり頼む。また沖縄が本土へ復帰した時には、島田さんが命がけで守ろうとした彼の地と手厚い交流をしてくれ』と頭を下げて頼まれた。こんなわけで金井さんは母校では当時の姉崎校長を動かし、役所サイドでは坂井さんに後事を託された。だから『武陽会』

の島田さん顕彰、延いては兵庫・沖縄友愛運動の端緒《たんちょ》を開いた人は金井さんなのです。僕は常々このエピソードを多くの人々に知ってもらいたい、と機会あるごとに話しています」と、最後の一節に力を込めた。

沖縄県人会兵庫県本部の上江洲会長が裏付け証言

「武陽会」による島田顕彰三事業の中心人物が金井知事だったことは長谷川が伝え聞いた話によって明らかになったが、これで事終わりとしないところが新聞記者上がりの筆者のしつこいところだ。何故なら、金井の考えは坂井―春木―長谷川の三氏経由で筆者に届いたが、もう少し〝中抜き〟で、同じ話の直截的な証言者はいないか、と思ったからである。

兵庫県議会本会議での金井元彦・兵庫県知事（左）と坂井時忠・副知事。島田顕彰は金井から坂井へ受け継がれた

　そこで坂井知事の元・秘書で、現在は社会福祉法人「ひょうごボランタリープラザ」（神戸市中央区東川崎町一、神戸クリスタルタワー六階）で全国の被災地支援に駆け回っている高橋守雄《もりお》所長（七〇）は、その件を聞いていないか、と問い合わせた。この人のプロフィールの詳細も章を改めて紹介するが、打てば響くような返事が返ってきた。

　それは同じ〝島田恩人説〟を金井知事から直接聞いた沖縄県人会兵庫県本部の故・上江洲《かみえす》久《ひさし》名誉会長（戸籍名は智克《ともかつ》、

一九一六〜九七）が九二（平成四）年七月、金井・元知事の一周忌に発行された追悼文集『愛情』に寄せた一文の中で、その件を書いているという貴重な情報。しかも高橋は即日、「奇しく尊い人間愛」と題した、その全文コピーを拙宅に送信してくれた。島守関連の話になると、兵庫の皆さんは本当に親身、かつ優しい。

ちなみに上江洲は沖縄県出身者としては本土で一番早く市会議員（兵庫県尼崎市）や県会議員（兵庫県）に選ばれ、県人会長を通算二二年間も勤めあげた人望のある人物。近年、作家、論客として大活躍している佐藤優・元外務省主任分析官（五八）の伯父さん（母の兄）に当たる。

それはとにかく、追悼文によれば、金井は一期目の一九六三（昭和三十八）年秋、翌年六月十三日に沖縄本島南端・摩文仁の丘に建立する兵庫県の沖縄戦戦没者・三〇七三柱を祀る慰霊碑「のじぎくの塔」の用地選定のため初めて沖縄を訪れている。その出発前、「沖縄に関する予備知識を得たい」と上江洲会長を兵庫県庁知事室に招いて話を聞いたが、兵庫へ帰ってから、その返礼として上江洲ら正副会長三人を神戸・三宮の琉球料理店に招待した。追悼文は、その時の様子を書いていた。さわりを紹介する。

〈知事は慰霊塔建立用地選定の経過を詳しく話され、しばらく雑談をかわされた後、突然、故島田叡沖縄県知事のことを話し出されました。

「島田さんは神戸二中、東京帝大での私の先輩です。然し私にとって何より大切なことは、島田さんが私の命の恩人ということです」と金井知事はとてもしんみりした感じで話されました。そして「沖縄県知事に任命された島田さんが赴任を拒否したら、内務省の次の指名順位は私だったので、私が沖縄県知事を拝命して、死の赴任をしたでしょう」と一旦話を閉じられ、瞑想されるようにしばし目を閉じられた金井知事の面影が、今も尚、脳裏に鮮明です。（中略）

金井知事は「私の性格も、内示を受けたら拒否できず、受諾して赴任したでしょう。島田さんが受諾されたので、私は死なずに済んだのです」とさらに話を付け加えられました。この一言から金井知事はきっと、島田知事が残された「俺が行かねば誰かが行かなければならない。俺は死ぬのは嫌だから誰か行って死ねとは言えない」という言葉の中の「誰か」を「金井」と置き換えられていたのではないか、との思いが昨年来、私の脳裏を離れません。（後略）〉

自筆では書かなかった〝島田恩人説〟

この人事の結果、島田は沖縄県知事、金井は青森県知事へと南北に遠く袂《たもと》を分かち、その後の運命もまた金井が言う通り判然と分かれた。それだけに金井が「武陽会」の島田顕彰三事業の中心となり、島田への感謝と恩義を周囲の人々に漏らした姿勢は素晴らしいが、何故かその端緒となった〝島田恩人説〟を後世に残る島田叡氏事跡顕彰会編の追悼記念誌『沖縄の島守――親しきものの追憶から』の誌上では披瀝しなかった。

「まえがき」に当たる「母校から」は既述のように姉崎校長に任せ、巻頭論文は中野好夫、浦崎純ら「武陽会」以外の人に書いてもらった。「追憶の記」でも、職場での島田のありのままの姿を描いた「異色の官僚」の項は、官僚の同輩や後輩、新聞記者に任せている。

現職知事・金井の「島守の塔　島田さんの思い出」と題する文章がやっと登場するのは「武陽健

児ここに育つ」と題した「武陽会」員三一人による思い出の記の中。それも卒業回期順に並べているので、後ろから五人目と頗《すこぶ》る控え目である。

内容は在学中の野球選手としての凛々《りり》しさ、沖縄赴任時の毅然たる態度、「のじぎくの塔」用地選定のため沖縄初訪問時に聞いた戦中の働きぶりや部下思いなどを淡々と綴っているが、前記の任命順位に関する思いにはまったく触れていない。

こうなれば金井自身の他の自筆文を探す以外に、その理由を突き止める方法はないと考えた筆者は、「武陽会」の小林正美・副理事長（六〇、64陽会。意匠設計事務所経営、京都造形芸術大学非常勤講師。二〇二〇年に死去）を通じ、70陽会の日下部雅之・兵庫県広報課長（現・知事室長）に資料探しをお願いした。

この人も超多忙な中、島田大先輩絡みとあって即応してくれた。金井自身が一九八三（昭和五十八）年七月に出版した『わが心の自叙伝』と題する著書があることを教えてくれた上、この人もまた沖縄関連の記述があるページをコピーして送ってくれる親切さであった。

ところが、筆者はそれを読んで、驚いた。その記述は一四六ページある本文中、わずか七行しかなかった。のじぎくの塔、島田知事、島守の塔、兵庫高の記念碑、島田杯について一応は列記しているが、島田恩人説は一字もなかった。

金井自身が坂井知事や上江洲会長に語った話との落差は、どう解釈すればよいのだろうか。〝謙譲の美徳〟とは少し趣《おもむき》を異にしているようだし……。筆者は新たな宿題を背負ってしまった。わが愛する「フーテンの寅さん」じゃないが、目下、〝男はつらいよ〟ならぬ〝物書きはつらいよ〟の心境である。

島田杯、強い沖縄高校野球への基を開く

いずれにしても金井知事が中心となった「武陽会」の「島田叡氏事跡顕彰三事業」は当初、必要経費を一〇〇万円と見込んだが、島田の人望を映して倍額をやや上回る寄付が集まった。三高野球部で島田の一年先輩であり、義兄にも当たる朝日新聞社社友・勝島喜一郎（故人）が三高OB会にも寄金を呼び掛けるなど、多大の支援をしたお陰でもある。

二人は三高野球部時代、部長命で一緒に島根商業野球部へコーチに出かけたのが縁で肝胆相照らす仲になり、島田が大阪の勝島家へ足繁く出入りするうち、勝島の妹・美喜子を見初め、義兄弟になった間柄である。

それはとにかく顕彰事業は着々と進行、兵庫高校校庭に建てられた記念碑は予定通り一九六四（昭和三十九）年六月二十八日、全校生徒をはじめOBら約五〇〇人が出席して盛大に除幕、他の二事業もその場で披露された。沖縄からは顕彰の先達である浦崎が招かれた。

三事業の中身は前著と前章で紹介したので、ここでは省略するが、唯一、沖縄と直接の繋がりを作ることになった「島田杯」について、少し補足しておく。

兵庫高記念碑除幕に先立つ六月十三日、金井知事一行は沖縄を訪問、前記「のじぎくの塔」の除幕式と慰霊祭に参列したが、その後、「島守の塔」でも慰霊祭を行い、三事業を報告するとともに、その席で沖縄県高等学校野球連盟に島田杯を贈った。

沖縄は当時まだ米軍政下にあり、全国高等学校野球連盟（全国高野連）への復帰が叶わないでいた沖縄の高校球児たちに「大きな夢と希望を持って野球に取り組んでほしい」とのメッセージだった。

その島田杯は、同年秋の「第二回沖縄選抜高校野球大会」で優勝したコザ高校に授与された。当時、同校野球部監督だった安里嗣則《あさとつぎのり》（七八、現・県高野連評議員、コザ高校同窓会長）は「純銀製でピッカピカの凄いカップでした。学校へ持ち帰って島田知事の遺徳を偲び、バヤリースのオレンジジュースをなみなみと注いで、全員で回し飲みしました」と語る。

島田杯

この受賞により同校野球部は第三十七回選抜高校野球大会への出場が決定、大会前に兵庫高校をお礼訪問、合同練習もしている。後の「兵庫沖縄友愛運動」の芽生えだった。

同高野球部は翌年も優勝して島田杯を二年続きで獲得、現在の強い沖縄高校野球への基を開いた。爾来《じらい》半世紀余、この間、大会の時期と名称は三度変わったが、一九八五（昭和六十）年からは新チームでの初めての公式戦「島田杯争奪新人中央大会」の優勝校に贈られ、沖縄の高校野球を現在の強豪県に育て上げるのに大いに役立っている。

本土の語り部たち

池島と中野の原稿、「武陽会」の追悼記念誌が誘い水となって、島田と荒井の素晴らしい人格と業績を伝える語り部は遅ればせながら本土からも輩出した。第七章で紹介した語り部「沖縄編」に続き、ここでは「本土編」を同じ形式で書いておく。
▽中野好夫（一三九、一四五、一四七、二一七、二一八、二二九）
▽荒井紀雄（五〇、五五、五六、三六二、三七五、四一五）
▽川嶋三郎（五二、七一、七二、八四、八五）
▽勝島喜一郎（一三九～一四一、一四七、二一九）
▽古谷《ふるや》彦太＝荒井退造夫人・きよ子の実弟。退造が麻布六本木署長時代、官舎に居候して慶応大学に通学、彼の温かい素顔を語った（五七、四八五）。
▽隅崎俊武＝一族は明治中期、奈良原繁・第八代沖縄県知事に随行、彼の地に移住した薩摩隼人。警察官を志願、戦中、県警察部輸送課長として島田が台湾から緊急移入した蓬莱米三千石の輸送に奔走、「米は届かなかった」との誤説を五三年ぶりに手記で正した（七三、一八二、一九二～、二三九～、三〇一～、三七一、三九六、四一〇）。
▽清瀬三郎＝島田と神戸二中、三高、東京帝大同期の無二の親友。島田の思索傾向や内務省内での評価を話した（一四八～、二二八）。
▽名倉周雄＝神戸二中で島田の二年後輩。彼に心酔し三高野球部へ入ったので、島田のスポーツマンシップやインサイド・ワーク、座右銘、責任感、沖縄赴任時の経緯を語った（一四二、二一八、二二六～、二三〇～）。
▽片山秀夫＝島田の二度の大阪府勤務時に仕え、心酔した人。野球選手に誇りを持っていたこと

や沖縄赴任の事情をよく知る（一四三〜、二二九）。

▽出口常順《でぐちじょうじゅん》＝三高で島田の二年後輩だった大阪四天王寺管長。沖縄赴任前後の事情に詳しい（二四六）。

▽曽我新一＝島田が大阪府内政部長時代の秘書官。優しい人柄、国際的な視野の広さ、沖縄赴任に当たり残した名言「俺は死にとうないから、誰か行って死ね、とは、よう言わん。断ったら卑怯者になる」「アホの勉強、忘れなよ。人間、アホになれたら一人前や」や、ピストル、青酸カリなど覚悟の所持品を証言（一五一、一五四、一五五、二九〇）。

▽村井順《じゅん》＝島田に心服、敬慕した内務省の後輩で元・京都府警本部長。赴任各地での島田人気の凄さ、酒席での陽気な振舞いと併せ、老母を思い涙した優しさを語った（一五二〜一五四）。

▽園田日吉《ひよし》＝島田が上海総領事館領事時代に親交があった戦後の長崎民友新聞社編集局長。島田が新聞記者志望だったことを語った一人（一七〇）。

▽野村勇三＝島田に一時、県庁・警察部壕に入れてもらうなど庇護を受け、沖縄戦を生き抜いた毎日新聞社那覇支局長。県民の犠牲を少なくするため島田が軍の首里放棄に反対、自責の念に駆られていたことを知る数少ない証言者（一七一、三五三、四六〇〜）。

▽今田英作＝島田が三高野球部に入ったころのコーチで、のち京阪電鉄会長。当時の人気カード・一高―三高戦の実情、島田が生涯の座右銘を「断而敢行鬼神避之《だんじてかんこうすればきしんもこれをさく》」とした経緯を語る（二二四〜）。

▽佐々木雄堂《ゆうどう》＝島田が佐賀県警察部長時代、精神修養のため通った名刹・龍泰寺《りゅうたいじ》の住職。島田の精神的支柱がスポーツマンシップのみならず、「南洲翁遺訓」や「葉隠」にもあったことを語って

やまなかった（二三三～）。
▽平尾正男＝南部落ち途中の島田、荒井ら約四〇名が、高嶺《たかみね》村（現・糸満市大里《おおざと》）の大城森《うーぐすくのむい》の壕に数日身を寄せた経緯を知る歩兵第三十二連隊本部副官部軍曹（四〇一～）。
▽大塚康之＝第三十二軍軍医部の薬剤中尉。島田が赴任直後、三高同期の上司のお供で県庁に訪問、人柄に心酔。四か月後の沖縄戦末期、軍医部壕で再会した島田の様子を克明に証言、壕内の見取り図まで描いてくれた（四四七～、四五〇～、四六六～）。
▽山本初雄＝沖縄戦終結後、摩文仁断崖の洞窟内で負傷した島田に会い、翌日か翌々日、同じ場所で拳銃自決しているのを見た独立機関銃第十四大隊兵長。証言に基き、島守の会や「武陽会」などの有志が現地を二度捜索したが、最期を遂げた洞窟はまだ突き止められていない（四七三～）。

第十一章　薩摩隼人・山中貞則総務長官の罪滅ぼし

大田海軍中将の電文に心打たれ

沖縄県民は、七六年前の、あの愚かな戦争で本土防衛作戦の楯《たて》とされ、日本側戦没者二〇万七五八七人の、実に六八・二五パーセントに及ぶ一四万一六七九人が犠牲になった。うち無辜《むこ》の一般住民は、一一万三四五一人の多きにのぼる（県の推計を一部修正した筆者の推計）。

この惨禍にもかかわらず、ひたむきに国策に協力した県民の真摯な姿を「沖縄県民斯《か》ク戦ヘリ県民ニ対シ後世特別ノ御高配ヲ賜ランコトヲ」と六八六文字の緊急電報で国に訴えたのは、海軍沖縄方面根拠地隊（略称・沖根）司令官・大田實《みのる》少将（戦死後、中将）である。

大田は、陸戦が不得手な前任者との緊急相互交代で、沖縄戦直前の一九四五（昭和二十）年一月二十日、沖根に赴任した。ところが、自身の郷里・千葉県で総務部長や内政部長を務めたことがある文官の島田叡が、職場を放棄した前任者の身代わりとして、軍人の自分より一日も遅い同月三十一日、しかも敢然と沖縄県知事に赴任した勇気と男気に感じ入り、以後、二人は肝胆相照らす仲になった。

そこで沖縄戦の敗北が必至となった同年六月七日未明、大田はすでに通信力を失っていた県に代わり、島田の思いを代弁したのである。その経緯は電文の冒頭に、いみじくも添書されている。

「沖縄県民ノ実情ニ関シテハ県知事ヨリ報告セラルベキモ　県ニハ既《すで》ニ通信力ナク……本職　県知事ノ依頼ヲ受ケタルニ非《あら》ザレドモ　現状ヲ看過スルニ忍ビズ　之《これ》ニ代ツテ緊急御通知申シ上グ」

しかし、この切なる願いは、日本国政府になかなか受け入れてもらえなかった。敗戦後、日米安保条約で沖縄県は米軍政の支配下に入り、〝里子状態〟が永く続いたからである。そんな状況下、沖縄と本土との交流は前四章で述べたように、戦中、沖縄県民のために尽くした島田、荒井ら〝島守〟を唯一の仲立ちに、民間ルートで細々と続いていた。

この間、大田中将の電文に遅ればせながら心揺さぶられ、戦後の沖縄県民の悲願であった祖国復帰に力を貸した政治家が九州の地にいたことを、読者の皆さんはご存知だろうか。

それは鹿児島三区選出の衆議院議員・山中貞則《さだのり》自民党代議士（一九二一〜二〇〇四）であった。彼は戦後一〇年の一九五五（昭和三十）年ごろ、防衛庁に勤めていた旧軍隊時代の友人から大田電報の存在を聞き、一読、驚嘆した。その時の感慨を筆者は、生前の山中本人から直接、聞いている。

「驚きましたねぇ。あの死闘を戦った日本海軍の将官の中に、県民にこれほどの思いを寄せた人がいたとは。それも、県民のそば近くにいて尊敬されていた島田知事の意向も汲んでいる。これこそわれわれが引き継ぐべき沖縄問題の原点ではないか、と思いました。それに引き換え当時の本土の沖縄対策は、県民の血の叫びを座して見ているだけではないのか、と」

この人の沖縄への思いには、熱い下地がある。

「私が母校・台北第二師範学校で教わった恩師は、後に琉球政府主席として祖国復帰を実現し、復帰後は戦後の初代・沖縄県知事として〝本土並み〟へ努力された屋良朝苗《やらちょうびょう》先生（一九〇二〜一九九七）ですし、他にも沖縄出身の教師、同窓生、友人がたくさんいました。それに沖縄は、やはり母校の宮崎県立都城中学の同期生で、親友だった落合逸郎・獣医中尉が、本部半島で敵陣に斬り込み、戦死した地なのです。もっと遡《さかのぼ》って言うなら、私の出身地である鹿児島は一六〇九（慶長十四）年の琉球侵略や一八七九（明治十二）年の琉球処分で、彼の地に圧政を強いた負い目もある。それをいくらかでも償《つぐな》いたい気持ちも、確かにありました」

沖縄支援へ動く

大田中将の電文に心打たれ、沖縄への思いを募らせた山中はその直後、第三次・鳩山一郎内閣の国会で、首相に質問している。

「戦前からの国会をご存知の鳩山総理は、衆議院に沖縄県出身議員の議席があったのをご記憶だろう。しかし、今、沖縄は米軍の占領下にあり、議席は無い。最前列に沖縄県選出議員用の空の議席を作り、捗《はかど》らない復帰運動への反省材料にしてはどうか」

この発言はアメリカ大使館から米国務省に打電され、翌年、山中が初めて渡米した時、国務省の高官から問題にされた。

「君は自民党員のはずだが、実は社会主義者か、と聞くので、資本主義と自由主義経済の信奉者だが、沖縄問題に関しては愛国主義、民族主義だ。日本人として当たり前のことを叫んだだけだ、と言ってやりましたよ」

山中はその後、佐藤栄作蔵相の政務次官を務めたが、一九六四（昭和三十九）年十一月、佐藤が首相に就任すると、すかさず膝詰めで談じ込んだ。

「戦後二〇年、歴代首相は誰一人、沖縄へ行っていません。あなたが行って『永い間苦労をかけたが、もう少し待ってくれ』と慰めてやってくださいと言ったのです。すると佐藤さんは例の大目玉をひん剥《む》いて『山中君、それを言えば、沖縄の祖国復帰にわが内閣の命運を賭けることになるぞ』と言いました。県民が祖国に復帰できるか否かには、内閣の命運を賭ける値打ちがありますと言いますと、しばらく考えていましたが、『よし、わかった。君が道案内しろ』と言ってくれたのです」

現職首相初の沖縄訪問は翌六五（昭和四十）年八月十九日、ついに実現した。そして、その第一歩を印した那覇空港で、先導役の山中はもちろん、全国民を驚かせることが起きる。それは、佐藤首相が空港に着くなり発表したステートメントの内容だった。

大田中将が「県民ニ対シ後世特別ノ御高配ヲ」と訴えたのに応えるかの如く、佐藤は「沖縄の祖国復帰が実現しない限り、日本の戦後は終わらない」との、これまた歴史に残る名言である。

山中は「事前に何の相談も無かったので、びっくりしましたが、ああ、総理はついに沖縄の本土復帰に政治生命を賭ける決心をしてくれたな、と嬉しかったですねぇ」。

本土復帰を陣頭指揮

沖縄返還に関する日米協議は六八（昭和四十三）年五月にスタート、翌六九年十一月の日米首脳会談で七二（昭和四七）年五月返還が合意されるのだが、この間、七〇（昭和四五）年一月の第三次佐藤内閣で、山中に初の閣僚ポストである総理府総務長官が回ってきた。山中の述懐。

「不明にして沖縄問題を担当する部署が総理府とは知らなかった私は『総務長官では役不足だ』と生意気にも一旦は断りました。すると佐藤総理は、またも大目玉をひん剥いて『山中君、君が望んでいた沖縄問題をやるのだよ』と言いました。途端に『沖縄のことでノーと言っちゃあ、日本の政治家じゃないですよね』と即座に引き受けましたよ」

山中は就任直後に沖縄へ飛び、さっそく、大田中将が最期を遂げた豊見城市の旧海軍司令部壕と親友の落合中尉が戦死した本部半島を訪れた。そこで「隼人」の号を持つ歌人でもある山中は、歌を詠んでいる。

「自決せし手榴弾痕夥し地下壕照らす裸電球」

「戦死せし友の臨終は何処ならむ甘蔗の穂並に風渡るのみ」

沖縄への、思いの深さが籠る二首である。

こうして山中は沖縄本土復帰の準備段階から実現まで陣頭指揮、さらに初代の沖縄開発庁長官を兼任するが、難問山積の二年半だった。

琉球政府への財政援助に始まって、復帰後の権益保護のための観光戻し税、毒ガス移送費の本土負担、為替差額の補填など、実現した〝山中構想〟は枚挙に暇《いとま》がないが、最も心を砕いたのは通貨交換である。

「一九七一（昭和四十六）年八月の円の変動相場制移行で、一ドル三六〇円だった為替レートが三〇五円になり、県民の間に大きな動揺が起きました。そこで、十月八日の閣議で、三六〇円の固定相場で交換することを決めてもらったのですが、ドル投機を防ぐために、前日の記者会見では『三六〇円交換は断念』と泣いて見せる芝居もやりました。とにかく、あらゆる局面で大田中将や島田知事が望まれた『後世特別ノ御高配』に応えているか、沖縄戦の償いをいくらかでも果たしているか、を自問自答しながら、対策を進めたものです」

沖縄の祖国復帰と言えば、前記那覇空港での佐藤総理のステートメントばかりが有名になり、それが佐藤のノーベル平和賞受賞にも繋《つな》がってゆくが、地味な実務に粉骨砕身したのは薩摩隼人の山中貞則である。沖縄県民がその働きを決して忘れていないことは、彼を「沖縄県名誉県民」と讃えていることに表れている。

第十二章　若者に花を持たせた坂井時忠知事

爪を隠した能ある鷹

沖縄の本土復帰を丁度、四か月後に控えた一九七二（昭和四十七）年一月十五日の「成人の日」、兵庫県下各市町村合わせ約五〇か所に及んだ成人式の全会場で、「沖縄に友愛の手を」と題した一枚のチラシが一斉に配られ、新成人の注目を集めた。差出人は「兵庫県青少年団体有志一同」とあり、本文は大要、次のように訴えていた。

〈今年、沖縄が日本に帰ってくる。本土と切り離された27年の年月は、まこと悪夢のように長い、長い、苦悩の歴史であったろう。祖国を失ったものだけが知る惨めさにあえいできたのである。その沖縄県民に、今、日本人としての新しい歴史が、甦《よみがえ》ろうとしている。この機に、私たちは温かい手を大きく差しのべ、ともにその喜びをわかち合おうではないか。

戦火に散った沖縄県最後の知事・島田叡さんは、わが兵庫県が生んだ偉大な指導者であった。島田知事の溢れる祖国愛と沖縄県民を思う同胞愛は、沖縄県民最後の一人にいたるまで心の支柱であった。私たちは、島田さんの志を受け継ぎたいものと切に思う。

成人式を迎えた若い皆さん。あなた方の純粋で素朴な友愛の心で、沖縄県の若い友と手を結んでほしい。一人一人が沖縄への感謝を思い、心の触れ合いの方法を真剣に考えてもらいたい。それが、あなたがた〝20歳のモニュメント〟となるように。〉

前述のように一九六四（昭和三十九）年六月、兵庫高校の「武陽会」が贈った島田杯を仲立ちに、沖縄との交流を細々と続けてきた兵庫の活動が、八年後の沖縄本土復帰を機に「兵庫沖縄友愛運動」へと全面展開したきっかけは、兵庫の若者たちによるこの呼びかけ文だった、というのがこれまでの定説になっている。

事実、近々でも兵庫県が二〇一五（平成二十七年）年六月二十八日、沖縄県立博物館で開催した「戦後70年記念フォーラム――沖縄の島守が原点となった兵庫・沖縄友愛」のパンフレットも、そう伝えている。

しかし今回、島守を語り継ぐ群像の熱い思いをできるだけ正確に書き残しておきたい、と改めて調べ直した筆者は、定説の陰に坂井時忠・第四十代兵庫県知事（一九一一～九〇）の〝謙譲の美徳〟を見た。

実を言えば、「兵庫県青少年団体有志一同」名義で配られた前記チラシの内容を最初に考え、提唱したのは坂井知事自身であり、彼はその着想を県下の若者たちに惜しげもなく譲り、友愛運動の盛り上げを兵庫の若い力に託そうとしたのである。

沖縄と兵庫の絆

沖縄と兵庫は古来、深い絆で結ばれていた。明治中期に開設された本土へ向かう沖縄航路の船が行き着く先は神戸港の中突堤《なか》だったし、一九三九（昭和十四）年一月、福岡経由で開けた関西への空路も、やはり兵庫県の伊丹空港（現・大阪国際空港）だった。だから戦前から沖縄県民が初めて踏む本土は兵庫県であった場合が多く、そのまま尼崎市を中心に、県内に住み着いた沖縄県人は常時、約三万人を下らなかった。

一九七〇（昭和四五）年十月、そんな兵庫県の知事になった坂井は佐賀県出身の内務官僚だったが、彼もまた兵庫県とは縁が深く、知事になるまでに三度、同県で働いていた。最初は東京帝国大学（東大の前身）法学部を出て官僚になって間もない一九三八（昭和十三）年に地方課長、二度目は戦後の五二（同二十七）年からまる三年間の県警本部長、三度目は六二（同三十七）年から副知事として金井元彦・知事を二期・八年間支えた。

この間、兵庫県出身の島田沖縄県知事と沖縄の地に格別の思い入れがある金井から、友愛運動の後事を託されたことは、第十章で述べた通りだ。それだけに坂井が沖縄に寄せる思いは深かった。しかも、その沖縄が本土へ帰ってくることは、副知事在任最終年に日米間で合意されていたのである。

坂井は七一（同四十六）年四月、沖縄を訪問、琉球政府の屋良行政主席に初めて会った。北海道、東京都についで多い三〇七三柱もの沖縄戦戦没者を祀る糸満市摩文仁の丘にある兵庫県の慰霊碑「のじぎくの塔」に揃って参拝、坂井は次の和歌を捧げた。

「白々と潮路はろかに輝ける　マブニの丘にきみを祀らん」

ついで戦没者の辛い心情を代弁する散文詩を詠んだ。

「わたしたちは若かった　わたしたちは死んだ　わたしたちの名前を覚えておいておくれ　わたしたちは若かったのだ　わたしたちは死んだのだ」

これらの思いを胸に、坂井が翌年、祖国へ帰ってくる沖縄のために温かい支援の手を差し伸べようとしていたことは、その後の行動で解き明かされる。

青年洋上大学が発端

沖縄から帰った坂井は、かねてから考えていた県主催の「青年洋上大学」構想を明らかにした。それは県下の各地域、団体、職域から選抜した青年男女四〇一名を学生に、この年九月七日、英国客船「コーラル・プリンセス号」（一万トン）で神戸港を出港、船上で研修を重ねながら、フィリピン、シンガポール、香港、台湾を二三日間で訪ねる旅。この間、国際的視野を広め、日本の青年として果たすべき役割と態度を身につけてもらおうという狙いだったが、その中心テーマに沖縄問題を据えたのである。

県が初めて公募した県費による旅だけに参加希望者が殺到、地域、団体、職域毎に参加者を厳選した。例えば警察官の場合、百人近い応募者から二度の試験で二〇人を選んだ。その一人だった県警本部警務課の高橋守雄巡査（当時二三）は、第十章で島田沖縄県知事に対する金井前知事の〝命の恩人〟証言を見出してくれた「ひょうごボランタリープラザ」高橋所長の若き日の姿である。

高橋は、この旅で初めて出会った坂井知事の言動に「体がビリビリッと震えるほど、共感しました」と言う。その思いは坂井の胸にも響いたようで、一二年後、知事公室秘書課へ引き抜かれ、四期目の秘書官に抜擢される。

高橋は坂井が亡くなるまで二〇年間仕え、沖縄への友愛運動を支えた。その後も要職を歴任、六九歳の現在は、一九九五（平成七）年一月の阪神・淡路大震災を教訓に、県が設立した災害ボランティアの支援拠点である前記プラザの所長を二〇一七年四月から務め、全国各地の災害被災者の力になっている。つまり坂井との出会いが、兵庫県の二つの大きな友愛事業に関わる生き甲斐を導き出してくれたわけだ。その発端になった青年洋上大学について、高橋は語る。

「学長は知事さんが務められましたが、二三日間も県庁を留守にするわけにはいきません。そこで九月十二日にフィリピンのマニラで乗船、十九日にシンガポールで下船される慌ただしい日程でした。それでも乗られた翌日、全学生相手に一時間の学長講義をされた。愛読書だった夏目漱石の『こゝろ』をテーマに、漱石が作中で提起した人間の孤独感や憎悪感、個人主義の限界に触れながら、心遣いの大切さを説いた後、こう締め括られた。『私たちは県民の貴重な税金を使わせてもらって海外へ来ているのだから、帰ったら社会貢献や地域還元に努めなければならない。折よく来年、兵庫と縁の深い沖縄が二七年ぶりに祖国へ帰ってくる。しかも彼の地には、沖縄戦の敗北を覚悟しながら敢然と本土から赴任し、県民保護に全力を挙げた末に殉職した兵庫県出身の島田叡知事という凄い先達が眠っておられる。われわれはこの大先輩の心を受け継ぎ、永年、米軍政下で苦労してきた沖縄の同胞に温かい友愛の手を差し伸べようではないか。皆さんの若い力がその核になり、各職場へ帰ってからもリーダーシップを発揮してくれるのを願っている』と。私も当時、若輩ながら『身を賭して県民の命を守る』をモットーに警察官になっていましたから、失礼ながらウマが合うと言うか、共通のインスピレーションで心がビリビリッと震えるのを感じました」

読者の皆さんは本章の冒頭で紹介したチラシの内容が、坂井の話そのものなのに気付かれたと思う。兵庫へ帰った洋上大学生は、同窓会を作った。それに出身母体の各地域青年団、ボーイ・ガールスカウト、職域団体の代表も加わった「青少年団体連絡協議会」の役員約二〇人は、洋上大学で坂井知事が訴えた沖縄への友愛の心を、翌七二（昭和四十七）年五月十五日に迫っていた沖縄の祖国復帰にどう反映させるかについて、侃々諤々《かんかんがくがく》の議論を重ねた。

「青年洋上大学」の船上で学生に囲まれる坂井時忠知事（中央）。左隣は後に秘書となる高橋守雄

その結果、まず一月十五日の「成人の日」に、新成人向けにチラシによるアピールを出すことになり、文案作りの大役が洋上大学で活躍した高橋巡査に回ってきた。彼は「いやぁ、本職の警官任務の傍ら大変な大仕事でしたが、私、心酔する知事さん、辛い沖縄の皆さん、洋上大学同窓生の思いを汲んで、懸命にまとめました」と言う。

それにしても筆者が見るところ、チラシの文章は二三歳の若者の作としてはできがよすぎる。失礼ながらそれを告げると、高橋は告白した。

「そりゃあ、坂井知事さんの筆が、全面的に入っていますから当然ですよ。あの方は自ら旗を振られたが、行動主体は常にわれわれ青少年に任されました」

「友愛の心」とは

兵庫沖縄友愛運動はこの後、燎原《りょうげん》の火のように矢継ぎ早の展開を見せる。

二月二十九日には「兵庫・沖縄友愛運動推進協議会」が県下一一六二もの団体が参加して発足、会長に坂井知事が自ら就任した。三月十三日には「友愛運動推進県民会議」が神戸市の県民小劇場に、沖縄の本土復帰に尽力した前出の山中総務長官、琉球政府の屋良主席を招いて開かれた。運動の進め方や事業・行事計画を話し合ったが、復帰の五月十五日を期して友愛募金を始めることが初めて公表された。「青少年団体有志一同」だけの進行では、とてもこうはいかない展開だった。

四月一日、兵庫県は庁内に「沖縄友愛運動推進室」を開設、同二十七日〜五月三日の一週間は兵庫の青年八二六人が乗り込んだ「友愛の船」が沖縄を訪問、これには高橋巡査も参加した。

「前年からの本職と友愛運動との掛け持ちで、さすがに少し疲れていたのか、船酔いに悩まされました。でも、那覇市民会館では『手をつなぐ沖縄・兵庫友愛のつどい』を盛大に開けましたし、沖縄の友人もたくさんできましたので、意義深い旅でした」

神戸へ帰って間もない五月七日、今度は「兵庫・沖縄友愛のつどい」が神戸国際会館に約二千人の県民を集めて開かれ、琉球舞踊や三線《さんしん》の調べに酔った。これらの集いや会議に参加した坂井知事は、「友愛の心」をこう語った。

「それはお腹が減った二人が、一つの弁当を分け合う気持ち、そこに生まれる心のふれあいだと思います。兵庫県が豊かだから、沖縄に援助するのではありません。兵庫県だって、やらねばならないことが山ほどあります。しかし、不自由な懐から差し出すわずかな気持ちこそが、友愛というものではないでしょうか」

どん底での開眼

こんな坂井の優しさ、思いやりはいつ、どこで培《つちか》われたのであろうか。筆者の問いかけに、高橋・元秘書はさすが腹心、たちどころに応答してくれた。

「坂井知事は実は若くして、もうこれ以上の不幸や不運はない、と断言できるほどの人生のどん底を体験されています。そんなどうにもならない試練、逆境からの奇跡的な立ち直りが、あの方を強く、優しくしたと思います。当時の苦しい状況と心境を、ご自身で書かれた二編の随筆があります」

と言って、坂井が副知事最終年の一九七〇（昭和四十五）年五月に出版した随筆集『まな板のうた』（のじぎく文庫刊）を貸してくれた。書名は金井知事の女房役として〝兵庫家〟の台所をあずかり、日がな一日、コトコト包丁でまな板を叩きながら、県民の幸せや健康を願ってきた心境を表したものので、問題の随想はその中の「病友」、「どん底での開眼」の二編である。

それによれば、坂井は三三歳だった終戦前年の一九四四（昭和十九）年、栄養失調から当時、不治の病とされていた肺結核に罹《かか》り、静岡県浜松市の天竜荘結核療養所に入った。肋膜《ろくまく》に大量の膿《うみ》がたまり、三日おきに太い注射針で抜き取る処置を受けた。片肺をなくすほどの重症で、連日四〇度前後の高熱に襲われ、身動きできない病状だった。

隣室に、フィリピン戦線から内地に送還されていた若い兵隊がいた。日ごろから同病を相憐れんでいたが、ある深夜、トントンと壁を激しく叩く音、「坂井さん」と呼ぶ断末魔の声。坂井が這うようにして駆けつけると、彼は夥《おびただ》しい喀血《かっけつ》にまみれ、坂井一人に看取られて死んだ。坂井は奇跡的に回復する四八（同二十三）年まで五年にわたる闘病生活中、療養所の病友の八割方を亡くしている。

そんな中、今度は病魔が肉親を襲う。郷里の佐賀県で数年前から病床にあった母は、坂井の病状を何も知らされぬまま、四四年暮れに亡くなった。「どうして、臨終の床に駆けつけてくれないの？」の母のいぶかりと悲しみを思い、彼は号泣した。

三か月後の昭和二十年早春、弟が独身のまま母の後を追った。「真っ白で綺麗な遺骨だった」という父からの手紙を、坂井は二度と読み返す勇気がなかった。

それから一年たった同二十一年春、病床の坂井宛てに慰めの手紙や乏しい食料品を工面しては送ってくれた兄思いの妹が、幼い二人の愛児を残して急逝した。

試練はさらに続く。坂井の病気と極度の傷心を案じた元・教員の父は、佐賀から当時の交通地獄をおして、見舞いに来てくれることになった。その道中、土産話にと思ったのだろう、坂井の妻子四人が戦中から疎開していた島根県浜田市に立ち寄ったが、そこで急性肺炎になり、忽然《こつぜん》と逝った。

妻からの悲しい電報を手にして坂井は茫然自失、涙も、言葉も、思いもなく、夢とも現実ともつかぬ数日を過ごした。その後に〝開眼〟の時がやって来る。彼は書いている。

〈これ以上の悲境には耐えられぬと、ギリギリの覚悟をしていた私であったが、さらに深いどん底に突き落とされてみて、なお案外、立派に耐えている自分を見出したことは、私にとっての大きな発見であった。それは貧しいながらも、一つの開眼ではなかったろうか。本当の意味のどん底に落ちたら、必ず転機が生まれ、開眼があることを、私は固く信じている。〉

友愛募金でスポーツセンター

沖縄が祖国に復帰した一九七二（昭和四十七）年五月十五日、それを祝う街頭募金活動が、兵庫県下の主な市町の駅前、繁華街などで一斉に始まった。高橋も神戸市の中心にある三宮センター街に、募金箱を持って立った。

兵庫・沖縄友愛提携調印式での坂井時忠・兵庫県知事（左から２人目）と屋良朝苗・沖縄県知事（同３人目）

「お帰りなさい、という気持ちでした。センター街へ行きますと、オリンピックの長距離ランナーとして有名な村社《むらこそ》講平さん（一九〇五～九八）や、ウィンブルドン大会で鳴らしたテニスプレーヤーの沢松和子さん（六六）ら著名人を含む一〇〇人ほどが参加されていて、大変な反響でした。募金は県下でくまなく、それも若者とともに友愛運動推進協議会や県民会議に参加している各種団体の役員の方々も参加されていまして、その熱心さに改めて沖縄との絆の深さを感じました」

同年十一月三日の文化の日には、本土復帰後、沖縄県知事に当選した屋良朝苗氏を神戸市の国際会館に迎え、坂井知事との間で両県の友愛提携調印式が行われた。この時、県立体育館を見学した屋良は「こんな施設があるといいなあ」と漏らした。友愛募金は当初、兵庫県から沖縄県に学校を贈る資金にとの案が浮上していたが、一谷定之丞《いちたにさだのじょう》・副知事（一九一三～八九）の「もっと県民に広く利用される施設の方がよい」との提案で「沖縄・兵庫友愛スポーツセンター」の建設資金に充てることになった。

募金を進める傍ら、坂井知事ら兵庫の友愛運動推進者はスポーツや農業技術の交流など、二〇を超える事業にも熱心に取り組んだ。その一つに七三（昭和四十八）年にスタートした兵庫・沖縄の青少年による交歓キャンプがある。この年八月は兵庫の三〇人が沖縄本島北部の恩納村瀬良垣ビーチを訪れ、沖縄の若者と交流した。翌七四年二月には、今度は沖縄の三八人が兵庫県下のハチ北高原でスキーを楽しんだ。この夏と冬の交歓は現在まで毎年行われ、これまでに五千人近い両県の若者が交歓している。

さて募金は七四年三月末までに、予定額一億五千万円を大幅に上回る一億九〇九四万円余に達した。内訳は街頭募金を中心に、企業・団体・自治会・個人の寄付、それに子供たちのカンパまで含まれており、県民の熱意を物語っていた。これに県からの補助金一億五千万円、県への寄付二四〇六万円を加えた計三億六五〇〇万円がスポーツセンターの建設資金に充てられた。

建設地は沖縄県の希望で、「奥武山《おうのやま》運動公園」の通称で知られ、総面積二一・四ヘクタールを誇る那覇市奥武山町の県立奥武山総合運動場南端の一角が選ばれた。一階に大体育室、二階に中体育室を備える建て面積一五五三平方メートルの鉄筋コンクリート造り地上三階建て。建設工事は沖縄戦の三十回忌に当たる七四年六月二十三日の「沖縄慰霊の日」に起工、翌七五（昭和五〇）年六月十八日に竣工した。その日、坂井、屋良両知事が出席して、贈呈・開館記念式典が行われた。
スポーツセンターは沖縄の体育施設では初の冷房付きで、高価な健康器具まで備え、内装、外観とも当時としては斬新な施設に仕上がった。狙い通り開館直後からママさんバレーを楽しむ県民や家族連れで賑わい、「素晴らしい施設」の定評を得たが、沖縄と兵庫のスポーツ交流でも大きな役割を果たした。前記交歓キャンプの夏の日程では両県の若者が涼しいセンターに一泊して交流を深めたし、冬の日程では沖縄の若者が兵庫へ出発する前夜に一泊、結束を固めた。

しかし、それも築後三一年の二〇〇六年度限りとなった。建物の老朽化が早く、閉館の止むなきに至ったからである。新築時は本土復帰に伴う建築ラッシュで、県内の建築資材が払底、コンクリート工事に海砂を使ったため、耐用年数が短かったと言われている。真心のこもった建物であっただけに、惜しまれる。

1975（昭和 50）年 6 月 18 日、奥武山公園に完成した兵庫・沖縄友愛スポーツセンター

友愛運動から災害支援活動へ

両親と弟妹を一人残らず失う不幸にもめげず、立ち直った坂井は、ありったけの気力を沖縄への友愛運動に注いだ。それは当時の貝原俊民《かいはらとしたみ》・副知事（のち兵庫県知事。一九三三～二〇一四）以下幹部を震撼《しんかん》させるほどの迫力だった。高橋は「貝原さんから『君は明治生まれの頑固親爺に、よく仕えとるなあ。偉い』

と褒めてもらいました」と言う。

そんな坂井も腹心の部下には優しかった。高橋は「出張で出かけたら、入浴も食事も何もかも一緒。ただ一つ、プロ野球の贔屓《ひいき》球団を除いては……」と笑った。兵庫県南西部・播磨育ちの高橋は熱烈な阪神タイガースファン、坂井は少年時代からの熱狂的な読売ジャイアンツファンだったからで、その点だけは両々《りょうりょう》譲らなかったという。

高橋の言葉の端々《はしばし》には、坂井への尊崇の思いが滲《にじ》む。何故なら坂井が金井知事から継承し、高橋も出だしから支えた「兵庫沖縄友愛運動」は、戦中・戦後の沖縄県民の苦難や労苦、そんななかで島田知事を顕彰してくれたことに報いる温かい愛の手だった。

時系列は先走るが、二三年後、六四三四人もの犠牲者を出し、戦後最悪の都市災害になった阪神・淡路大震災に、いち早く寄せられたのは、その沖縄県を筆頭とする全国各地からの温かい支援だった。そのまた返礼は以後も絶えない災害に苦しむ全国の被災者に、温かい救済の手を差しのべる社会福祉法人「ひょうごボランタリープラザ」の活動。その第一線に立つ高橋は、他府県民への愛という点で、坂井が進めた友愛運動の延長線上の施策と見るゆえに、尊敬の思いが絶えないのである。

だから彼は、警察官時代からのモットーである「スピードと機動力」を重んじる。災害があれば即座に駆けつけ、「兵庫から来ました」と柔和な表情で告げる一言が、災害で傷ついた人々の心を幾度和ませたことか。

二〇一一（平成二十三）年三月の東日本大震災では直後から宮城県に入り、全国から駆け付けるボランティアに最新情報を伝えるインフォメーションセンターを仙台市に設け、センター長として陣頭指揮を執った。以後六年間に、東日本の被災地に派遣した兵庫県のボランティアバスは四二四回、五五三台にのぼり、延べ一三一九〇人のボランティアを被災三県に送り込んだ。自身も七〇回訪ね、乗ったバスの走行距離は地球二周分を超えた。

二〇一六（平成二十八）年四月の熊本地震でも、自ら先遣隊やボランティアバスを引率して被災地に入り、バス一五台で約五〇〇人を送り込んだ。二〇一七年七月の九州北部雨では、バス四台で約二百人を派遣している（数字はいずれも一七年九月現在）。

その傍ら災害ボランティアがもっと活躍できるよう、彼らの交通費や宿泊費を三～四割程度還付する基金作りを目指す「災害ボランティア支援法」の創設運動を展開している。「支える人を支える社会作り」は、坂井の心の継承である。

第十三章　行逢《いちゃ》りば兄弟《ちょうーでー》「兵庫・沖縄友愛運動県民の会」

学校スポーツ記録網羅の新聞を

この章のタイトルに使わせてもらったウチナーグチ（沖縄の方言）の諺《ことわざ》「行逢りば兄弟」は、「何《ぬー》隔《ふぃだ》てぃぬあが」と続き、「一旦出会えば兄弟と同じ、何の分け隔てをすることがあろうか」という意味である。仏教の教えに言う「一樹の陰一河の流れ、袖振り合うも多生《たしょう》（他生とも書く）の縁」にも通じ、沖縄の人々の人情深さを表わしている。

この言葉を地で行くのが、この後、紹介する「兵庫・沖縄友愛運動県民の会」である。これまでに書いた兵庫における沖縄への友愛運動は、島田知事を〝命の恩人〟と仰ぐ兵庫県の金井知事に始まり、その意向を受け継いだ坂井知事を中心に県主導で展開してきた。ところが沖縄が祖国に復帰した一九七二（昭和四十七）年から数年にして、志を同じくする兵庫の民間人が結集して「県民の会」を創設、沖縄へも呼びかけて民間サイドでも全面展開する。

その中心人物の一人が、第十章の冒頭で人伝えに聞いた話ながら、金井の島田恩人説を紹介してくれた長谷川充弘「県民の会」事務局長（七五）である。この人もまた売名を嫌い、何ごとも黒子《くろこ》に徹する硬骨漢で、この後、自身が編集・発行することになる「文化教育新聞」で「県民の会」の他のリーダーの手柄話は書いても、自身のことには、ほとんど触れていない。筆者は「事実を報じる新聞社主が、謙譲の美徳からとは言え自らの働きを秘していてよいのか？」との思いから、後学のため彼に代わって書く。

長谷川は一九六〇（昭和三十五）年前後の高校時代、当時は日本大学付属校だった大阪高校（大阪市東淀川区相川）のラグビー部員だった。筆者は新聞記者三年目の一九五七（昭和三十二）年まで、同校から淀川の支流・安威川を挟んで西約七〇〇メートルの川向かいに当たる大阪府吹田市神境《しんけい》町（現・南高浜町）に住み、同校のやんちゃな校風を知っていたのも何かの縁だろう。

それはとにかく、長谷川が三年生の冬、ラガーとしてスタメン出場した最後の大会は、当時、強豪校として知られていた大阪府立四條畷《しじょうなわて》高に僅差で敗れ、ベスト8に留まった。しかし翌朝の新聞は、その結果を一行も報じなかった。一方で大手二新聞が後援する高校野球の戦績は、予選の一回戦から漏らさず掲載されていたのに……。

「これは理不尽じゃないか？　みんなが一生懸命取り組んでいる同じ部活動なのに」との思いが以来、長谷川の脳裏を離れなかった。それはやがて「一般紙が書かないのなら、野球以外の学校スポーツの記録を網羅する新聞を発行してみるか……」の思いを誘う。

まずは記者修行、と一九六八（昭和四十三）年、全国でブランケット判の隔日紙を発行していた日本教育新聞社に入社、関西総局（大阪市北区曾根崎）の記者として浪商学園や帝塚山学院など私学取材を担当、七〇年の大阪万国博も報道記者章持参で取材した。

ところが、文部省寄りの同社の編集方針に新左翼系社員が反発、印刷所を封鎖するなど新聞が発行できなくなる事態が発生、同紙は七一（昭和四十六）年、廃刊に追い込まれた。そこで長谷川は、かねての念願であった学校スポーツ記録主体の新聞発行へと動き出す。

熱心な教育者、竹崎敏夫・長田高校長が支援

長谷川は新趣向の新聞の創刊について、まず学校取材で知り合い、尊敬していた兵庫県立長田高校の竹崎敏夫校長（一九一八〜八六）に相談した。竹崎は数学の先生だったが、国立東京高等師範学校（筑波大学の前身）の学生時代、箱根駅伝に三年連続して出場、四区で区間賞を記録したスポーツマンだった。

それだけに体育教育にも深い理解があり、兵庫県の高校長会会長のほか、高校体育連盟会長や高校体育研究会会長を永年務め、体育の先生とよく間違えられるほどだった。しかも「中学校と高校の体育クラブ活動の記録を正確に伝える新聞はぜひとも必要」がかねてからの持論だったから、格好の相談相手だった。

長谷川は「人間的に大変魅力のある方で、温厚な物腰、静かな物言い、それでいて仕事に向かうと〝鬼の竹やん〟の異名通り人々を否応なく引っぱって行く底力がありました。その気質は七四〇年前、元寇の役を戦った先祖の血、学生時代の駅伝、そして戦中、ジャワのチモール島上陸作戦で体験された〝九死に一生〟で培《つちか》われたものと思います』と言う。

竹崎の先祖は遠く鎌倉時代、フビライ率いる蒙古・元の大軍が二度にわたって博多湾に襲来した元寇《げんこう》の役《えき》で、一族郎党を率いて迎え撃ち、果敢に港外に撃退した武将の一人・竹崎季長《すえなが》。この栄光

の祖先を祀る福岡の竹崎神社は、彼の実家である。

その勇猛果敢ぶりは箱根駅伝でも、昭和戦争でも遺憾なく発揮される。天皇直属の統帥機関・大本営が一九四一（昭和十六）年十二月八日、太平洋で無謀な日米開戦に踏み切った第一の目的は、オランダ領インドシナ（蘭印＝現・インドネシア）の油田確保にあった。その尖兵として陸軍第三十八師団歩兵第三百二十八連隊を基幹とする「東方支隊」は翌四二年二月十日、オーストラリア大陸の北方、小スンダ列島東部のチモール島を攻略するが、竹崎は二四歳の中尉として戦車隊を指揮した。

彼が生前、知人に漏らした体験談によると、戦車隊は攻撃前に命の綱の照準器を破損した。慌てる部下を制した竹崎は得意の数学を駆使して弾道を計算、第一弾からことごとく命中させ、部下を驚かせた。この時、戦線で三角関数表を作ったし、照準器も修復する沈着ぶりだった。

竹崎敏夫

チモール島撤退後は、海軍がパプアニューギニア・ニューブリテン島北東部のラバウルに展開した巨大な基地警護に転進した。しかし、いらざる損害を嫌う連合軍は同基地を素通りしてニューギニア、フィリピン戦線へと向かい、補給が途絶えるなか、部隊は終戦後まで飢えにあえいだ。長谷川は「一人でも多くの部下を復員させようと苦労した」と聞いている。

話を戻して、長谷川が新聞発行の相談を持ちかけたころ、竹崎は長田高校長の任期満了が近く、神戸市垂水区にあった私学・八代学院大学（現・東灘区六甲アイランドの神戸国際大学）の教授就任が内定していたが、そんなことは意に介さず、さらりと言ってのけた。

「体育記録専門の新聞を、ぜひとも出しなさい。経済的な支援はできないが、発行人に私の名前を使ってもいい。八代学院大学には私が了解を得ておくから」

「文化教育新聞」の名付け親は作家の春木一夫

竹崎の言葉に力を得た長谷川は、ついで昵懇《じっこん》の間柄であった前出の作家・春木一夫に相談した。春木も旧軍人で、朝鮮派遣第七十八連隊の伍長だった戦中、上官に提出した日記が同連隊長・馬渕逸雄《いつお》大佐の目にとまり、「お前は文才がある。第二の火野葦平《あしへい》になれ」のお墨付きをもらった逸話の持主である。馬渕はこれより先、南支派遣軍報道班長をしていた中佐時代、部下の火野葦平の文才を見抜き、名作『麦と兵隊』を書かせたというから、文章を見る目がある人だった。ついでに言えば、詩人・富田砕花《さいか》は馬淵の従兄弟、女優・馬淵晴子は姪に当たる文芸一族である。

しかし、春木は戦後、まず兵庫県警の警察官になり、馬淵の勧めに従って作家生活に入るのは、戦後二〇年も経った四七歳ころから。代表作は四年後に出版した『遥かなり墓標――分村開拓団高橋郷の壊滅』（兵庫新書）である。

敗戦で旧・満州（中国東北地方）に置き去りにされた開拓農民の悲劇については第一章で少し触れたが、春木の生まれ故郷・兵庫県氷上《ひかみ》郡和田村に近い出石《いずし》郡高橋村（現・但東《たんとう》町高橋）の開拓団員三四五人が終戦二日後、現地の中国農民に追われた末、呼蘭《こらん》河で集団入水自殺を図り、二九八人が死亡した痛恨事を追ったものだ。この他、『灘五郷歴史散歩』、『兵庫史の謎』など郷土史もの数十編を書いた。

長谷川がそんな春木と知り合ったのは、中国語に堪能な台北大学出の親友が偶々《たまたま》、春木の台湾取材旅行の通訳を務めたことから。会ってみると、春木の娘さんと自身の妹が高校で仲のよい同級生だったとわかり、家族ぐるみの親交を深めた。

長谷川の願望に耳を傾けた春木は「新聞を名乗る以上、スポーツの記録だけというわけにはいかないだろう。女房が神戸の元町で営んでいる居酒屋の稼ぎで食っている売れない作家の僕には、財政的な援助をしてあげる余裕はないが、文化的なコラムは書くから、体育の記録は君が担当しろ。新聞の名前は文化教育新聞で行こう」と言ってくれた。

そこで長谷川は神戸市中央区栄町通五丁目で機械設計会社を経営していた友人に頼み、社内に机一つと電話一台を置かせてもらい、発行準備にかかったが、資金面の裏打ちが難しく、創刊までに七年の歳月を要することになる。

素敵な道草・友愛運動県民の会づくり
この間、沖縄の本土復帰があり、金井知事の願いに沿った官製の兵庫・沖縄友愛運動が活発に行われたことは前章で書いた通りだが、念願の新聞発行に気を取られていた長谷川がそれに関心を寄せたのは、一九七五（昭和五十）年からである。
友愛運動のそもそもの経緯を知ろう、と兵庫県広報課を訪ねたところ、応対してくれた同運動担当の増田登司課員は55陽会員で、運動の発端は沖縄戦で殉職した兵庫高校の大先輩・島田知事であることを説明してくれた。さらに、その時点では私立育英高校長に転出していた姉崎・兵庫高校元校長は、島田顕彰に詳しいからぜひ会うよう勧めてくれた。

長谷川が育英高校に姉崎を訪ねると大変喜んでくれ、自らが手がけた前記の島田顕彰記念誌を一冊贈呈してくれた後、島田の人柄と働きを語ってやまなかった。

これがきっかけで長谷川は島田に心酔することになるのだが、島田の生家がある神戸市須磨区須磨浦通三丁目七九番地は、長谷川の出身地である同区衣掛《きぬがけ》町と直線距離で一キロほどしか離れていなかったことも、思いを一層強める一因になった。

この年、一九七五年は沖縄の祖国復帰記念三大事業のうち最大のイベントであった沖縄国際海洋博覧会が、世界の三六か国が参加して沖縄本島北部の本部《もとぶ》町で七月から翌七六年一月まで華やかに開かれた年である。多額の公共事業費が投入され、沖縄の道路、空港、港湾などのインフラは整備されたが、閉会後の後遺症が沖縄を苦しめた。

入場者数は予想の五〇〇万人を大きく下回る約三五〇万人にとどまり、博覧会を当て込んで建設された地元の中小ホテルや民宿、土産物店などは軒並み経営不振に陥った。それは以後も建設、卸《おろし》・小売り、製造、サービスなどすべての業種にわたって倒産を呼び、失業と物価高をもたらした。

そんな友愛県の窮状を知った長谷川は、自身が発行を予定している学校向けの新聞にできることは何だろう？　と考えた末、「そうや、修学旅行生をたくさん送り込んであげることや」と思い付くと、相談のため、また春木家へ走った。

春木も沖縄の窮状を、よく知っていた。何故なら神戸市出身の作家仲間で、『兎の眼』や『太陽の子』などの作品で知られる児童文学者の灰谷健次郎（一九三四〜二〇〇六）は春木家に居候するほどの親しい間柄だったが、彼が長兄の自殺をめぐる懊悩《おうのう》の末に祖国復帰直後の沖縄を彷徨った時、春木も誘われて同行したからである。長谷川の提案を聞いた春木は「それはよい考えだ」と賛成してくれた上、かねてからの自らの考えを吐露した。

「どの土地も歴史がわからないと、風光は単なる自然にしか過ぎない。歴史の色付けをすることによって、自然は人間との関わりを持ってくる。送り込む兵庫県の修学旅行生に、戦前からの海路や空路を通じての沖縄県との深い結びつき、さらにあの過酷な戦争中でも兵庫県出身の島田知事を仲立ちに深い絆が結ばれたことを学んでもらおう。それによって旅行はまさに修学の場になり、兵庫と沖縄との交流の輪は広がり、これまで以上に大きな友愛の花を咲かせる一石三鳥が可能になるのじゃないか。ようしッ、これを機会に、これまで県主導だった兵庫・沖縄友愛運動に、民間の草の根交流を加えよう。僕は両県の知事に話を持ちかけるから、君は修学旅行に参加してくれる学校の勧誘を始めてくれ」

沖縄へ修学旅行に行く学校を募るとなれば、相談相手はまたもや県立高校長会の竹崎会長である。竹崎の「僕が団長を務めよう」の二つ返事の賛同をもらうと、長谷川はさっそく、翌七六年八月の夏休みを利用して下見を兼ねた研修旅行を計画、兵庫県下の公・私立全高校長宛てに案内状を発送した。

旅行社は沖縄資本の沖縄ツーリストを使い、南部戦跡の「島守の塔」「のじぎくの塔」「ひめゆりの塔」などで沖縄戦を学び、首里城公園や海洋博記念公園、琉球村などで古今の歴史も学ぶ盛りだくさんのコース。沖縄県関係者との懇親会も、首里の沖縄グランドキャッスルホテルで行う二泊三日の日程だった。

カチャーシーとともに躍り出た富田忠常・三田学園教諭

この研修旅行には竹崎の呼びかけに応じた各校の校長、教頭、事務長や体育研究会の教諭など、バス二台が満席になる約百人が参加したが、ここで案内役の長谷川は予期しなかった強力な〝兄弟〟と〝行逢る〟ことになる。彼の回想。

「五〇歳ぐらい、身の丈一メートル六〇に満たない小柄な男の先生が片方のバスの最前列の席に陣取り、現地のバスガイドに持ち前のざっくばらんな関西弁で『ねえちゃん、どこの出身や』とか『もう何年、バスに乗っててんねん』など気さくに話しかけ、周囲の笑いを誘っていました。やがて車内に沖縄民謡が流れると、この先生、走行中のバスの中でカチャーシー（沖縄で祝いの席などで飛び出す即興の舞い）を踊りだしたのです。身振り手振りよろしく楽しそうに踊る姿、周囲からの拍手喝采が、今も瞼《まぶた》に焼き付いています』

この人は沖縄本島の北側に広がる奄美諸島の沖永良部島出身で、兵庫県三田《さんだ》市の私学・三田学園で野球部と柔道部を指導、また夫人ともども学園寮の寮監を務め、寮生から「三田の両親」と慕われていた体育保健担当の富田忠常教諭（一九二五～九九）。カチャーシーでわかるように、大変な沖縄贔屓の人だった。

そのきっかけは、三田学園の前身である旧制・三田中学時代、ふと目にした美術全集で沖縄の文化に魅せられたことから。後に長谷川が本人から直接聞いた話によると、沖縄がまだ米軍の占領下にあった一九五〇（昭和二十五）年、東京の日本体育大学を卒業した時、沖縄県出身の先輩から「沖縄は今、教員不足で困っている。戦後教育の復興のために力を貸してくれ」と頼まれた。すると、大胆にも郷里・沖永良部島の南三十数キロにある与論島経由で、戦火で荒れ果てた沖縄本島へパスポートなしで〝密航〟した、と言うのだ。

その意気が買われ翌五一年から二年間、県立糸満高校の保健体育の教諭に任ぜられ、野球部と柔道部の部長も任された。この間に富田は沖縄戦の凄まじい実相、沖縄が如何に本土の楯になってくれたか、これに報いるため島田知事は沖縄県民のために如何に身命を賭して働いたか、を知った。

だから母校の三田学園の教壇に戻ってから、同じ三田市内の私学・湊川女子短大に沖縄県出身の学生が約三〇人も学び、寮生活をしていることを知ると、激励会を二〇年近くも続けた。そんな一九七二（昭和四十七）年は、前記のように沖縄が祖国へ復帰した年である。ところが、本土のほとんどの人は六月二十三日が沖縄戦の組織的抵抗が止んだ日であることも、沖縄戦戦没者の「慰霊の日」であることも知らないのに気付いた。

富田忠常

富田は愕然とし、「これではいかん」と、この年から始めたのが戦没沖縄県民慰霊のための「6・23の会」である。その日は放課後、自身が寮監を務める学園寮に学園の役員、教職員や寮生、友人知己を集め、沖縄戦戦没者に黙祷《もくとう》を捧げた後、沖縄戦や島田知事を語り、沖縄県民への支援を訴えた。この会は以後毎年、富田が亡くなる前年まで二七回も続くことになる。

そんな富田の沖縄への熱い思いが通じたのだろうか、6・23の会が始まって五年目の七六（昭和五十一）年夏の甲子園に県立豊見城《とみしろ》高校が出場するのだが、同校野球部の栽弘義《さいひろよし》監督（故人）は何と、富田が糸満高校野球部長時代の教え子だった。

富田は小躍りした。この夏は前節で書いた沖縄修学旅行の下見会で、彼が躍り出た年だったから、躍動の夏だったと言えよう。富田はさっそく、日本高野連に掛け合い、一日だけ三田学園での練習日を許してもらい、練習後はチーム全員に地元の名産・三田肉をふんだんにご馳走した。有力な経済人が多い同学園ＯＢが、物心ともに支援したのはもちろんである。

試合当日、富田は甲子園球場のアルプススタンドに駆けつけた。そこには五八（昭和三十三）年夏の大会に首里高校が沖縄勢として戦後初めて甲子園に出場して以来、恒例となっていた兵庫、大阪の沖縄県人会を中心にした友情応援団が詰めかけ、熱い声援を送っていた。

豊見城高はベスト8まで勝ち進み、沖縄県民を狂喜させた。それどころか栽監督率いる同校チームはこの年から三年続きでベスト8を達成、甲子園に〝トミシロ旋風〟を巻き起こし、かつては一点を取るのに汲々としていた沖縄の高校野球が、ようやく脱皮したことを印象付けた。

「武陽会」が一九六四（昭和三十九）年、島田顕彰三事業の一つとして沖縄高野連へ贈った前記の島田杯が十数年の歳月を経て、沖縄球児の切磋琢磨を呼んだ結果と言える。つれて甲子園での富田の沖縄県勢応援は、一層熱を帯びることになる。

今や〝甲子園名物〟になっている沖縄勢への〝友情応援についても数々の語り部とエピソードが控えているが、それはこの後、別に一章を設けて紹介することとし、話を「県民の会」へ戻す。

知名発起人による「県民の会」スタート

春木一夫は前記のように兵庫県では坂井知事、沖縄県では復帰後二代目の平良幸市《たいらこういち》知事（故人）に会い、「これまで県主導だった兵庫と沖縄の友愛運動を、草の根交流でバックアップしたい」と申し入れ、「大いにやっていただきたい」との賛同を得て、七七（昭和五十二）年五月、「県民の会」を発足させた。

発起人は、いずれも沖縄問題に一家言を持つ前記の竹崎、春木、富田、長谷川のほか、今はいずれも故人だが、神戸新聞主筆の畑専一郎《はたせんいちろう》、書家の望月美佐《もちづきみさ》、兵庫県高校体育研究会の松井貞雄理事長の七人だった。

畑専一郎

畑は論説記者歴三八年のキャリアを持つ名物記者で、紙面で「地方の時代」を提唱、神戸のファッション都市宣言やポートアイランド構想を実現させた。また摩文仁台上に建つ兵庫県の慰霊碑「のじぎくの塔」の碑文を書いた人でもある。この地に戦後、各都道府県や各部隊戦友会が競うように建てた慰霊塔・碑の碑文の中には、「武烈」「偉勲」「勇魂」など、あの愚かな戦争を肯定し、美化するような文言が散見され、戦禍にあえいだ沖縄県民の眉を顰《ひそ》めさせた。そんな中で畑の碑文は、沖縄が本土の盾になったことに言い及び、県民から「一番まともな碑文」と高く評価されている。〝動の書家〟として知られる望月は、後に日本で初めて女性で日本社会党、社会民主党の党首や衆議院議長を務めた神戸市須磨区出身の土井たか子（一九二八～二〇一四）と昵懇の間柄だった縁で、土井の出身校・西須磨尋常高等小学校の大先輩に島田知事がいたことを知り心酔、顕彰活動に打ち込んだ。また松井は竹崎と高校の体育教育を通じ、肝胆相照らした頼りになる人物だった。

この強力な顔ぶれを知った富田は張り切り、第一回発起人会を彼の自宅でもある三田学園第一寮に招き、会合の後、例によって三田肉を振舞った。

この会合では発起人会の拡大が話し合われ、前出の灰谷健次郎や沖縄・奄美諸島に伝わる古代歌謡「おもろ」研究の第一人者である甲南大学の高阪薫《たかさかかおる》教授のほか、沖縄側からは琉球古典音楽の人間国宝・照喜名《てるきな》朝一《ちょういち》、沖縄ツーリストの東良恒社長、一二年後の一九九九（平成十一）年に沖縄県観光リゾート局長に抜擢される県秘書課員・大城栄禄らが選ばれた。

時系列が先走ったついでに書いておくと、大城は局長就任早々、翌年七月に名護市で開催される主要国首脳会議（沖縄サミット）」の準備に忙殺された。視察に訪れた多数の国会議員を県の職員は揃ってスーツ、ネクタイ姿で出迎えたが、大城は一人、沖縄独特のかりゆし（嘉利吉とも書く）ウェアで通した。サミット本番でも、コシノジュンコ・デザインのそれで通し、かりゆしウェアを沖縄男子の正装に定着させた人である。さらに昨今は当たり前になっているプロ野球キャンプを沖縄に定着させた功労者でもあり、そんな人材を見抜いた「県民の会」の眼力も、なかなかのものだったと言える。

眼力の主は会のそもそもの提唱者であり、会の発足時に事務局長に任ぜられた長谷川だったが、彼は例によって「知名士揃い、それも善人ばかりの、よすぎるほどの発起人メンバーが、知恵を出し合ってくれました」と黒子を決め込むのである。

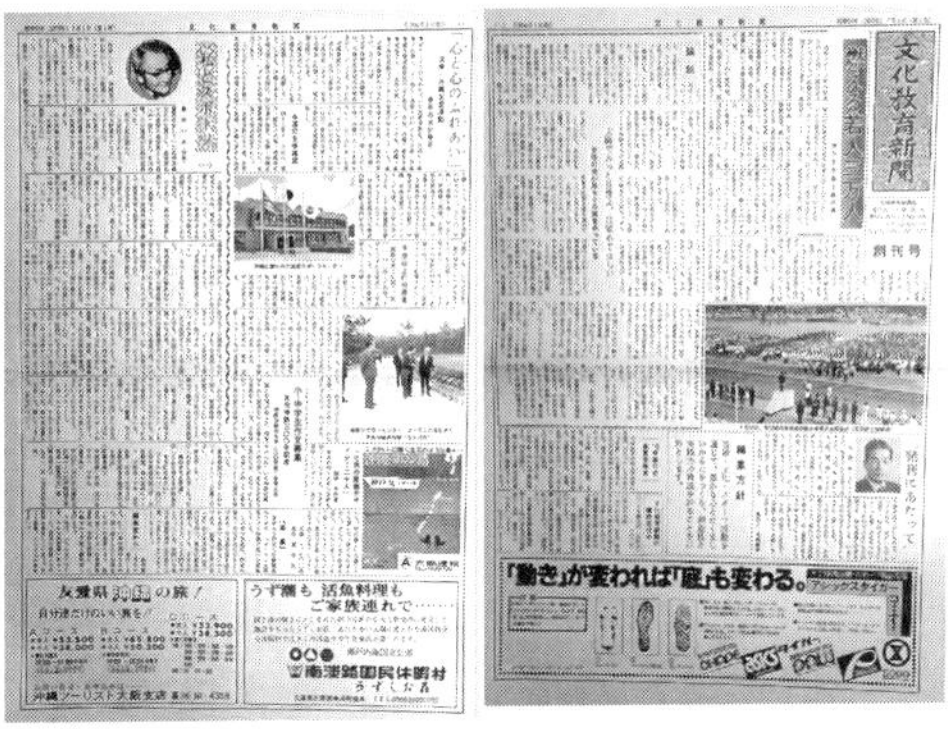
文化教育新聞

創刊号

「動き」が変われば「庭」も変わる。

1978（昭和 53）年 7 月 1 日創刊の「文化教育新聞」1 面と 4 面

機関紙「文化教育新聞」創刊

その長谷川の念願だった「文化教育新聞」は、「県民の会」の後を追うように翌七八（昭和五十三）年七月一日、タブロイド判四ページの月刊紙として創刊、一万部を発行した。初代発行人は前記のような経緯から竹崎敏夫とし、題字は春木が書いた。もっとも創刊一〇年目からは、書家の望月の書に変わる。一～三面は当初からの狙い通り兵庫県下各種学校スポーツ大会の記録で埋めたが、高校野球の結果は一行も載せない反骨ぶりを貫いた。

用紙は各学校でスポーツの記録が長期保存できるよう上質紙を使用、創刊時は一部二〇〇円の購読料で希望校に郵送した。ところが、県北部・但馬地方のある中学の分校から「毎号楽しみにしていますが、購読予算がありません」との窮状を訴える便りが届くと、発行経費はすべて広告料で賄うことに改め、翌年から県教委の出張所などを通じて無料で配布することになる。

創刊号の紙面に話を戻すと、最終ページの四面は文化面で、「心と心のふれあい」の見出しを掲げ、前年の「兵庫・沖縄友愛運動県民の会」の発足を報じた。長谷川が書いたこの記事は、沖縄と本土を結ぶ空と海の玄関口が兵庫県にあったことによる戦前からの両県の古い絆が、戦中、兵庫出身の島田知事が命がけで行った沖縄県民思いの行政によって一層強まった両県の友愛提携の概略を紹介。その象徴として兵庫県から沖縄県に贈られた前記の友愛スポーツセンター、そのお礼として二年後の一九七七（昭和五十二）年、沖縄県から兵庫県加西市フラワーセンターに贈られたコーラル（サンゴ）の道の、それぞれの写真を添えていた。

これら県主導で行われてきた友愛運動が、「県民の会」の発足によって民間サイドへ大きく間口を広げたと報じた上で、「今後、沖縄の歴史を勉強する友愛の旅、スポーツ交流、沖縄への奉仕活動など多くの事業計画を考えている」と決意を披歴、この新聞が「県民の会」と表裏一体の機関紙であることを示唆した。「県民の会」の有力な発起人である春木が、「私とスポーツ」と題するエッセーの連載を始めたのも、それを裏付けていた。

第十四章　兵庫・沖縄草の根交流、着実に展開

まず「友愛の旅」から

前章で書いた「兵庫・沖縄友愛運動県民の会」のスタート点とも言える修学旅行下見ツアーの成果は、兵庫県教委には残念ながら残っていなかった。修学旅行の計画は利用する交通機関や宿泊施設の予約の関係もあって当該生徒が入学した時点にほぼ決まっており、翌年から即変更とは行かないため集計し難かったと思われる。だが、研修会に参加した百校の代表者は趣旨に賛同して精一杯努力したようで、沖縄県側の喜びようがそれを間接的に物語っていた。

これに力を得て「県民の会」の最初の事業は、兵庫県民の「友愛の旅」からスタートした。修学旅行生に続いて、なるべく多くの県民を沖縄へ送り込み、いくらかでも彼の地の経済を潤すとともに、相互理解を深めてもらおうという狙いである。

旅行プランを立てるに当たって、長谷川事務局長は沖縄の観光業界に無理難題を吹っかける本土資本の旅行業界は避け、灘《なだ》生活協同組合（略称・灘生協）観光部に話を持ち込んだ。灘生協は「庶民の助け合いで暮らしよい世の中を」をモットーに組織された灘購買利用組合が一九四九（昭和二十四）年、名称を変更した生協活動の草分け。長谷川は「県民の会」と相通じる考えを持っていると睨んだので

ある。

はたして同生協は協力的で、組合員に呼びかけ、旅費が安上がりで済む一～二月や夏休み前の端《は》境《ざかい》期に、バス一台で運べる五〇人前後の参加者を集めてくれた。沖縄ツーリストの斡旋《あっせん》で一行が那覇空港に着くと、同社のスタッフが出迎え、前出の修学旅行プラン同様、南部戦跡で沖縄戦や島田知事の人間性を学び、加えて観光地を三泊四日、五万円弱の安値で巡る日程。琉球列島の生き字引である人間国宝・照喜名発起人らの監修で、旅の内容は年々充実していったが、勘定高い関西の旅行業界はこれを見逃さなかった。いつしか同生協観光部に談じ込み、この方式の友愛の旅は、残念ながら約一〇年間で終わる。

そこで長谷川は、運営主体を「県民の会」と沖縄ツーリストに変えた。一回二～三〇人程度のこじんまりした団体を募り、二泊三日で三～四万円のリーズナブルな料金で沖縄へ送り込み、友愛と学習を深めてもらう旅。そのために彼は航空会社の知人の間を走り回り、レンタルした小型バスを自ら運転して出費を切り詰めるなど、永年にわたって苦労を続けた。

「県民の会」はこれら二種類の旅と並行して、富田発起人が先鞭をつけていた前記「6・23の会」の支援、拡大に努めた。ここから先は時系列がかなり先走るのをお断りして書いておくと、一九九五（平成七年）一月十七日に阪神・淡路大震災が襲う。

阪神・淡路大震災に抗して

この大災害は阪神高速道路の高架倒壊が象徴するように兵庫県南部を壊滅状態にし、六四三四人もの犠牲者を出した。島田知事の出身地である須磨区の市立須磨海浜水族園も設備に甚大な被害を受け、展示魚類のほぼ半数を失った。

「県民の会」はただちに財団法人・沖縄観光コンベンションビューローや国営沖縄記念公園水族館に救援を要請。その結果、三か月後の同年四月二十五日、沖縄から「グルクン」の名で知られるタカサゴやイセエビ類の最大種であるニシキエビなど四種類の貴重な魚類約七〇匹を同水族園に空輸、寄贈した。この日、那覇―大阪国際空港（兵庫県伊丹市）間に初就航した日本エアシステム第一便に積み込む素早い気配りのお陰で、水族園はゴールデンウイーク前の同二十七日から一般に公開され、震災に打ちひしがれた県民を元気付けた。

この他、沖縄県民から寄せられた物心両面の支援は大きく、優しく、感激した貝原俊民知事（一九三三〜二〇一四）が沖縄県の大田昌秀知事（一九二五〜二〇一七）にお礼を述べたところ、こんな答えが返ってきた。

「沖縄県民は戦争中、兵庫県出身の島田知事に大変お世話になりました。それに比べれば、これくらいのことは当然です」

この言葉はこの後、貝原知事の出処進退に繫がるが、それは次節で述べる。

文化教育新聞の一面トップ記事は創刊以来毎月、編集方針通り学校スポーツ大会の記事や記録で埋めてきたが、震災翌月の二月号は創刊二〇〇号にして初めて全面を震災関連ニュースに明け渡した。五月号のトップ記事も〝沖縄から神戸へ友愛の熱帯魚〟で飾り、同紙が「県民の会」の機関紙でもあることを印象付けた。

「県民の会」は一九九八（平成十）年からは沖縄県の高校生に兵庫県内の大学や専門学校への進学を勧めるため、長谷川事務局長は宮古、石垣島を含む沖縄県内の全日制全高校・六三校を訪問、学校長と進学指導教諭に協力を求めた。ここでも彼は一人で、レンタカーを駆って一日に二〇校を目途に走り回った。以来年々、兵庫県下で学ぶ沖縄県出身の学生は増えているようだが、これも沖縄、兵庫の両県教委とも正確な増加数をつかんでいないのは残念である。

翌九九年九月、富田発起人が七五歳で亡くなった。沖縄を愛してやまなかった彼が二七年間主宰した「6・23の会」は翌二〇〇〇年十月十八日、「県民の会」が新たに設立した「神戸泡盛の会」に引き継がれた。理由は六月二十三日が「沖縄慰霊の日」であることは、このころには兵庫県下ですでに知れ渡っており、「県民の会」の中で「沖縄県民長寿の秘訣は泡盛と琉球料理にあり、それを兵庫県内にも普及させては……」の声が上がっていたからである。

「県民の会」の有力メンバーだった宮崎秀紀・県教育長（当時五九）や、公益財団法人・日本いけばな芸術協会理事で、兵庫県いけばな協会の吉田泰巳《ひろみ》会長（当時六一、嵯峨御流神戸司所長）らが世話人となり、高校野球沖縄県代表校の定宿になっていた神戸市中央区の宝月旅館で設立の会を開いた。集まった四〇人は年六回の開催、ただし六月は富田の遺志を継いで「6・23神戸泡盛の会」として同日開くことを決めると、泡盛と琉球料理を味わいながら会の今後の活動方針を話し合った。

島田知事を範とした貝原俊民知事の勇退

大震災の発生から六年半、復興に全力を傾けた貝原兵庫県知事は二〇〇一（平成十三）年七月三十一日、四期目の任期半ばで勇退した。議会での退任挨拶は沖縄と兵庫の友愛運動の原点となった島田知事を改めて賞揚する内容で、多くの人々の胸を打った。筆者が生前の貝原から直接、取材した内容も含め、その要旨を紹介する。

「私は一九八六（昭和六十一）年、知事選に出馬した時、旧制神戸一中（現・兵庫高校）ＯＢの金井元彦・元兵庫県知事を通じ、県民の生命はもちろん、県土の一木一草にまで責任を持つ故・島田沖縄県知事の生きざまを学び、一歩でも近づきたいと努力して来ました。

島田さんは昭和二十年一月、米軍の沖縄上陸が確実視される中、知事に就任することは死地に赴くことを承知の上、敢然と沖縄に赴任されました。そして県民と苦難をともにしつつ、戦火に怯える人々の心よ安らかなれ、と全力を傾注されましたが、同年六月、太平洋戦争最後の決戦場となった沖縄戦線において亡くなられました。半年に満たない在任期間ながら、戦場という極限状態における島田知事の慈愛に満ちた心と行動は、今なお〝沖縄の父〟として沖縄県民の心の中に深く刻まれています。

私は不幸なあの大震災で六四三四人もの犠牲者を出し、一時は四期目の辞退も考えました。しかし、最後まで責任をまっとうした島田さんに学んで考えを改め、各種の県の指標がほぼ震災前の状態に回復するのを待って、大震災の責任にけじめをつけたのです」

この言葉に感動した長谷川事務局長は、県から全文のコピーを取り寄せ、「県民の会」や神戸泡盛の会の全会員に配った。翌二〇〇二年は沖縄が祖国へ復帰して三十周年であり、それを機に沖縄県と兵庫県の間で結んだ友愛提携の三十周年でもあったから、絆を再確認するには絶好のメッセージと思ったからである。

しかし、長谷川のそんな思いとは裏腹に、両県の友愛提携の窓口である沖縄県教委体育保健課と公益財団法人・兵庫県青少年本部から聞こえてきたのは、意外に冷めた情報だった。一九七二（昭和四十七）年の友愛提携締結以来、夏は沖縄の紺碧の海、冬は兵庫の白銀の世界で相互に続けてきた前記の友愛キャンプを、三〇年を区切りに止めようと言うのである。

長谷川は、慌てた。それでは四半世紀近く続けてきた草の根交流も、頓挫をきたす恐れがある。さっそく、宮崎教育長や吉田いけばな協会長ら「県民の会」や、神戸泡盛の会の有力メンバーに問いかけたところ、「沖縄の祖国復帰と友愛提携三十周年を控えたこの時期に、何故止めるのか」「こんな素晴らしい交流は、未来永劫続けるべきだ」の声が圧倒的だった。

そこで「県民の会」は二〇〇一年九月早々、神戸市灘区の奄美料理店「チャンプルー高倉」で開いた泡盛の会に、貝原前知事の後任である井戸《いど》敏三《としぞう》知事（当時五六）が出席した時、言葉を尽くして訴えた。ちなみにこの店は富田教諭ら奄美大島出身者が望郷の思いからよく集った店で、店名中の「高倉」は同島に古くから見られる床の高い脚揚倉を商品名にした奄美黒糖焼酎の銘柄、「チャンプルー」は奄美・沖縄地方に多い油炒め料理の総称である。

井戸敏三知事が友愛続行へ大号令

それはとにかく、井戸知事も播州素麵《そうめん》「揖保乃糸《いぼのいと》」の産地である竜野市出身の兵庫県人だけに、島田知事への想いは深かった。翌日さっそく、県庁内に大号令を発した。

「来年は兵庫・沖縄友愛提携三十周年である。本県で記念事業を盛大に開催するのはもちろん、沖縄県が開くであろう記念式典にも多数の兵庫県民を送り込もう」

さあ大変、と県でも「県民の会」でも準備に着手することになるのだが、その前に予期せぬ事態が立ちはだかる。

この年二〇〇一（平成十三）年、発生日〝9・11〟の名で通ることになる同時多発テロがアメリカで起きた。ニューヨークの貿易センタービルなど四か所がテロ航空機に爆破され、多数の犠牲者を出した大事件である。「米軍基地が多い沖縄も危ない」との風評が広がり、内外から沖縄を訪れる旅行者が激減、団体・修学旅行のキャンセルも相次ぎ、前記の海洋博後遺症に次ぐ不況が、またも沖縄を襲った。県の試算による観光収入の減少額は、約二〇九億円に上った。

長谷川はその窮状を直接、現地で目の当たりにしている。「県民の会」の沖縄側の有力な発起人の一人であり、前年の沖縄サミットで県の観光リゾート局長として大活躍した大城栄禄さんは当時、本島南部・島尻郡玉城《たまぐすく》村（現・南城市玉城）にある巨大な鍾乳洞・玉泉洞《ぎょくせんどう》を中心とするテーマパーク「おきなわワールド」の副社長に転じておられた。ところが、この年十一月、友愛の旅の途中に訪ねると、さっぱり元気がない。聞けば、あの当時の沖縄観光の中心地だった同パークでさえ閑古鳥が鳴き、多くの社員は自宅待機、自身も辞めなきゃならない事態に追い込まれていると言う。ほんまかいなと、これも本土の人に一番人気の「ひめゆりの塔」へ行ってみると、「ここも観光バスが一台も停まっていない寂《さび》れように驚きました」

またまた、「県民の会」の出番である。沖縄への旅が安全であることを兵庫県内の学校関係者にアピールする「だいじょうぶさぁ——沖縄観光キャンペーン」を翌二〇〇二（平成十四）年三月七日、県私学会館（神戸市中央区）で開いた。公、私立高校の校長や教諭ら四三人が参加、沖縄県の観光課長らの訴えに耳を傾けた。

これがきっかけになって以後毎年、兵庫県下の中・高校を対象に「沖縄修学旅行説明会・いちゃりばちょーでー」を神戸市内で開いた。これが実を結んで神戸空港が開港した二〇〇六年には、神戸市教委が中学校の修学旅行にも航空機利用を認める英断を下したこともあって、神戸市内の中学八三校による沖縄修学旅行実現へと繋がる。

オール・スター・キャストの三十周年記念事業

時系列を元に戻して、「県民の会」は二〇〇一年の9・11以降、同時多発テロによる沖縄への風評被害対策に力を入れる一方、同年十一月、両県民の有志一五八人の個人参加による「兵庫・沖縄友愛提携30周年記念・県民交流推進委員会」なる組織を創った。

かつては友愛提携を主導した両県庁サイドに前記のような〝中だるみ〟を思わせる現象が垣間《かいま》見られたため、「県民の会」を一年間の期間限定で拡大、翌二〇〇二（平成十四）年の友愛提携三十周年記念事業を官民挙げての多彩な内容にするためである。引き続き事務局長を任された長谷川は、どこからの掣肘《せいちゅう》も受けないよう一人一万円の会費を集め、それを運営資金にしたのも硬骨漢の彼らしかった。

「県民の会」で県庁側のトップだった宮崎教育長は〝中だるみ〟に責任を感じたようで、さっそく、口火を切った。「三十周年記念事業は県民交流推進委、武陽会、沖縄県人会兵庫県本部の関係三団体が一体となり行う」「役員には両県の首脳や武陽会の重鎮を据える」「事業の名称を『兵庫が生んだ沖縄の島守　島田叡さんを語り継ぐ会』と具体的にする」の三点である。

まず人事では、稲嶺恵一《いなみねけいいち》・沖縄県知事（当時六七）と井戸・兵庫県知事の現職両知事に名誉顧問になってもらい、名誉会長は金井、坂井・両元兵庫県知事から直接引き継ぎを受けた貝原・前知事にお願いする。交流推進委会長には36陽会会員で、兵庫県で理事などの要職を歴任した後、当時は財団法人「ふるさとひょうご創生塾」の塾長を務めていた林五和夫《いわお》（今は故人）、代表世話人は宮崎自身が引き受ける構想。

長谷川事務局長の話によれば、兵庫県側はすぐ就任を引き受けたが、稲嶺知事は慎重だった。祖国復帰三〇年の沖縄県では、早く本土に追いつこうと公務を重んじる考えから、三役は民間団体の名誉職を安易に引き受けてはならない、との不文律があったからである。

長谷川はまず沖縄県大阪事務所、ついで沖縄県人会兵庫県本部を通じて就任を要請したが、同意が得られず、直接、県の秘書課へ掛け合った結果、やっと開催前日に聞き容れてもらえたという。その他の宮崎提案も、すべて了承された。

語り継ぎを再確認した集い

兵庫・沖縄友愛提携三十周年記念「兵庫が生んだ沖縄の島守　島田叡さんを語り継ぐ会」は二〇〇二年七月二十七日午後、兵庫県庁近くの兵庫県民会館（神戸市中央区）に両県民ら約五〇〇人が参集、盛大に開かれた。

開会挨拶は〝三者一体〟そのままに、林会長、喜納兼一《きなけんいち》・沖縄県人会兵庫県本部長（当時六四）、三宅秀一・兵庫高校長（同、64陽会）が相次ぎ登壇、「戦前からの沖縄と兵庫の強い絆は、戦中の島田知事の働きによって不動のものになった。両県民は今こそそれを一層強固にしよう」と、この催しの大切さを異口同音に訴えた。

挨拶に立った稲嶺名誉顧問は、島田知事が沖縄へ赴任した時の決然たる態度、県民思いの数々の善政を披露した後、「私たちは悲惨な沖縄戦の中で島田知事が示された崇高な人徳と人間愛や平和の尊さを、戦争を知らない若い世代に語り伝えていくことを責務と考える」と主催三者の考えに応じた。

同じく井戸名誉顧問は、友愛キャンプに始まる交流三〇年の素晴らしさを話した上で「二十一世紀に入り、人々の安全や安心を脅かす事件が国内外で相ついでいる。私たちは今一度、島田知事が身をもって示された責任感や人間愛に満ちた行動を範とし、責任や志のあり方を厳しく問い直して行こう」と〝中だるみ〟に釘を刺した。

続いて講演に立った貝原名誉会長は島田知事の生きざまに学び、前出の退任挨拶でも述べた名言――知事の責任は県民の命はもちろん、県土の一木一草にまで及ぶ」をこの場でも強調した上で話した。「震災からの日々、私はさまざまな苦悩で眠れない夜もありましたが、その都度、島田さんの強い信念と責任ある行動を思い起こし、私の苦労などたやすいものだと自らに言い聞かせ、耐えました」。島田イズムは半世紀後、大震災にあえぐ彼の故郷・兵庫で息付いたのである。

講演の二人目は、これもオールスター・キャストの一環として東京都日野市から招かれた荒井警察部長の長男で、当時、財団法人・日本気象協会の荒井紀雄・顧問（一九三二〜二〇一〇）。彼は「父・退造は国策の戦争遂行と、県民の生命と財産を守る警察本来の任務の間で苦しみながら、不動の信念と強い責任感を貫きました、子である私はそのことに誇りと畏敬の念を持っていますが、それができたのは島田知事がいらっしゃったからだと深く感謝しています。しかし、その傍ら多くの県民と部下の方を死なせてしまったことについて、私は父に代わって深く深くお詫び申し上げます」と首を垂れ、会場を一瞬、沈黙させた。

新たな語り部の登場

続く「語らいステージ」と題したパネルディスカッションのテーマも「語り継ごう友愛のこころざし」で、会の趣旨を強調していた。パネラーは瀧川博司《ひろし》・「武陽会」理事長（当時六九、39陽会。兵庫トヨタ自動車KK社長）、宮城正雄・沖縄県人会兵庫県本部相談役（同七四）、元・兵庫高校長の岸本進・神戸第一高校理事長兼校長（同六九）、ヒット曲「芭蕉布」の作詞家でもある吉川安一《やすいち》・沖縄県立図書館長（同六二）の四人。コーディネーターは53陽会の田辺眞人《まこと》・園田学園女子大学国際文化学部教授（同五四）で、こちらの顔ぶれもオールスターズだった。

さまざまなトークが交わされた中で、瀧川は「私心を捨て、自身の命を公のために捧げた島田先輩の精神は、現代社会を生きる私たちに最も欠けている点ではないか」と自戒の気持ちを訴えた。

宮城は戦中、本土の軍需工場に徴用中、幼い弟妹を連れて沖縄本島北部・山原《やんばる》に逃れた母を米兵の銃撃で失い、郷土防衛隊に徴集された小学校の男子同期生四三人中、三六人までが戦死、沖縄戦を主導した日本軍・官を恨みに恨んできた。「しかし、戦火の中で島田知事が示された人間愛を祖国復帰時に初めて知り、積怨からいくらか救われました」と告白、「以来、沖縄がテーマの講演を依頼される度に、島田さんの事跡を語り続けています」と話した。

兵庫高校勤務一四年の間に島田知事に心酔した岸本は、私立神戸第一高校に転じると、この年二月、教員・生徒六〇〇人こぞっての沖縄修学旅行を実現。「島守の塔」に参拝し、島田の武陽魂を語り尽くしたことを報告した。また「芭蕉布」の吉川は友愛提携三十周年を記念して作詞した「友愛の絆」を披露、島田知事の名は、二番に登場した。

「沖縄の民と　苦難を共に
惨い戦世に　生命果てた
島田叡知事の　博愛　偲び
人づくり県づくり　合い言葉に
平和の源郷　友愛の沖縄県　兵庫県」

兵庫県立加古川西高校の辛川和人教諭が曲をつけたこの歌は、この後の「交流ステージ」で、兵庫高校弦楽部の演奏と合唱により、心を込めて歌い上げられた。

ところで、これらさまざまな実のあるトークを引き出した田辺コーディネーターが島田大先輩の存在を知ったのは、兵庫高の二年生だった一九六四（昭和三十九）年五月、前出の「武陽会」による島田顕彰三事業が行われた時である。以来、この時点で三八年、新たな語り部が育った軌跡を辿っておくのも、本稿には欠かせないテーマだろう。

「島田さんの追悼誌は僕たち在校生にも簡易装丁のペーパーバック版で配られ、『へぇーっ、こんな先輩がいたんだ』と、詩人・竹中郁《いく》さん（11陽会、一九〇四〜八二）の筆になる校庭の合掌碑の碑文を読み直したものです。わが母校には著名な先輩が多く、日本画が講堂にある東山魁夷《かいい》さん（14陽会、一九〇八〜九九）、洋画が校長室にある小磯良平さん（10陽会、一九〇九〜八八）、小説『八つ墓村』の横溝正史さん（8陽会、一九〇二〜八一）など誇るべき人材に事欠かなかったものですから、にわかに島田さんと言われても最初は追悼誌のボリュームに圧倒され、正直言って私をはじめ生徒はそんなに熱心には読んでいなかった。ところが、姉崎校長や卒業式に必ず出席された金井知事の度重なる説示で追悼書を読み返し、島田さんの人格と行動に打たれました」。

島守顕彰の催しのたびにコーディネーターや講師を務める田辺眞人・園田学園大学名誉教授

田辺は兵庫高校卒業後、関西学院大学やニュージーランド国立マッセイ大学での歴史学研究の中で、島田先輩の偉大さを再確認した。だから、この会ではコーディネーターの他、催しの内容を紹介した記念誌の編集も引き受け、小論文「島田叡のいた沖縄」を竹内隆・神戸歴史クラブ副理事長（同三七、70陽会）と共同執筆して掲載、沖縄戦の中で示された島田のヒューマニズムを手際よく紹介、感銘を与えた。

彼はこの後、島守顕彰の催しの度にコーディネーターや講師を任され、欠かせぬ存在になる。それはその時点で紹介するが、「こんな素晴らしい大先輩に関わらせていただけるとは身に余る光栄ですし、感無量です」と肌を粟立てるのである。

スポーツ交流も活発に

島守の顕彰では〝元祖〟だった沖縄県側も、島守への思いが籠る兵庫の集いには少なからず感銘を受けたようだ。この年九月十六日、那覇市の奥武山運動公園内の県立武道館に約二千人が集《つど》い、友愛提携三十周年記念式典を盛大に祝った。もっとも、このうちの約八〇〇人は井戸知事の前記大号令によって動員された兵庫県勢だったから、兵庫の『県民交流推進委』は狙いを達成したと言えよう。これに力を得た「県民の会」の草の根交流は、スポーツマン・島田のフェアプレー精神を受け継ごうとスポーツ界へと及ぶ。

二〇〇六（平成十八）年一月、兵庫、沖縄両県テニス協会は中、高校生の選抜チームによるジュニア・テニス交流を奥武山運動公園のテニスコートで始めた。男女シングルス、ダブルスの県対抗試合を行い、優勝チームに贈る「島田叡杯」は「県民の会」が両県民有志に寄付を募り、用意した。杯は募金に賛同した両県民を代表して「島守の会」の新垣進松・第七代会長（今は故人）から、沖縄県テニス協会に贈られ、交流は毎年一月、今も続いている。

また、同じ年、元・ラグビー日本代表キャプテンで、神戸製鋼ラグビー部の日本選手権V７に貢献した林敏之さん（当時四八）はＮＰＯ法人・ヒーローズを設立、全国の小・中・高校生にラグビーの楽しさや技術指導を広める「ラグビー寺子屋」を始めた。

　ラグビーは島田知事が東京帝大在学中、野球とともに打ち込んだスポーツであったことは前著で紹介したが。そんな縁もあって「県民の会」の長谷川事務局長は、林に兵庫・沖縄友愛運動への協力も要請していた。

　二〇〇八（平成二十）年、日本最南端の沖縄県立宮古高校ラグビー部の監督から技術指導の要請があり、長谷川は林と日程を調整、日本トランスオーシャン航空と沖縄ツーリストの協力を得て、同年十一月十三日から十七日の五日間、石垣市、宮古島市、那覇市を巡回する「ラグビー寺子屋in沖縄」が実現した。

　十三日は石垣市で八重山商工、八重山農林、八重山高の三校運動部生徒と先生約百人が集い、映像と講演で学んだ。十四、十五日は宮古高校で講演と技術指導、十六日は沖縄市で沖縄県ラグビー協会主催の講演会が開かれ、約四〇人の指導者が学んだ。同夜は林を囲む「沖縄・兵庫友愛交流会」も那覇市内で開かれ、二八人が友好を深めた。

　また沖縄の本土復帰四十周年の二〇一二（平成二十四）年五月には、神戸製鋼ラグビー部の平尾誠二総監督（今は故人）や、同チームの日本代表ＯＢ、現役五人が参加して「ラグビー教室」を同県読谷村で開催、小・中学生約百人が参加するなど、技術指導と交流は現在も続いている。

第十五章　熊本県知事宛て島田親書は何故嘉数家にあったか？

〈感謝感激に堪へざる處に有之〉

前二章で多彩な活動ぶりを紹介した「兵庫・沖縄友愛運動県民の会」の長谷川事務局長が、沖縄との絆を深めた人物の一人に、本稿第六章で顔を出した嘉数昇明・元沖縄県副知事がいる。

二人は、嘉数が沖縄県議会議員を務めていた一九八〇年代、前出の「県民の会」沖縄側発起人の一人だった大城栄禄・沖縄県観光リゾート局長の紹介で知り合い、長谷川が友愛の旅で沖縄を訪ねる度に仲を深め合った。以来、三〇年を超える交流の中で、長谷川は二〇〇七（平成十九）年初めごろ、前年末で沖縄県副知事を勇退したばかりの嘉数から突然、かかってきた息せき切った電話が未だに忘れられない。その内容は、

「島田知事が戦時の熊本県知事に宛てた感謝の手紙そのものが、何故か、父・昇（一九〇二～七四）の遺品の中から出てきたのです。戦中、県議会議員だった父が沖縄戦直前の一九四五（昭和二十）年三月初め、島田知事に頼まれ、沖縄からの疎開者を受け入れてくれていた熊本、宮崎、大分の九州三県知事宛の感謝の手紙を届けに行ったことは以前、お話ししましたよね。私は今回、公職を退き、時間の余裕ができたので、父の遺品を整理していたところ、何と、その時の熊本県知事

さん宛ての手紙の実物が出てきたのです。本来なら熊本にあるはずのものが……」

その手紙は、裏面に大きな明朝体の活字で「沖縄縣」と印刷された規格サイズの公用封筒に入っており、表書きは「熊本県知事殿」と達筆で墨書してあった。

封筒の中には薄手の和紙の罫紙が二枚、折り畳んで入っており、表書きと同じ墨跡の候文《そうろうぶん》で手紙がつづられていた。その筆跡は島田が沖縄赴任前、本土の各所に残していった墨跡とは違うので、島田知事付きの祐筆が書いたと思われるが、懇切丁寧な内容は島田自身の文章と思われる。使っている旧弊な活字は原文のまま、読み易いよう適宜余白を入れ、全文を紹介する。

〈拝啓　時下寒冷の候　益々《ますます》御清昌の段　奉賀候《がしたてまつりそうろう》

陳者《のぶれば》　本縣引揚者の受入保護に関しては　豫《か》ねてより深甚なる御厚配と御指導を辱《かたじけな》ふ致候段《いたしそうろうだん》

誠に難有《ありがたく》感謝感激に堪へざる處《ところ》に有之《これあり》　茲《ここ》に深甚なる謝意を表する次第に御座《ござ》候《そうろう》

嘉数昇明「島田叡氏事跡顕彰期成会」会長

御蔭を以て引揚者も何不自由なき生活を続け　受入各縣に對する感謝と戦力増強の一端に努力致《いたし》居《を》る旨便毎の便りを受け居り　尚《な》ほ今後も便船毎に引揚者の選定を続行致度《いたしたき》存念に有之候へば　何卒萬事宜《よろ》しく御願申上候《もうしあげそうろう》

實は参上御禮申上べき筈の處　縣内の諸情勢は差當《さしあた》り縣外旅行を許さざる状況にあるを遺憾と存じ候

幸《さいわい》　當縣縣會議員　嘉数昇氏　九州出張を機會に貴

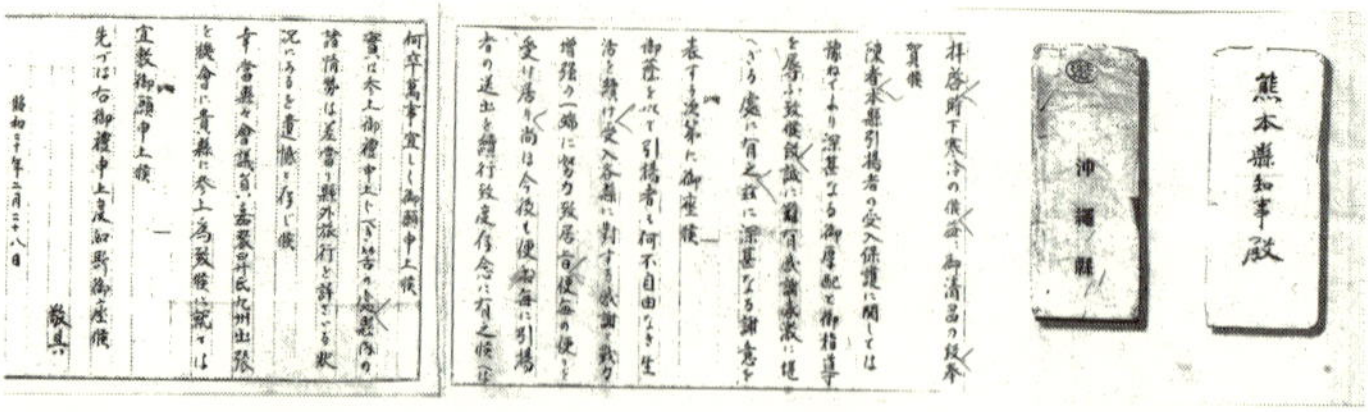

那覇市長田の嘉数家に秘蔵されている熊本県知事宛の島田知事親書（嘉数昇明提供）

縣に参上為致候《いたさせそうろう》に就《つい》ては　宜敷《よろしく》御願申上候
先《ま》づは右御禮申上度　如斯《かくのごとく》御座候

昭和二十年二月二十八日　　敬具

沖縄縣知事　島田叡

熊本縣知事　殿〉

宮崎、大分両県知事宛ての書簡も、似た内容だったと思われる。

苦学力行の嘉数昇・県議

島田の前任知事・泉守紀（一八九八〜一九八四）は一九四四（昭和十九）年十二月二十三日、「現地軍から要請を受けた県民の県内疎開問題を内務省と協議する」との理由で上京、そのまま帰らなかったことから沖縄の官公吏の士気は一気に低下した。本土出身者だけでなく、沖縄出身の議員、役人、識者の中からも県外へ逃れる人が相次いだ。なかには勝手に県議会代表を名乗り、〝お礼参り〟と称して九州へ出かけたまま帰らなかった県議がいたことも前著で紹介した。

そんななかで、嘉数県議がその種のいい加減な人物でなかったことは島田書簡で明らかだが、彼は島田が信頼するにふさわしい経歴の、苦学力行の人だった。

本稿第六章でも少し紹介したように、一九〇二（明治三十五）年三月、島尻郡真和志村字国場《こくば》（現・那覇市）の農家の生まれ。「農家の長男に学問は要らない」との当時の農村の風潮から、真和志尋常高等小学校しか出ておらず、中学課程は後に通信教育で履修した。

それでも持ち前の頑張りで二二歳の一九二四（大正十三）年、真和志村連合青年団長に推され、翌年、沖縄県立農業試験場の助手に採用されている。しかし、長男・昇明が「当時、何の後ろ盾もない若者が名を上げようとすれば、競争の激しい生命保険業界でがんばるしかなかったらしい」と言うように、日本生命保険会社に転職、奮闘を始める。

沖縄県議会議員時代の嘉数昇（後列左から２人目。嘉数昇明提供）

二六歳の二八（昭和三）年、真和志村議会議員に就任、本職の方でも三〇歳の三二（昭和七）年、日本生命沖縄支部長に抜擢されるなど、頭角を現す。

それから一〇年、昭和の戦争に危機的状況が現れ始めた四二（昭和十七）年四月に、島尻郡選出の県議会議員になるが、翌年さっそく、周囲の古参議員を驚かせる行動に出る。時の橋田邦彦・文部大臣に対し、本土との教育の機会均等を求め、「専門学校など高等教育機関の設置」を要求するのである。

序章でも触れたように、沖縄は琉球王国の昔から本土からの度重なる差別と蔑視に苦しんできた。その最たるものの一つが教育制度で、戦前の沖縄に専門学校や大学がなかったことに、それは表れていた。それだけに「新参議員がよくぞ言った」というわけである。

かたや戦争の影響は、嘉数家にも容赦なく襲いかかる。昇明が二歳の四四（昭和十九）十月、家族は父の昇県議を沖縄に残し、大分県へ疎開することになった。しかし、疎開船が出航間際、米軍機による空襲が襲い、疎開者は一旦、下船した。この時、昇の母、つまり昇明の祖母は「どうせ死ぬのなら、生まれ故郷で死にたい」と言い残し、行方不明になった。昇は公務の合間に探し回ったが、南風原《はえばる》方面で目撃証言が一件あっただけに終わる。

やむを得ず残りの一家六人は草深い大分県竹田町（現・竹田市）へ疎開、当主が小学校の教員をしていた旧家・大津家へ身を寄せた。昇明の母も結婚前は中頭《なかがみ》郡の西原《にしはら》小学校の教員だったが、病弱な体に疎開の無理は耐えられなかったのか、昇明が三歳になった疎開翌年に病死してしまう。昇明は「私たちは大津家の蔵で生活していましたが、母の死の床が同家の奥座敷にしつらえてもらえたのはありがたかった」と、目を潤ませた。

島田知事に選ばれた使者

そのころ、昇県議は別の大きな悩みを抱えていた。それは日本生命本社から大分支部長を命じられ、業務連絡のため九州へ行く必要に迫られていたのである。しかし、島田知事が前掲の知事書簡で〈今後も便船毎に引揚者の送出を続行致度《いたしたき》存念有之〉と書いていたように、新たな疎開者の送り出しに県議として奔走している身には、おいそれとは言い出しかねる話だった。

しかし、そんな昇県議の思いを見抜くように四五（昭和二十）年三月初め、約一か月前に赴任したばかりの島田知事から願ったり叶ったりの指示が下る。

「県議会議員として九州に出張、県疎開者の調査、保護に当たると共に、受け入れ県の熊本、宮崎、大分三県庁知事宛て、当県知事からの感謝の書簡を手交すべし」

使者として嘉数県議に白羽の矢が立った経緯を伝える公式記録は、この月末から襲う沖縄戦の戦火や混乱に紛れたのか、県や県立公文書館には何一つ残っていない。しかし、一九八〇（昭和五十五）年以来、島田の心身を追い続ける筆者には、おおむね察しが付く。

島田は一九〇一（明治三十四）年十二月二十五日生まれで、翌年三月十五日生まれの嘉数昇県議より二か月と二十一日だけ〝兄さん〟だが、学校は同学年という親しみを抱いたであろう。しかも自身は神戸二中（現・兵庫高）、三高、東京帝大と一流の学歴で官界入りを果たしたのに対し、学歴らしきものがない同年代の嘉数議員が立場こそ違え同じ県庁内で立派に働いていること、それどころか県民の教育差別に抗《あらが》う姿に、一種畏敬の念さえ抱いたであろう。それが嘉数の本職である生保の仕事も大過なく果たさせてやりたい親心にも似た心情に繋がり、公私入り混じった異例の九州出張を認めることになった、と思われる。

さらに言えば、四五年三月は米軍の制空、制海権が一段と強まり、沖縄―本土間の往き来がいつ打ち切られても不思議でない情勢だった。それを最もよく知る島田が嘉数県議に九州入りを命じたのは、彼がその後の沖縄戦の中で県民に命の大切さを説いてやまなかったことを考え合わせると、得がたい人材を生かすための究極の選択ではなかったか、とさえ思えるのである。事実、昇県議は戦後、それに応えるかの如く、生かされた命を沖縄の経済、教育、医療の発展に捧げるが、それは後で紹介する。

　昇明は父の遺品の中から熊本県知事宛て島田知事の手紙を見つけた時、他に県が父宛てに発行した本土向け「旅行証明書」、国鉄全線の「優待乗車証」も見つけている。ただし、それが疎開民の調査や三県知事への手紙の手渡し、さらには生保支部回りに、どういう順序、コースで使われたかは残念ながらわからない。

疎開者に優しかった熊本県

　島田が熊本県知事宛ての手紙で〈深甚なる御高配と御指導〉と感謝した疎開受け入れ県の対応は、如何なるものであったか。熊本県への疎開体験がある「島守の会」の大城盛昌《おおしろせいしょう》・第八代会長（一九三三～二〇二二）は生前、筆者に熊本の対応のよさを語ってやまなかった。

　大城は沖縄二中（現・那覇高校）の近くにある城岳国民学校の五年生だった一九四五（昭和二十）年二月十五日、県庁に勤める父と兄を残し、同家も母子六人が、島原湾の三角《みすみ》港経由で熊本県若松村へ疎開した。後に沖縄県警科学捜査研究所（略称・科捜研）の所長を二一年間も務める大城は、那覇高校をベスト3で卒業した英才だけに、記憶は鮮明だった。

「四隻の疎開船は、沖縄のいろいろな町や地区の住民を積めるだけ積んで、一週間ほどの航海の後、命からがら三角港へ入りました。ところが、若松村へ行ってみて驚きました。そこにいたのは、城岳校があった島尻郡真和志村楚辺地区の顔見知りの住民ばかりだったからです。私たちが興奮してワアワア疎開先を推し測っている間に、熊本の役所の人たちはわれわれの戸籍簿を調べ、きちんと振り分けてくれていたのです。私は子供心に、熊本の役所は凄いなあ、と感心しました。われわれの疎開先は、お寺でしたが、地区の婦人会の人たちは数日にわたって炊き出しをしてくれました。戦争中のあの深刻な食糧難の時代に、見事な対応でした。若松国民学校へ行くと『空襲続きの沖縄では、勉強が十分できなかっただろう』との思いやりから、四月からの新学期は前学年の繰り返しでした。やがて、八月十五日の敗戦。そのうち外地から復員軍人が、村へ帰って来始めました。各家族が『私たちがここにいるのが、どうしてわかったの？』と尋ねると、こんな答えが返ってきたそうです。『沖縄が米軍に占領された後、県の事務所は九州地方行政協議会の事務局があった福岡県庁に置かれていた、そこへ熊本県から連絡が頻繁に入り、沖縄県民の疎開先は少なくとも熊本県内に関する限り、完全に掌握されていた』と言うのです。私は再び、熊本の行政の素晴らしさに、感動さえ覚えたものです」

ここまで一気に話した大城は「こんな熊本県の温かい対応の大本は、島田知事からの熱心な要請に応えたから、と思うのです」と言葉を継いだ。

「沖縄県庁勤務の父と兄は島田さんが赴任されたその日から、帰宅すると感嘆の言葉を交わし合っていました。『今度の知事さんは、これまでの人とは違う。何ごとも県民第一だ』『しかもこの戦時に、泰然と物ごとを運ばれるところが素晴らしい』と。そんな島田知事の思いを、熊本の行政はしっかり受け止めてくれたのでしょう。私は今でも、自分が疎開した日が四五（昭和二十）年二月十五日だったのはよかった、と心底思っています。何故なら、前月末に着任され、父らの尊敬を集めた島田知事が吸われたのと同じ空気を、たとえ一六日間といえど一緒に吸えたからです」

科捜研所長の聞き込み

大城一家は翌四六年秋、戦火に焼かれ、影絵のように黒ずんだ那覇へ帰った。父は辛うじて生き残っていたが、県の会計課員だった二一歳の兄・盛蔵は腸結核のため、沖縄戦の組織的戦闘が止んで三日後の前年六月二十六日、宜野座の捕虜収容所で誰に看取られることもなく亡くなっていた。また沖縄地方気象台の観測主任だった姉婿の田名宗清《だなそうせい》技手は、艦砲弾の破片で削ぎ取られた背中の重傷の痛みに耐えきれず、同月十八日、避難先の島尻郡伊原（現・糸満市）の道端で、手榴弾で自爆死していた。享年三一だった。

義兄に当たる田名の悲痛な最期の状況を大城が知るのは、何と二〇〇四（平成十六）年六月、筆者が出版した『特攻に殉ず――地方気象台の沖縄戦』（中央公論新社刊。中公文庫に所収）によってである。沖縄戦に参加した同気象台員三八人中、生き残った五人は誰もが辛くて遺族に話せなかったのである。大城は口を歪めて、言った。

「あなたの本が出た年、姉は九五歳で健在でした。しかし、夫の無惨な最期を死後六〇年近くも経って告げるに忍びず、結局、話せずじまいで、姉はこの世を去りました」

時系列を元に戻して、一九五二（昭和二十七）年、大城は前記のように那覇高校を優秀な成績で卒業した。当時は米軍の占領下で、日本政府は沖縄や奄美の優秀な高卒生に限って学費免除、生活費支給で本土留学を奨励した。大城はこれに応じ、まず気象学を志望したのは姉婿の遺志を継ごうとしたのだと言う。しかし、この制度では大学や進路の選り好みは認められず、この年の琉球列島からの三三名は、宛行扶持《あてがいぶち》の国立富山大学薬学部に学んだ。

四年間の留学生活を終え、沖縄へ帰った大城らの同期生は五六（昭和三十一）年四月、琉球政府から各地の病院や診療所の薬局勤務を命じられた。だが、薬品の分析に秀でていた大城は、琉球警察本部の鑑識課に配属された。

科捜研が東京、大阪、福岡などの大都市に続いて六八（昭和四十三）年、沖縄にも開設されると、大城は一番に引き抜かれた。沖縄は在日米軍から寄せられる鑑定依頼にも応じなければならない重要な任務があり、四七都道府県の中では開設は早い方だった。

「島守の塔」に参列した大城盛昌・島守の会副会長（撮影時）。左は川上ヨシ事務局長、右は照屋照子監事（島袋愛子提供）

以来、大城は科捜研一筋。任務の困難さに伴う後継者難もあり、最終の所長勤務は前記のように二二年の長きに及んだ。その後、五八歳から六二歳までの五年間は、危険物消防設備士国家試験を担当する消防試験研究センターに籍を置き、三九年に及ぶ公職に終止符を打った。大城は言った。

「公務に打ち込んだお手本は、少年時代に熊本疎開で体験した行政への信頼と感謝でした。それだけに熊本の行政マンは何故、あんなに疎開民に優しかったのだろうか？　と私、後に知り合った熊本の科捜研や県警の知人に尋ねました。すると、異口同音に、こんな答えが返って来ました。『当時の曽我梶松《そがかじまつ》・知事の施政方針です。あの人は官僚の後輩である島田知事が沖縄戦で殉職されたのを知ると、自身宛てに届いていた島田さんの親書を遺品として使者の人に返されたほど、思いやりのある人だったと聞いています』」

この章の冒頭で紹介した島田知事が熊本県知事に出した感謝の手紙が、使者の嘉数昇県議の遺品の中から出てきた謎は、思いがけなく、こんな形で解けた。曽我知事は沖縄戦が始まって嘉数県議が沖縄へ帰れなくなり、家族が疎開している大分県竹田町へ合流していたのを調べ、部下に届けさせたのである。

筆者が大城からこの話を聞いたのは、忘れもしない二〇一三（平成二十五）年三月二十六日の昼過ぎ。取材のため滞在中の那覇市内のホテルへ、朝から訪ねて来てくれた時である。双方とも午後の予定が入っており、「原稿を書くまでに熊本のお知り合いのところへ直接、取材に行きたいと思いますので、近いうちに会うべき人のリストをください」「ああ、いいですよ」と約束して別れたのだが、残念ながらそれは実現しなかった。

大城会長は前年暮れから、愛妻の病気介護に追われていた。福島県会津若松市出身の夫人は富山大学薬学部の三年後輩で、留学中の大城先輩と相思相愛の仲になり、自身が卒業と同時に那覇へ追っかけてきて結婚した。一人娘のお嬢さんも那覇高校卒の最後の留学生で、東京医科歯科大学卒の歯科医という、人も羨《うらや》む医療一家だったのだが……。

多忙な会長職と夫人の介護の両立は厳しかったようで。大城会長は筆者が会って五か月後の八月三十日、突然亡くなられた。享年八〇だった。

島田知事の要請に応えた曽我・熊本県知事

　有力なニュースソースを失った筆者は、困った。今回、疎開の故事を所管する熊本縣社会福祉課援護恩給班に相談したが、七三年も前の県政に関わる心の襞《ひだ》に入り込むような話だけに、証言者の確定は難しかった。そこで筆者は曽我梶松知事（一八九六～一九六八）が疎開に関し自らの考えを書き残していないか、を探ることに方針を変えた。

　すると同課は、曾我の友人知己が逝去の二年後、出版した『会うことと別れ――曽我梶松先生の遺稿集とその人への追憶』と題する追悼冊子があること、その本は曾我の母校である京都大学の文学部研究科図書館が所蔵していることを教えてくれた。熊本県は、やはり優しい。

　この本によれば、曽我は瀬戸内海に浮かぶ愛媛県の大三島《おおみしま》出身。前記書籍の題字は同郷の文化勲章受章者で、日本書芸院理事でもあった書家・村上三島《さんとう》（一九一二～二〇〇五）が筆を振るっていた。私事で恐縮だが、筆者は旧制中学時代、この先生に書を教わったことがあるのも、何かの因縁だろう。

　それはとにかく、曽我は愛媛県立師範学校を出て一年間、郷里の小学校の教壇に立った後、京都帝国大学（京大の前身）経済学部に進学した変わり種。在学中の一九二二（大正十一）年、高等文官試験（略称・高文）に合格、同二四年、内務省に入っている。かたや島田知事の高文合格は同二五（大正十四）年、荒井警察部長のそれは同二七（昭和二）年なので、曽我の方が三～五年先輩に当たる。

島田や荒井が主に警察畑を歩んだのに対し、曽我は国民の福祉向上を旨とする厚生行政に従事しており、それが疎開民に対する優しい諸施策を生んだと思われる。ところが、前記追悼冊子中の遺稿のどれを見ても、何故か疎開についてはまったく触れていない。一方、友人知己の追憶文を繰っても、やはり疎開は出てこない。曾我をよく知る高見三郎・衆院議員や平井章・東京厚生年金会館長（いずれも故人）らは、温情あふれる思いやりのある人柄、芯に一本筋金の入った硬骨漢との評を異口同音に語っているのだが……。

曽我は終戦の四五（昭和二十）年十月まで熊本県知事を務めた後、福岡県知事に栄転したが、就任三か月足らずの翌四六年一月、日本を占領したＧＨＱ（連合国軍最高司令部）による公職追放令で職を追われた。同司令部が戦後の民主化政策の一つとして、戦争に協力した軍国主義者、国家主義者とみなした人物を政、官、財界、言論界から追放したもので、五二（昭和二十七）年七月の対日講和条約発効による解除まで六年半続いた。

この間、曽我は郷里の大三島に帰り、ミカン作りに従事するのだが、疎開民のためを思ってやった数々の行為が世界に名だたる民主主義国から戦争協力と断じられ、十把《じっぱ》一絡《ひとから》げに軍国主義、国家主義的行動と見なされたのが、よほど悔しかったのだろう。以後一切、疎開について語るのを止め、それを察した友人知己も論評を控えたと思われる。

追放解除の翌五三年、社団法人・全国社会保険協会連合会（略称・全社連）が創設されるとさっそく、専務理事に就任、その後、六七（昭和四十二）年、全社連を去るまで理事長として会の運営と社会保険病院経営に尽力した。翌六八年四月、大阪市西区新町に新設された大阪厚生年金会館（現・

オリックス劇場）初代館長に任ぜられたが、開館一〇〇日目の同年七月二十日、胆石による激痛のためショック死した。享年七二だった。

それにしても沖縄県民の熊本疎開に温かい手を差しのべた曽我・元知事が疎開について一言も語らず急逝、その恩恵を自身の仕事に生かした「島守の会」の大城・前会長も、それについて一文も残さず亡くなったのは、ドキュメンタリーを追う筆者としては残念でならない。

両知事の薫陶を胸に刻んだ嘉数県議

沖縄で戦時行政のあるべき姿を島田、荒井両氏から、熊本で疎開行政のそれを曽我知事から学んだ嘉数昇県議の場合はさっそく、敗戦三か月半後の四五（昭和二十）年十二月一日、疎開先の大分県竹田町で行動を起こす。

「九州在疎開沖縄県民の生活救済に関する意見書」を何と、ダグラス・マッカーサー連合国軍最高司令官（一八八〇〜一九六四）はじめ、日本政府の内務、厚生、大蔵各大臣及び沖縄県の内政部長宛てに具申したのである。戦中の県議就任翌年、前記のように本土との教育格差を文部大臣に訴え、同僚議員を驚かした人の、戦後の第二弾だった。

その内容は、九州へ疎開中の沖縄県民の物心両面にわたる窮状と対策を総論的に訴えた「趣旨」に始まり、早期帰還の督促、貧困疎開民の援護、集団疎開に苦しむ学童の救済、自身の仕事関連では戦争で瓦解した各種保険事業の再構築など一〇項目に及んだ。

その甲斐あって、疎開民の沖縄帰還は四六年から始まり、嘉数県議一家もその秋、長崎県佐世保港—沖縄本島中城《なかぐすく》村の久場崎《くばさき》港経由で真和志村へ帰った。

意見書の効果は、なお続く。長男の嘉数昇明・元沖縄県副知事は言った。「日本生命の沖縄支部長だった父は、当時の米軍政府から生命・労災保険事業を復活したい、との諮問を受けました。米軍政下で働く県民に、その必要が生じていたからです。両保険合わせ一億数千万円の契約高があった沖縄の保険事業は、沖縄戦で雲散霧消していましたから」

それをきっかけに昇県議は一九四九(昭和二十四)年、琉球生命保険相互会社を創設、取締役社長に、また六三(同三十八)年には、それまで沖縄にはなかった人間ドックを主体とする医療法人・琉球生命済生会琉生病院を創設、理事長に就任した。

生保事業を軌道に乗せる傍ら、かねてからの念願であった教育事業に乗り出す。五六(同三十一)年、財団法人・嘉数学園を創設、理事長に就任し、翌年から立て続けに私立沖縄高等学校、沖縄短期大学、四年制の沖縄大学を開学した。また六六(同)年には学校法人・嘉数女子学園を創設している。

この間、私学創設の功績により「沖縄タイムス文化賞」を受賞、沖縄私立学校協会会長、沖縄経営者協会会長にも推されるなど、沖縄の経済、教育、医療に大きな足跡を残した。

嘉数・元沖縄県副知事の宝物

昇県議初当選の四二(同十七)年に長男として生まれ、長じて父の後を継いだ昇明・元沖縄県副知事は、県議時代の一九九五(平成七)年、疎開先だった大分県竹田町の大津家をお礼訪問、個人レベルの交流を始めた。また戦後六〇年の二〇〇五（同十七）年には、稲嶺恵一知事（一九三三〜）の副知事として、疎開先三県でお世話になった人々を那覇に招き、感謝の夕べを開くなど連帯を強めた。昇明は言う。

「胸のつかえが下りる心境でした。ところで終戦直後の意見書に始まる父の働きは、島田知事から九州への使者に選ばれ、親書を託された時から始まりました。父は身近な存在ですが、超えることができない立派な人物と尊敬しています。しかも、その発端となった親書がわが家にあるなんて、こんな幸せなことはありません」

だから彼は親書を発見した二〇〇七年六月、沖縄のグラフ雑誌の連載もの「私の宝もの」への登場を促された時、〝慰霊の六月〟にふさわしいお宝として、一も二もなく還ってきた熊本県知事宛ての島田親書の全文を封書とともに提供、反響を呼んだ。

ところが、添付された記事は肝心の親書を「複写とみられている」と紹介、せっかくの話題を掘り起こしながら、九仞《きゅうじん》の功を一気に欠いた。その記者には島田・曽我両知事の心のふれあいは、想像を絶する出来事だったのであろう。前出の長谷川「県民の会」事務局長は「現在のようなコピー機がない時代なのに、どうしてそんな発想ができたのかなあ」と首を傾げた。

父の思いを受け継いだ昇明・元副知事は、そんなことには関わりなく、なお島守顕彰へと突き進む。

第十六章　父の無念を受け継いだ島袋愛子「島守の会」事務局長

大先輩の薫陶を受け

栃木から沖縄への友愛交流の先駆けとなった齋藤・前宇都宮高校長夫妻を、いち早く温かく出迎えたウチナンチュは、「島守の会」の島袋愛子・第六代事務局長であったことは第六章で紹介した。

その熱心さは戦中生まれを思わせるが、彼女は戦後の一九四七（昭和二十二）年生まれである。沖縄県がまだ米軍政下にあった六六（同四十一）年、県立那覇高校を卒業、琉球政府の職員に採用された。最初は法務局や建設局に配属されたが、本土復帰・沖縄県復活四年目の七五（同五十）年から県の生活福祉部援護課勤務になり、以来一九九三（平成五）年、一身上の都合で退職するまで戦没者の慰霊・追悼や遺族のケアに打ち込んだ。

援護課勤務になったころの同課恩給係長は戦争末期、島田知事が沖縄へ赴任した日から秘書官として仕え、島田に心酔するがゆえに最後まで行動をともにすることを願った嘉数安全（戦後、徳田と改姓、後に「島守の会」二代目事務局長。故人）。しかし島田は「君たちは若い。生きて沖縄再建に力を尽くしなさい」と同意せず、九死に一生を得た人である。また同係には徳田の右腕として援護行政に力を尽くした五〇歳代半ばのベテラン女子職員・川上ヨシ（後に「島守の会」五代目事務局長、一九二一～

二〇一二）がいた。この環境が島袋愛子に川上の次の事務局長を務めさせるなど、彼女の生き方を変えることになる。

川上は一九三八（昭和十三）年から沖縄県庁に勤め、戦後は沖縄諮詢《しじゅん》会（終戦の日、米軍政府の指導で本島中部・石川市の民間人収容所内に作られた中央政府設立のための準備機関）、それを母体に南部の知念村（現・南城市）に設けられた沖縄民政府、さらに那覇市内にできた沖縄群島政府、琉球政府、さらには本土復帰後の沖縄県と、戦前戦後の沖縄の行政機関に漏らさず籍を置いた生き字引的存在だった。

この間、川上は戦没者や遺族の援護はもちろん、乏しい食糧対策、泡盛などの地場産業育成、戦争で雲散霧消した恩給の復活など県民の生活に深く関わる業務に力を注いできたようだが、この人もまた謙虚な人で、自らの働きについては生前、多くを語らず、手記一つ残していない。そこで愛子が出会ったころ、目の当たりにした援護課での様子を聞いた。

1977（昭和52）年、沖縄県生活福祉部援護課勤務当時の島袋愛子

「今は県を挙げ、会場作りもすべて外注で盛大に行っている六月二十三日の沖縄全戦没者追悼式は、開催場所こそ現在と同じ摩文仁の丘の広場で開いていましたが、すべて職員の手作りでした。祭壇はベニア板を買ってきて、男子職員十数人が三日前から作りました。黒と白の鯨幕《くじらまく》作りは私たち女子職員の仕事で、でき上がると男子職員が祭壇に画鋲《がびょう》で貼りめぐらしてくれました。川上さんの仕事はもっぱら、知事部局から届く弔辞や挨拶文の清書でした。私の席は課

の片隅の閑散とした場所でしたが、そこへ川上さんは和紙の巻紙や硯箱《すずりばこ》持参で『愛子さーん、手伝ってー』と明るく声を掛けながら、移動して来られました。和紙を七センチ幅に折り、所定の長さに仕立てる用紙作りは、私の仕事でした。できると、川上さんは一字一句間違えないよう清書されましたが、これが格調高い達筆でした。字を間違えると『愛子さーん、紙を張ってー』の注文があり、そこに紙を切って貼り、書き直しです。書き上がると、二人で読み合わせをしました。このようなことから川上さんとのお付き合いは始まり、私が知らなかった戦争に関わるたくさんの事柄を学びました」

川上は何ごとにも熱心な愛子を、自身の後継者として早くからめっこを入れていたようだ。

熱血記者の娘

もっとも愛子の方にも、徳田や川上からの教えをすんなり受け入れる素地は十二分にあった。と言うのは、宮古島出身の彼女の養父・池間利秀《いけまとしひで》（一九一三〜六七）は同三三（昭和八）年からの新聞記者で、その熱血漢ぶりを島田知事の先々代に当たる官選第二十五代沖縄県知事・早川元《はやかわはじめ》に見そめられ、戦中の四三（昭和十八）年七月、沖縄県にスカウトされた県職員の大先輩だったからである。

池間は終戦直後、前出の沖縄諮詢会に籍を置き、石川市へ通っていたころ、同市出身の愛子の母と知り合い、結ばれた。池間は娘三人、愛子の母は息子と愛子を連れ、お互いに再婚だった。これによって池間家は七人家族になり、愛子は四女になるのだが、それは彼女が二歳で、物心つく前だったのと、池間の大らかさに包まれ、何の違和感もなかったようだ。新聞記者出身の池間は終生、関心あるニュースのスクラップ作りを欠かさなかったが、愛子は小学六年生ころから、その貼り役、綴《と》じ役を任されていたというから、父娘の好もしい間柄が窺える。やはり記者出身の筆者には、興味津々の人物である。

池間はもともと、一九三一（昭和六）年創刊の「沖縄日報」の記者だった。ところが、戦中の四〇（昭和十五）年十二月、軍部は報道管制や新聞用紙難対策として一県一紙の新聞統合を断行、「沖縄日報」もライバル紙の「琉球新報」（一八九三＝明治二十六年創刊の沖縄最初の新聞。現在の同名紙は戦後発行の別会社）や「沖縄朝日」と合併して「沖縄新報」となり、池間も同社へ移った。両社を通じ主に政経部に所属、記者時代に官選二十四代の淵上房太郎、早川元の二知事を取材、県職員になってからは泉守紀、島田叡の二知事に仕えている。

島袋愛子の養父・池間利秀

記者時代の豪放磊落《ごうほうらいらく》ぶりは戦後の六〇（昭和三十五）年十月、「八重山タイムス」に連載した「記者の頃の恥さらし」と題した体験記で、タイトル通りあけすけに告白しているが、初回に登場するのは那覇港近くにあった高級料亭・風月楼玄関での〝行水事件〟である。

日報記者時代の師走の寒夜、池間は那覇市西本町の本社で夜勤中、淵上知事から電話で「今、風月楼にいるが、飲みに来ないか」と誘われた。ところが、その夜はあいにくの土砂降りの雨。社の車は出払い、手元不如意でタクシー代も、傘もないまま逡巡していると、時間ばかりが無為に過ぎる。「えーい、ままよ」と雨中へ駆け出し、南数百メートルにある北明治橋を渡ってすぐの所にある風月楼へ、ずぶ濡れで辿り着き、案内を乞うた。

　ところが、出てきた数人の日本髪の芸者衆はジロジロ眺めるだけ。「知事はいるか。水を入れた盥《たらい》と丹前を持って来てくれ」の池間の大声で初めて、この〝濡れ鼠〟が知事の賓客とわかったようで、水を湛えた太盥《たらい》をお手伝いさんが三人がかりで運んできた。

　これら女性陣が見守る中で、池間はまず臍下丹田《せいかたんでん》に力を入れ、深呼吸をしてから着替えにかかった。ずぶ濡れの背広上衣、煮しめた昆布のようなネクタイ、薄汚れたワイシャツ、雨水で鳴る靴と靴下を脱ぎ捨て、行水で足を洗ってから、ふかふかの絹丹前を羽織ると、その陰でズボンを脱いだ。下のフンドシもボトボトだったが、さすがにこれを脱ぐ勇気はないまま、知事が待つ奥の離れ座敷へ。右に左に折れ曲がる長い廊下に、濡れた髪とフンドシの雫《しずく》をまき散らしながら、知事の席に辿り着いた

「遅いじゃないか」と詰《なじ》る淵上知事に、大雨で濡れ鼠になり、玄関先で行水と着替えに二〇分もかかったことを告げると、「記事を見て一人前の男かと思っていたが、融通の利かない子供なんだな」と笑われ、「着払いのタクシーか人力車にでも乗って来て、僕に払わせればよいものを」とまで言われた。新聞に書くのをネタに相手を強請《ゆす》る〝新聞ゴロ〟が横行した時代だが、池間は真っ当な記者だった。

悲憤慷慨記事で胸を打つ

三〇歳で新聞記者から県職員にスカウトされた経緯も、この連載の中で書いている。「沖縄新報」で本島北部の取材を担当した国頭支局長時代の一九四三（昭和十八）年早春、当時の早川知事は北部の離島を視察することになり、池間は那覇の本社から同行取材を命じられた。

十数人の知事一行は本部半島本部《もとぶ》港発のポンポン船で伊是名《いぜな》、伊平屋《いへや》など五つの離島を巡ったが、交通事情は悪い。各島では地元が用意した馬にまたがり、草鞋《わらじ》履きで視察する三泊四日の強行日程だった。

初日の伊是名島で日中の視察、夕方からの歌舞音曲入り歓迎の宴が果てたのは深夜。池間はそれから、翌朝、那覇行きポンポン船に託す随行第一信を自室で書き、寝たのは午前三時ころだった。二日目朝、伊平屋島へ向かう船中でうつらうつらしていると、早川知事から呼び出しがかかった。

知事の元へ行くと、いきなり「池間君は原稿を書く時はいつも、泣いたり怒ったりしながら書くのかね？」と聞かれた。前夜の原稿は離島からの第一信を力ある内容に、と家長が出征した後、妻子で田畑を懸命に耕す健気な島民一家を取り上げたのだが、宴席でのアルコールの力も手伝って哀れさにホロリとし、理不尽さに腹立たしくなったのも確かだった。

それにしても知事がどうしてそんなことを知っているのか？　と訝《いぶか》り顔の池間に、早川は説明した。「夜半、用足しに行く時、君の部屋に明かりがともっていたのでガラス越しに覗《のぞ》くと、君は涙を流しながら原稿を書いていた。ところが、帰りにまた覗いたら、今度はブツブツ文句を言いながら、怒った怖い顔で書きなぐっていたのでね」

早川知事は四六時中、当時「国防色」と言われたカーキ色の国民服姿で通したことで知られる戦時型官僚で、戦時日本の最大の難問であった食糧難対策に頭を痛めていた。四二（昭和十七）年公布の食糧管理法により、成人一人一日当たりの主食の配給量は三三〇グラム（米二・三合）、副食物の野菜は同八二・五グラム（二二匁《もんめ》）の乏しさで、増産が国を挙げての急務だった。それだけに早川は、翌日の紙面で読んだ池間原稿に大いに共鳴したようだ。

那覇へ帰ると、池間の県庁入りを口説き落とした。用意したポストは「農業報国会沖縄県支部主事」という物々しいもので、農務課の中心にデスクを設け、県の土地改良や食糧増産対策に集中的に当たらせた。

ところで農業報国会というのは、日中戦争が長期化の様相を見せ始めた一九三八（昭和十三）年秋、時の第一次近衛文磨内閣が提唱した組織で、二年後、第二次近衛内閣が新体制運動を推進するための国民統制組織「大政翼賛会」を結成すると、その傘下に入った。以後三年の間に、食糧増産のためのいくつかの施策を実行したが、奥の手で打ち出したのが「甲種食糧増産隊」だった。

全国の農村で国民学校（四一＝昭和十六年から四七年までの小学校の呼称）高等科を卒業したばかりの一五、六歳の少年ばかりを集めて訓練を施し、精鋭部隊を編成する。これを手の足りない農村へ随時出動させるという、いわば〝農村機動部隊〟である。

四五（昭和二十）年一月三十一日、沖縄へ赴任した島田知事は、二月の人事異動でさっそく、池間を沖縄食糧増産隊の隊長に任命した。自身もかつては新聞記者志望だった島田は、池間が熱血記者上がりであるとの早川知事以来の引き継ぎにより、彼を最適任と見たのであろう。

沖縄少年農兵隊長

食糧増産隊はその後、「少年農兵隊」という通称の方が有名になる。隊員がそう呼び合っただけでなく、官公庁間の連絡文書もその名を用いた。隊の綱領第一行に「我等は皇国の少年農兵なり」とあったのが発端だが、この呼び名には組織の性格がいみじくも滲み出ていた。

隊は、徴兵や徴用によって極度に乏しくなった農村の労働力を、少年たちの力で補おうとしたのだが、その少年たちは少年航空兵や少年戦車兵に憧れ、農村をどんどん飛び出していた。このまま放置すれば、農村は女子か小学生以下の幼年者ばかりになってしまう。そこで大政翼賛会で考え出したのが、「農兵」という言葉だった。「航空兵や戦車兵ばかりが兵ではない。農兵もまた祖国の危機を救う尊い戦力なのだ」と訴え、農村に留まらせようとした。

このキャッチフレーズは、抜群の効果を発揮した。当時の農商務省の統計によれば、隊員数は初年度・四三（昭和十八）年の約四千人から四四年度は約三万人、四五年度には約九万人へと飛躍的に増えた。つれて編成も訓練もすべて軍隊式となり、時には分列行進や農相による査閲など、軍隊調をことさら強調した。

ところで隊員はどういう装備や作業状況に置かれていたか？　前記の動員数の割には少年農兵隊の実相は、昭和の戦史の中でほとんど伝わっていないが、沖縄少年農兵隊の池間隊長が四五年二月十二日付けで農業報国会宛てに送った通信文が残っている。

漢字と片仮名混じりの約一八〇〇字の長文なので概略を紹介すると、隊員は教官三六名を含む六四〇名が沖縄本島北部の国頭郡名護町東江原《あがりえばる》の山奥に掘っ立て小屋を建て、展開していた。作業は大部分を開墾にあて、大豆や甘藷、水稲の栽培に追われたが、傍ら山岳地帯に立てこもる場合の陣地づくりも怠りなかった。農機具は那覇市内の空襲の焼け跡から拾い集めてきた鉄屑を使い、代用品の鍬《すき》や鎌を作った。

服装は着たきりの国民学校高等科の詰襟の制服で、運動靴を履きつぶした隊員が多く、大半が裸足だった。寝具は穀物を入れる稲藁製の叺《かます》を、各自が一枚ずつ確保していた。一人一日の食糧は米一合五勺と藷一斤だけで、食塩、味噌、醤油などの調味料は一切なく、各小隊が交代で運び上げる海水だけで代用した。食器は缶詰の空き缶か、青竹の一節。池間は文末に「追伸」として、こう付け加えている。

「隊員諸君ノ今後ノ活動ブリニツイテモ種々御報告致シタイト存ジマスガ、或ハコレガ最後ノ連絡ニナルヤモ知レズ、誠ニ申シ訳アリマセン。万一ソウシタ場合、最後マデ頑張ッタ事ダケハ御認メ下サッテ、九百名ノ子供等（三月以降九百ノ予定デアリマス）ヲ褒メテ下サイ（以下略）」

戦時の懊悩の果てに

果して、池間隊長からの通信はこれが最後になったばかりか、終戦直後の沖縄諮詢会、翌四六（昭和二十一）年五月、沖縄民政府総務部調査課の事務官になってからも、少年農兵隊を含む戦時のことはほとんど話さなかった。

そんななか、前記のように小学六年生になった五九（昭和三十四）年ごろから父のスクラップ作りを手伝い始めた愛子は、自身に近い年代の少年たちが必死で働いた少年農兵隊に無関心ではいられなかった。

実を言えば前節で紹介した池間隊長の貴重な通信文は、東大の林茂、安藤良雄・両教授ら錚々《そうそう》たる執筆陣が、六二（同三六）年発行の「週刊読売」（残念ながら現在は廃刊）に連載した『日本終戦史』の第十八回「玉砕した少年農兵隊　ある食糧増産の断面」（十二月十七日号所収）からの引用だが、六ページにわたる同連載のスクラップを保存しておいてくれたのは、他ならぬ愛子である。少女時代、父に命じられるまま那覇市の自宅で、畳針で綴じたスクラップを五七年ぶりに筆者に提供してくれたのである。

それに懊悩《おうのう》逃れからか、酒を手放せなかった父が晩酌《ばんしゃく》の時、ついポロリと漏らした少年農兵隊員に関する話の断片も、余さず耳の奥に止めてくれていた。

「父は沖縄戦の組織的抵抗が止む四五（昭和二十）年六月二十三日まで、一〇〇人ぐらいの少年たちを連れて山原《やんばる》（本島北部の総称）にいました。それについては、糸満さんという会計担当隊員の証言もあります。島田知事と荒井警察部長は、本土や台湾へ疎開できず、本島にとどまった県民をなるべく多く、北部へ疎開させる考えでしたから、その食糧対策だったのです。でも戦況が悪化した五月中旬から、父はたくさんの少年を教官の護衛付きで親元へ帰したようです。南部の子だったでしょう。でも沖縄戦末期、南部は殺戮の地になります。それまでに空襲などの犠牲になった子らも含め、それらの少年たちの運命を考えると、父はいたたまれなかったのでしょう。五四歳で亡くなる直前、そのころの心境を初めてチラッと漏らしました。『死にたくなって、空襲のさなか、畑の中に上半身裸で寝転んで、弾が来るなら来い、当たってもいい、と思っていたが、当たらなかった。そんなものだねえ』と」

前出の農業報国会への通信文で六四一名とも九〇〇名とも告げた隊員の内、最後まで行動をともにした約一〇〇人以外の隊員の動向や安否についても何も語っていない。だから前出の『日本終戦史』も、その点は明確でない。タイトルに「玉砕した少年農兵隊」と謳《うた》ったほどだから、かなりの犠牲者は出たのだろうが……。

戦後、沖縄県議会議長を務めた平良一男は戦中、隊の教官だったと愛子から聞いて、筆者はうるま市の同家に電話したが、二〇一七年九月に九〇歳で亡くなっていた。家族の話では、この人もまた生前、農兵隊については何も話さなかったと言う。

戦中について黙して語らなかった池間の懊悩は、戦後の彼の履歴にも表れている。前記の沖縄民政府は二年五か月在籍しただけで依願退職、四八（昭和二十三）年十月、沖縄毎日新聞社の編集局長に迎えられた。自由闊達なジャーナリズムへの回帰だったと思われるが、同社もわずか半年で依願退職、自ら月刊雑誌「琉球経済」を発刊している。

しかし、経営は楽ではなかったようで、印刷会社も兼業した挙句、一九五二（昭和二十七）年、琉球政府が発足すると、比嘉秀平《ひがしゅうへい》・初代行政主席（故人）に乞われ、情報局弘報課長（後の主席官房情報課長）に迎えられた。戦後、米軍政下であえぐ沖縄県民のために働くことで、戦中の借りをいくらかでも償おうとしたのだろうか。

その後、中央労働委員会事務局長を務めたり、行政機構改革に熱心だった松岡政保《せいほ》・第四代行政主席（同）の下では行政監察課長に任ぜられたり、と重用されたが、懊悩を酒に紛らす長年の生活から肝臓癌を患い、六七（昭和四十二）年の大晦日《おおみそか》、五四歳で亡くなった。

こんな生い立ちを持つ島袋愛子は、養父を懊悩の淵に追い込む人事を発令した島田知事への思いを改めるのに、六〇年余の歳月を要している。県を退職後も援護課ＯＢとして手伝っていた財団法人「島守の会」が二〇〇七（平成十九）年七月、映像記録『島守の塔』制作へ動き出したのが、きっかけだった。

第十七章　記録映像『島守の塔』がもたらしたもの

DVDビデオ制作秘話

二〇〇七（平成十九）年七月、沖縄県公文書館は沖縄県史編集委員で、沖縄国際大学の大城将保《おおしろまさやす》教授（六八）を講師に、「戦後行政ゼロからの出発」と題する勉強会を三週連続で開き、延べ六〇人余の参加者が前出の沖縄諮詢会に始まる戦後の行政が果たした役割について学習した。大城に乞われて元・諮詢会職員だった「島守の会」の川上ヨシ事務局長も島袋愛子を誘って参加、往時の体験を話した。

勉強会の後の雑談で、公文書館の久部良《くぶら》和子・主任専門員（四八、元・県立博物館主任学芸員）が川上と愛子に話しかけた。

「島守の会は会員の高齢化で、所蔵されている膨大な資料の管理が大変だろうと思います。私どもに寄贈してくださったら、こちらで分類・整理しまして、閲覧に供します。それを機会に、会設立当時の事情や背景にあった沖縄戦の実情に詳しい長老会員がお元気な裡《うち》に、映像記録を作っておかれたらよいと思います。脚本・撮影・編集などは現在、公文書館所蔵の映像資料に解説文を付けるボランティア活動をしてくださっている元ディレクターの仲松昌次《なかまつまさじ》さんにお願いされるのがよいと思いますよ」

久部良は前年九月、愛子が亡父の遺品である「昭和十八年度　食糧増産決戦記」のタイトルが付いた写真アルバム（沖縄少年農兵隊の写真三五点を収録）を公文書館に寄贈した時、「これまでにない貴重な資料」と大いに歓迎し、懇切丁寧な応対をしてくれた人。「島守の会」も戦中・戦後史料の宝庫と睨《にら》んだようだ。

この提案を受け、「島守の会」は同年十月、まず、かねてからの懸案であった資料を公文書館に寄贈することを決めた。ついで同館が所蔵していた糸満漁夫の生活を描いた映像記録「海の民」を借りて理事向けの鑑賞会を開き、映像の力を改めて確認すると、島守の塔建立や「島守の会」結成の経緯、その背景にある非戦への強い思いを、戦争を体験した会員の生の映像で後世に伝えるDVDビデオの制作を決めた。

当時の新垣進松・七代会長（故人）以下役員、理事一一人による企画委員会を作り、制作実務の担当者には、本稿第十五章で〝島田親書里帰り〟の謎解きをしてくれた大城盛昌・副会長（当時。後の八代会長）、川上事務局長、その秘書役として島袋愛子を選んだ。

三人はまず、第七章で紹介した島守の塔と「島守の会」の発起人・浦崎純の著書『消えた沖縄県』などを改めて精読、会員は沖縄戦の間、どう行動したか、戦後の塔建立や会の発足にどう貢献したか、を探る作業から始めた。その傍ら同年十一月十四日には久部良の紹介で、仲松ディレクター（六三）と公文書館で初めて会い、ビデオ制作と脚本の執筆を正式に要請、快諾を得て、制作予算を話し合う素早さだった。

仲松は琉球大学史学科を出てNHKに入社、好評番組「日曜美術館」「ETV特集」などの制作で腕を振るった人。沖縄戦関連では、NPO法人「子供たちにフィルムを通して沖縄戦を伝える会」（通称・沖縄戦記録フィルム1フィート運動の会）が市民のカンパで一九八三（昭和五十八）年以降、アメリカ国立公文書館などから入手したフィルムを駆使しての「1フィート映像でつづる『ドキュメント沖縄戦』」や「平和への祈り～ひめゆり学徒の証言」などを制作した腕利きである。

このころはNHKを二年前に退職、郷里の沖縄へ帰り、公文書館が所蔵していた映像資料の解説文作りにボランティアとして励んでいた。映像を生きた歴史の証言者として甦《よみがえ》らせることを命題にしていたから、久部良が言うようにビデオ制作の最適任者と言えた。

彼もまた浦崎本など史料精査に熱心だったが、筆者が二〇〇三年四月に刊行、同六年七月に文庫化した著書『沖縄の島守――内務官僚かく戦えり』も参考文献に加えてくれた。それを愛子から聞いた板良敷顧問もすでに拙著を読んでおり、賛意を表してくれた。さらにそのころ、愛子が持っていた拙著について、大城副会長が「随所に索引代わりの符牒を挟むものだから、背綴《せと》じがはじけはせんかと心配になるぐらい文庫本が丸々太っていましたよ」と笑いながら教えてくれたことも合わせ、筆者には何とも嬉しい話であった。

これらの参考文献を精読することによって、愛子の島田観は一変した。「島田知事は時に当時の国の方針であった戦意高揚を口にしつつ、他方で常に県民の命と安全に思いを馳せた凄い人だった、ということを初めて知りました。本土や台湾へ疎開できず、沖縄本島に留まらざるを得えなかった県民は、一人でも多く北部へ疎開させ、身の安全を図ってやりたい考えでしたから、少年農兵隊はこの人たち向けの食糧調達要員だったのです。父はそんな重責を負わされていたのだ、と初めて気付きました」

映像による島守顕彰

仲松、久部良の協力と「島守の会」実務スタッフ三人の努力で、脚本の大筋は年内にまとまり始めた。『島守の塔物語』の仮題も決めた。しかし、その間、会員からは議論百出。それらをすべて踏まえた脱稿を待っていては、制作開始が遅れる。そこで仲松が自身のハイビジョンカメラを駆使しての撮影は、撮れるところから撮り始めることになり、島田知事が沖縄に赴任した一九四五（昭和二十）年一月三十一日に因んで、六三年後の二〇〇八（平成二十）年の同じ日からスタートした。

ところが、この日はあいにくの雨で、撮影は早々と中断。冒頭から語り部を務める大城盛昌副会長は翌日も寸分違わぬ服装を求められるなど、映像記録の多種多様な苦労が始まった。

ここで、このビデオをまだご覧でない読者のために、映像を文字で紹介する愚を敢てして、作品の概略を紹介する。大別すると、七つのパートで構成されている。

導入部は摩文仁海岸の空と海、太陽にきらめく波、サトウキビの葉擦《はず》れ、沖を行く船などの美しい映像にかぶせて、沖縄女子短大合唱部の清らかな女声コーラスが流れる。

「ふるさとの　いやはてみんと　まぶいやまの　いわをにたちし　しまもりのかみ」

戦中、女師教授として「ひめゆり学徒隊」を引率、教え子と同僚二二七人を失った仲宗根政善《せいぜん》・琉球大学教授（一九〇七〜九五）が島守の心情を悼《いた》んで作詞、比嘉盛仁《ひがせいじん》・牧師（故人）が病を押して作曲した「島守の塔讃歌」。映像がその塔、碑文、戦没者の刻銘などを捉えるのをバックに、板良敷顧問と川上事務局長は交々《こもごも》「当時は死ぬも生きるも紙一重。私たち生き残りは、せめて年に一度は這ってでもお参りに来なければの思い」と祈りの心を訴える。

パート2は「沖縄戦前夜」へカットバック。サイパン玉砕に伴い本土や台湾、本島北部への疎開を迫られた県民に対する荒井警察部長の熱心かつ適切な対応、学童疎開船「対馬丸」撃沈に際しての苦悩などを綴った浦崎純著『消えた沖縄県』のさわりを、劇団「青年座」のベテラン俳優・津嘉《つか》山正種《やままさね》の朗読でカバー。また那覇市街の九割を焼失した10・10空襲の惨状、そんな中での島田知事の敢然たる赴任、島田・荒井主従の見事な連携ぶりを、板良敷が再度、証言する。

パート3は「沖縄戦と戦時行政」。米軍の本島上陸七日前、県庁は首里・識名両台地の五つの壕へ分散避難するが、映像は戦後五〇年も所在不明だった那覇市真地の「県庁・警察部壕」を中心に、きめ細やかな戦場行政を紹介する。この壕で四月二十七日に開いた「南部十七市町村長会議」で、後方指導挺身隊や町村分遣隊を編成、夜間の増産や壕生活を指導したこと。五月下旬、軍の南部撤退方針に島田が強く反対したことも、前出の浦崎本や新垣徳助・知事警護官の証言で裏付ける。

パート4は「悲痛な南部撤退」。カメラは筆者が前掲書で明らかにした知事一行の南部落ちルートを辿る。途中の六月七日、島田は糸満市伊敷の「轟の壕」で県庁を解散、職員に行動の自由を与え、自らが同壕を去る時には米軍への投降を勧めるなど、戦時下の知事とは思えないリベラルな姿勢を輸送課職員・山里和枝《やまざとかずえ》が証言する。島田と荒井は六月二十六日、摩文仁の軍医部壕で消息を絶ち、県職員も二一〇〇人中、四六九人が殉職した悲劇を伝える。

パート5は島守の塔ができるまでの経緯と命名、除幕式の様子を、板良敷が語る。

パート6は戦後の米軍政下、失われた恩給など戦没者と生存者の権利回復を図った「島守の会」の働き。「戦争で失われた県民の権利は、戦争責任者の政府と国民全体が負うべき」との現在の米軍基地問題にも通じる主張で、官選第二十四代沖縄県知事で、戦後の国会議員だった渕上房太郎を動かし、二〇〇〇万円を交付させた事実を板良敷が証言する。

パート7は、島守の塔や会に寄せる会員の熱い思い。会は高齢化による会員減に悩みつつ毎月、「三K会」を開いてきた。健康、教養、協力という三つの合言葉の音から取った命名。それによって亡き戦没者や遺族の無念を受け継ぎ、沖縄戦を風化させまいとの思いを込める。大城副会長は「今の平和と繁栄は戦没者の犠牲と、生き残った県職員が県政を建て直した努力の上にある。それを若い人たちに語り継ぎたい」と訴え、最後に五度《た》び登場する板良敷は「島守の塔の維持管理と慰霊祭執行は本来、沖縄県が担当するべきものではないか」と声を振り絞る。この訴えは第七章で紹介したように二〇一六年に実現したが、塔建立から実に六五年後だった。

フィナーレは再び島守の塔讃歌が流れるなか、島田、荒井、浦崎の肖像写真、摩文仁の潮騒にかぶせて、塔に祀られている四六九戦没県職員の名を丁寧に紹介して終わる。

島田知事の自決壕を示す衝撃メモ発見

このように紹介すると、ビデオ制作はスムーズに運んだように見えるが、なかなかどうして。その第一関門は、前記のように「島守の会」が保有する文書を公文書館に移管するための分類・整理

DVD『島守の塔』制作スタッフ。左からナレーターの津嘉山正種、島袋愛子（奥）、川上ヨシ、久部良和子、仲松昌次（後方）

作業が、映像制作に先立って必要だったからである。しかも、大城副会長ら三人の制作実務担当スタッフは会の活動を伝える資料に余さず目を通し、制作面に遺漏なきを期したい考えが強かったから、なおさらであった。

撮影開始間もない二月九日のことを、島袋愛子は今も忘れない。日付がはっきりしているのは、彼女は川上事務局長の協力者として、記録係をしていたからである。

その日、会の事務局で古い文書類を整理していた彼女は、初代会長・浦崎純の著書名とまったく同じ「消えた沖縄県」のタイトルが付いた大量の書類の束を見つけた。一枚一枚丹念に目を通していると、二時間もかかった。それを傍で見ていた仲松ディレクターは「こんな風景も撮っておくかな」と独《ひと》り言《ご》ちつつ、愛子にカメラを向けた。

その時、何の表題も付いていない四枚つづりの書類、それも同じものが七部、袋にも入らず、裸の状態で出てきた。ボールペンで横書きしたメモのコピーで、その内容を目で追った愛子は、ハッと胸を衝かれた。彼女が精読した拙著『沖縄の島守――内務官僚かく戦えり』が巻末近く（文庫本四七三ページ～）で紹介した島田知事の拳銃自決という衝撃的な最期を語る旧日本軍下士官の証言だったからである。

拙著を読んでおられない読者のために少し説明しておくと、島田知事と荒井警察部長の最期を突き止めることができなかった内務省は、遺族と話し合った結果、二人が摩文仁の丘の軍医部壕を出て消息を絶った一九四五（昭和二十）年六月二十六日を命日と定めた。

沖縄戦に深い関心を持つ放送作家・毛利恒之《つねゆき》（一九三三〜）は、それに違和感を持った。かねてから島田の人間像と死の真相を究めたいと思っていたから、フジテレビの荒瀬光夫ディレクターと話し合い、七一（昭和四十六）年八月十五日の終戦記念日向けに『島田沖縄県知事の死』と題する三〇分のドキュメンタリー番組を制作、放送した。しかし、島田と荒井の最期は依然つかめず、「知事の死の状況も、その場所も不明」と報じた。

それを見た東京都三鷹市に住む旧軍人の鮮魚商・山本初雄（当時五一、九四＝平成六年、七五歳で死去。第三十二軍独立機関銃第第十四大隊兵長）が「私は生前の知事と話し、後日、拳銃自決されている遺体も目撃している」とフジテレビに名乗り出た。山本の主張は大要、次のような内容だった。

「沖縄戦の組織的戦闘が止んだ一九四五年六月二十三日以降、私は本島南東端の具志頭《ぐしかみ》村（現・八重瀬町）で敗残生活を送っていました。私が潜んでいた壕近くの波打ち際に真水の沸く池があり、そこから南西の摩文仁方向へ三〇〇メートルほど歩いた自然壕で、同じ年の七月のある日、負傷している島田知事と会い、後日、その壕で拳銃自決されているのを確認しました。真水の池を起点に探せば、知事が亡くなった壕の所在はわかり、うまく行けば遺骨も収集できるはずです」

翌七二（昭和四十七）年の五月十五日は、沖縄の本土復帰の日である。そこでフジテレビと沖縄テレビは、この日に放送する一時間ものの報道特別番組「沖縄県よみがえる日に」を前作の続編として共同制作、島田知事が最期を遂げた壕を突き止めることにした。そこで同年四月二十日、山本に沖縄へ来てもらい、撮影を始めた。前作同様、毛利・荒瀬コンビが制作の中心だった。

当時は現在のようなデジタルカメラがなかったので、撮影用フィルムは貴重で、スタッフ全員が、どのシーンも一発勝負で撮り終えることを心がけた。そこで荒瀬ディレクターは山本から事前に証言を詳しく聞き取り、そのメモをコピーして全員に配った。島袋愛子が見つけたのは、その余部だったのである。

メモの一枚目は、「出会いの模様」「知事の様子」の小見出し付きで、沖縄戦の組織的戦闘が止んだ後、右大腿部を負傷して自然壕内に横たわっていた島田知事と出会った時の状況、知事の表情や服装、交わした会話の内容、極度の食糧難の状況下、黒砂糖を二かけらもくれた知事の優しさに打たれた感慨もあり、いつに変わらぬ島田の人間性を滲ませていた。

二枚目は島田知事が最期を遂げた壕の位置を示す、本島南部島尻の海岸線の一部とおぼしき略図。場所特定の起点となる水源地には「岩がふさがっている四畳半ほどの真水の池、このあたりでは唯一」の注記がある。そこから糸満・摩文仁方面へ二〇〇〜三〇〇メートルの海岸線にある大きな岩から、内陸へ約五〇メートルの場所にあった自然壕の位置、その断面図が描かれていた。

三〜四枚目は再び文章で、出会いの翌日か翌々日、同じ壕で拳銃自決していた島田の悲痛な最期の様子に続いて、目撃証言者である山本兵長の軍歴、島田知事に会ってから約一年後、米軍に投降するまでの経過が四枚目にわたって書かれていた。

さて、これだけの豊富なデータに基づいて制作された続編は、島田知事の最期の壕を突き止め得たか？　結論から言えば、答えはノーであった。

何故なら、戦中、米軍の艦砲射撃によって吹き飛ばされた島尻の琉球石灰岩の断崖は、戦後二七年の間にジャングルと化していた。それに、山本が自らの潜伏地と思い込んでいた〝具志頭村海岸説〟は、敗残生活の中での思い違いの疑いが強まり、捜索範囲を広げなければならなかったからである。

山本が茂る草木で手足を傷だらけにし、思い煩いつつ島尻を彷徨《さまよ》う姿は、沖縄戦の厳しさを改めて思い起こさせた。この捜索風景を冒頭、半ば、終盤の三か所に織り込みながら、二度目のドキュメンタリーも島田と荒井の生きざまを追うだけで終わった。

同時進行・二つのプロジェクト

山本証言のメモを見つけた日、愛子は自宅へ帰ると夫の常宏に「摩文仁方面で真水が湧いている池はどこか知らない？」と尋ね、「摩文仁村の東隣で、上水道の水源地がある具志頭村海岸の慶座絶壁（ギーザバンタ）じゃないか」との答えを得ている。

愛子としてはメモ中、最も重要で、ニュース性に富む二枚目の略図を手掛かりに、翌日からでも島尻一帯へ調べに出かけたい心境だったが、一方で映像制作は佳境に入っており、実際はそうもいかなかった。

ラッシュと呼ばれる未編集のビデオ映像は、二月中には一五時間ぶんあり、編集を繰り返し、ようやく九〇分になった。それを五〇分に圧縮するための、制作スタッフによる最初の検討会は三月八日、浦添市牧港のSAT（サット）プロダクションで開かれた。すると「戦後の権利回復活動で活躍した伊芸徳一・二代目会長の写真が入っていない」とか「制作スタッフの名前を巻末に入れよう」とか、「タイトルにある『物語』はフィクションめいて、むしろ無い方がよいのではないか」などさまざまの意見が出て、五〇分に圧縮するはずが結局、五五分までしか短縮できなかった。

ついで役員・理事全員向けの第一回試写会は三月十四日、県庁近くの「パレットくもじ」ビル九階にあるレストラン・シェルブールで開いたが、証言した理事の一人から苦情が出た。その部分の撮り直しは三月三十日に行われ、これがこの映像記録の最終撮影日になった。理事向け第二回試写会は四月五日、再びSATプロダクションで開き、全員の了承を得た。

この状況を見て、愛子は「島尻の真水の水源を突き止めるのは今だ」と判断した。完成試写会は四月二十四日に県公文書館で開く予定になっていたが、それを待ち切れず、同月十三日朝、夫の常宏とともに車で自宅を飛び出した。

常宏は前記の答え通り、慶座絶壁へ案内してくれた。現場到着は午前十時半ごろだった。ここはその名の通り、具志頭村東南海岸にある具志頭城跡から南西の摩文仁の丘まで約五キロも続く断崖絶壁の南西端。沖縄戦末期には、米軍に追い詰められた多数の日本軍将兵や非戦闘員の老幼男女が非業の死を遂げた悲劇の地でもある。愛子の述懐。

「上水道の水源になっている真水は、緑の山間から滝のように流れ落ちていましたが、メモにあった『岩でふさがれた四畳半ほどの真水の池』はなかったので、がっかりでした」

改めて波打ち際にある真水の水源を探さねば、と夫妻が摩文仁方向へ五〇メートルほど、車を走らせた時、反対方向から自転車の荷台の籠に家畜の餌らしい草を積んだ七〇歳前後のおじさんが走ってきた。地元民ではない、ということだったが、毒蛇のハブに咬《か》まれた後遺症で失明したという左目が痛々しかった。それだけに島尻の山野には精通している模様で、摩文仁にある真水の水源の在《あ》り處《か》を尋ねると、答えはオウム返しで返ってきた。

「真水の水源なら、二つあるよ。一つは摩文仁の丘の西の端近くにある沖縄師範健児之塔の下のチンガーさ」

「私たちが探している水源は、それでは遠すぎるのです。もっと近くにありませんか」の夫妻の問いかけにも、答えはすぐ返ってきた。

「チンガーが枯れた時、地元の人が水を汲みに駆けつける水量豊かなワイガー（沖縄の方言で言う湧く井戸）が摩文仁の海岸近くにあるよ。昔の平和祈念資料館の裏手に、大きな岩が割れているので地元民がワイジー（割れ岩）と呼んでいる所があるが、そこから海岸線へ降りる急な坂道の先にあるから、すぐわかるさー」

「ワイジー」の先にある「ワイガー」。混乱しそうだが、沖縄の「ワ」には「割れる」と、「湧く」の双方の意味があることをご承知おき願いたい、またワイガーは地元ではワシチガー、ワヒチガーとも呼ばれていることも付け加えておく。

それはとにかく、その道は本稿第六章の「心尽くしの戦跡案内」の項で紹介した狭い急峻《きゅうしゅん》な坂道である。沖縄戦末期。島田・荒井主従が摩文仁から脱出すべく辿った道でもあり、それを宇高の齋藤校長夫妻にも歩いてもらおうと、案内した親切な沖縄勢の中に愛子夫妻がいたことも書いた。

それだけに夫妻は勇気百倍、ただちにワイジーへ向かった。幅七〇センチぐらいの狭い道を一二〇メートルほど下り、海岸手前で左折して波打ち際を四〇メートルほど東へ進むと、濃い緑に覆われたワイガーが姿を現した。山本証言のメモそのままに、四畳半ほどのスペースの四囲が高さ数十センチの岩やコンクリートの障壁に囲まれ、こんこんと湧く清冽な真清水がもったいないように溢れ落ちていた。

〝婦唱夫随〟の戦跡調査

夫妻はワイガーのコンクリート壁を見た時、「これは戦後の造りではないか」と疑った。調べようにも愛子は映像制作で忙しかったので、代わりに沖縄戦の研究に熱心な常宏が沖縄守備の第三十二軍関係の部隊史を取り揃えている摩文仁の平和祈念資料館情報ライブラリーへ通いつめた。部隊史の付図を探ってワイガーが戦中にあったことを確かめ、併せて軍事的な意味を探ろうとしたのである。〝夫唱婦随〟ならぬ〝婦唱夫随〟の調査だった。

はたして常宏は後日、島尻守備に当たった第二十四師団歩兵第八十九連隊第二中隊の昭和二十(一九四五)年一月の「陣中日誌」を探り当てた。日誌の本文にはワイガーに関する記述はなかったが、添付してあった「摩文仁地区第一次築城計画図」南端の海岸線近くに、ゴマ粒のような大きさながら井戸マークが描かれており、位置から見てワイガーに間違いなかった。

図には摩文仁の軍司令部が置かれた八九高地(標高から、軍はこう呼んだ)や、島田と荒井が入った軍医部壕も描かれており、作戦として「絶対ニ確保シ　敵ヲ陣前ニ撃滅ス」とか、「敵戦車ニ対シテハ肉攻隊ノ必殺体当ニヨリ之ヲ撃滅ス」などの方針が書いてあった。ワイガーが陣地づくりに励む兵士の喉の渇《かわ》きを潤したであろうことも推測された。

もっとも一九四五（昭和二十）年初頭から南部島尻に配備されていた同連隊は沖縄線末期、第三十二軍司令部の島尻への撤退に伴い南部へ殺到する米軍を迎え撃つため、同年六月四日までに北へ約六キロの与座岳周辺に進出する。しかし同十六日、壊滅的な損害を受け、同十九日に軍旗を奉焼、連隊長の金山均・大佐は自決している。

こうして島田知事終焉《しゅうえん》壕《ごう》への有力な手掛かりであるワイガーは、島袋夫妻の懸命の努力で場所が確定した。ところが捜索をいつ始めるかの話になると、大城副会長は強く反対した。第七章で紹介したように会員の高齢化や減少、それに伴う財政の逼迫から、島守の顕彰には熱心だった大城も捜索には踏み切れなかったようだ。

摩文仁海岸近くにある真水が湧く水源「ワイガー」

それでも捜索を熱心に主張する島袋愛子を、大城は「自分の立ち位置を考えろ」と叱りつけた。これに対して愛子は「私は正会員ではありませんから、もともと立ち位置などはありません。あるのは島田さんや荒井さんの最期の壕や遺骨を見つけてあげたい一心だけです」と反論した。こんな事情から、現地の捜索は五年後へ先送りになるのだが。それは章を改めて紹介するとして、話を映像制作に戻す。

ボランティア精神が生んだ労作

完成試写会は前記のように同年四月二十四日、県公文書館で開催、会員や報道各社の五〇数人が鑑賞、感涙を誘った。板良敷顧問は「島守の塔と会の功労者である浦崎純さんら先輩方がお元気なうちに作れなかったのは悔いが残るが、当時としては精一杯の取り組みと出来」と評し、仲松ディレクターは往時の制作の苦労をざっくばらんに話してくれた。

「あれだけの作品ですと通常、制作費に五〇〇万円前後はかかりますが、当初の予算は一〇〇万円ちょっとでしたから辛かったですねえ。制作スタッフは語り、音楽、技術などすべての分野で当時の沖縄ではトップクラスの顔触れでしたが、皆さんボランティア精神を発揮して協力してくれました。ナレーションの津嘉山正種さんは、ほとんどただ同然でご協力してくださり、とても感謝しています。それというのも『島守の会』の皆さんの『何としても自分たちの沖縄戦を記録し、島守を語り継ぎたい』との熱意に押された結果でした。会もそれに感激、最後に五〇万円追加してくれました」

ビデオは最初、三〇〇枚作り、約一五〇人の会員全員に配ったほか、県庁秘書課、県教育委員会、県警本部などに「研修などで役立ててほしい」と寄贈した。これら関係機関でも、若い職員らは島守の働き、塔建立の経緯、戦後の会の活動について詳しく知らない人が多く、「あれは見ておいた方がいい」との評が口コミで広がった。沖縄戦への特別な思いを映して、県下各地の公民館や民間団体からも問い合わせが相次ぎ、島袋愛子が預かった四五枚は、たちまち底をついた。

そこで翌二〇〇九（平成二十一）年三月と、同一二（同二十四）年三月にも、それぞれ五〇〇枚作ったが、前記友愛提携・交流の効果もあって兵庫県からの引き合いは多く、これも三年で、いずれも在庫ゼロになった。そこで「兵庫・沖縄友愛運動県民の会」（長谷川充弘・事務局長）は、ことあるごとに両県民にカンパを呼びかけ、「島守の会」に寄付、増刷に貢献している。

動かぬ遺影で非戦の思い動かす

島田知事終焉壕の現地捜索に〝待った〟をかけられても、萎《な》えないところが島守顕彰に熱心な島袋愛子の逞《たくま》しさであり、身上である。

彼女はビデオの仕上げとワイガー調査に追われていた二〇〇八（平成二十）年春、本稿第九章の「本土の語り部たち」の項で紹介した沖縄戦中の県警察部輸送課長で、後に島田知事付きに任ぜられた故・隈崎俊武《くまざきとしたけ》警視の四男・勝也（当時七〇歳）が、父の遺品である写真の複写四六点を繫多川公民館へ送ってきたのを知った。

隈崎警視は島田が沖縄戦直前、制空・制海権が敵手に落ちているなか、危険を冒して台湾に渡り、沖縄県民の非常食として移入した蓬莱米《ほうらい》三千石（四五〇トン）の県内輸送に苦心した人。それにもかかわらず世上、「台湾米は届かなかった」との誤った説が長年にわたって罷り通っていた。それに立腹した勝也は父の遺稿を自費出版、戦後五三年ぶりに誤説を正したことは、筆者が前著で書いた。

その人が、それからまた一〇年後、父の遺影を県庁警察部壕にゆかりの繫多川公民館へ送った理由を今回、筆者が改めて尋ねると、こんな答えが返ってきた。

「あの戦争の辛く哀しい記憶は、年々薄れていきます。私が持っている父の遺影は、動きが少ない古ぼけたものばかりですが、それでも父の同僚や遺族に貰ってもらうことで、あの時代を忘れない縁になれば……と思いまして」

そんな勝也の思いに共鳴した島袋愛子は、前章で紹介した元・新聞記者で、戦中は沖縄県の少年農兵隊長にスカウトされ、戦後は琉球政府情報課長などを務めた父・池間利秀（故人）の複写写真六〇点を提供、NPO法人「なはまちづくりネット」（大城喜江子《おおしろきえこ》代表理事）の協力で、二人のジョイント展を開くことにした。

写真展は同年六月十二日から七月五日まで二四日間、同公民館で開かれた。隈崎家の提供写真は警察部幹部の集合写真が多く、戦火で写真をなくした多くの遺族から要望が相次いだ。かたや池間家の提供写真には一般に知られていなかった少年農兵隊の開拓風景や、元・新聞記者らしい各地の風景写真もあり、反響を呼んだ。

また六月十四日には、会場で前記の映像記録『島守の塔』が県下で初めて一般公開され、戦時を思い返す得がたい場となった。

これに力を得た愛子は、今度は完成前後の島守の塔や除幕式、第一回慰霊祭の様子を伝える「第一回島守の塔写真展」を、翌二〇〇九（平成二十一）年六月八日から七月十七日まで、やはり同公民館で開いた。

本稿第七章で紹介した元・県内政部人口課長で、島守の塔建立の提唱者である故・浦崎純「島守の会」初代会長の所蔵写真六五枚を、長女の知念洋子（当時八二、浦添市で料亭「宇治真苑」経営）が提供、記録映像も上映された。往時を知る人は懐かしみ、若い世代は目を奪われた。

同展は写真を八四枚に増強、同年八月二十二から九月六日まで浦崎の出身地である石垣島の八重山平和祈念館でも開いた。初日の開会式には知念洋子、「島守の会」の川上ヨシ事務局長（当時八八）、事務局長補佐の島袋愛子（六二）が揃って参列。川満栄長《かわみつえいちょう》・石垣町長は「平和への誓いを新たにする機会をもたらしてくださったお三方に敬意を表し、主人公の浦崎純さんは郷土の誇りとして、島守の方々同様語り継ぎます」と歓迎、川上事務局長は「島守顕彰は生き残った県職員の永遠の務めだと思っています」と答えた。

同展には離島では異例の二二〇人が来場、深い感銘を受けた。

第十八章　「武陽会」の「沖縄の島守を語り継ぐＰＡＲＴ２」

旧制・三高ＯＢの友情に負けるな

沖縄で「島守の会」が記録映像『島守の塔』制作や島田知事が最後を遂げた壕探しを始めた二〇〇七～八（平成十九～二〇）年、兵庫では島田の母校である旧制神戸二中・兵庫高校は創立百周年を迎え、同窓組織の「武陽会」は島田絡みの記念事に知恵を絞った年でもあった。

当時、「武陽会」の44陽会は会員の平均年齢が、盛唐の詩人・杜甫《とほ》が言った「人生七〇古来稀」の古稀――七〇歳前後に達し、「武陽会」でも長老組織の域に入っていた。二〇〇七年十月二十八日、神戸北郊・有馬温泉の料理旅館「欽山」で開いた総会で、元気闊達《かったつ》な富田和雄会長（六九、株式会社ミナト工業所会長）は、「来年の母校創立百周年記念事業は、当会が中心になって企画したい。幸い本日、沖縄から遥々《はるばる》参加している同期同窓の沖縄県護国神社宮司・伊藤陽夫《はるお》君（七〇）から素晴らしい案が提起されていますので、まずそれを聞いていただきたい」と伊藤を促した。彼はこう切り出した。

「私は、東京の明治神宮で禰宜《ねぎ》を務めていた二〇〇二年（平成十四）年二月、仕事上の後輩の勧めで、遅れ馳せながら沖縄の遺骨収集に初めて参加し、多くの無辜《むこ》の民が悲惨な死を強いられた沖縄戦の実相に触れました。これを胸に痛め、翌年七月、明治神宮を退職。翌八月十五日の終戦の日に、〝巡礼の旅〟の思いを込め、沖縄へ移り住みました。豊見城市にある旧海軍司令部壕詣でや南部・大渡海岸（糸満市）の自然洞窟での遺骨収集などに参加するうち、母校7陽会の大先輩である島田叡知事が多くの県民を救うために職に殉じ、戦後、県民から〝島守の神〟と仰がれている生きざまに心打たれました。

糸満市摩文仁の平和祈念公園内にある『島守の塔』にお参りしますと、島田さん以下四六九柱の戦没県職員を悼む慰霊塔と刻銘碑の傍に数々の歌碑や句碑が建てられ、それぞれが万感の思いを込めて御霊を讃えています。特に島田さんが名選手として活躍した旧制第三高等学校（略称・三高、現・京都大学）野球部の勇姿が一九七一（昭和四十六）年に建てた「鎮魂」碑には、島田さんと同期の投手・山根斉さん（医師、故人）の友情溢れる一句『島守の塔にしづもるその魂　紅《くれない》萌《も》ゆる歌をきかませ』が刻まれています。また、同じ三高文科丙類（仏文）の同期生で、俳人の山口誓子《せいし》さん（故人）は『島の果《はて》世の果繁るこの丘が』の句碑で、友・島田を悼《いた》んでいます。

旧県職員が建てた島守の塔があり、三高の碑があるのに、わが旧制神戸二中・兵庫高校からの追悼碑が一つもないのはなんとも寂しいではありませんか。そこで今回、私ども44陽会が発起人となって顕彰碑を建立し、それを『武陽会』と学校当局に母校百周年記念事業として採用していただくという案は如何でしょうか。新たな碑の体裁、建立場所なども富田会長や、やはり同期同窓の日展理事・日本書芸院副理事長の井茂圭洞《いしげけいどう》君（七二）らと相談しております」

この提言を受けた富田の説明によると、新しい顕彰碑は青系御影石製で、高さ一二〇センチ、幅六〇センチ、厚さ一五センチの石碑を台座（間口一一〇センチ、奥行き五〇センチ、厚さ二五センチ）の上に据える。

碑文の表面は前漢の史家・司馬遷の「史記」李斯《りし》列伝に出てくる格言で、島田が終生の座右の銘とした「断而敢行鬼神避之《だんじてかんこうすればきしんもこれをさく》」、裏面は伊藤が島田先輩を偲んで詠んだ和歌、「嵐たへ摩文仁が丘に香《かぐ》はしく　武陽が原の花永遠《とは》に咲く」で、いずれも井茂が筆を振るう構想。これらの総経費六〇万円は、44陽会有志の寄金のみで賄うというものだった。

さらに碑の建立場所についても、富田と伊藤は総会の三日前、沖縄で「島守の会」の大城誠昌・副会長と会い、県職員戦没者の刻銘碑と前記の三高鎮魂碑の間に位置する〝一等地〟に建てる承認を得ていた。

これらの提案は44陽会総会出席者約百人の満場一致の賛成で承認され、翌二〇〇八年二月六日、「武陽会」と学校当局が同校で開いた「１００周年記念事業実行委員会」で討議、快諾された。

座右の銘も永遠に

晴れの除幕式は、「兵庫が生んだ沖縄の島守　島田さんを語り継ぐＰＡＲＴ２」のサブタイトル付きで、二〇〇八年六月二十八日（土）午後二時から糸満市摩文仁の島守の塔前に、兵庫、沖縄両県の関係者約八〇人が参集して営まれた。

兵庫からは和田憲昌・「武陽会」前副理事長（後に理事長、44陽会、七〇、ＫＫ和田興産会長）はじめ、前出の44陽会富田会長、伊藤、井茂両発起人ら十数人、斉藤富雄・県副知事、「兵庫・沖縄友愛運動県民の会」から長谷川事務局長らに二十数人が参加した。

かたや沖縄側は仲里全輝《なかざとぜんき》・県副知事、翁長雄志《おながたけし》・那覇市長、稲嶺恵一・前知事、嘉数昇明・前副知事、「島守の会」から大城副会長、川上事務局長、島袋愛子秘書役ら多彩な顔が並んだ。

筆者も富田会長に招かれ参列したが、この顔ぶれを見て、まず島守顕彰の間口の広がりを感じた。次に伊藤宮司が仕切られた典儀の丁重さ、荘重さに圧倒された。圧巻は顕彰碑除幕の時。碑を覆っていた白布が富田会長ら思いを籠めた人々の手で取り払われると、鏡のように光る青御影《あおみかげ》石の碑面に、島田が座右銘とした前記の八文字が浮かび上がり、参列者一同から期せずして歓声と拍手が湧いた。島田知事の処世訓が、沖縄の地でも碑になった瞬間だった。

島田叡の座右の銘「断じて敢行すれば鬼神も之を避く」を刻んだ碑（手前）は、戦没県職員の刻銘碑と並ぶ場所に建てられた

「戦火の中で、あなたが人命保護に献身的に努力されたことは、県民の胸に深く刻み込まれています」との仲井眞弘多《なかいまひろかず》・沖縄県知事の挨拶を仲里副知事が代読、兵庫県の斎藤副知事は「戦争を知らない世代が増えている中、この日が語り掛ける意義は深い」と述べた。また44陽会の富田会長は「これまで島守の塔周辺に神戸二中・兵庫高校の碑がなく、島田先輩には寂しい思いをさせましたが、母校創立百周年で建碑の日を迎えることができました」と呼びかけた。

式の終わりに、「兵庫・沖縄友愛運動県民の会」が両県民有志に呼びかけて集めた「島守の塔献花料」一〇一件四一万八四八二円が、両県民代表の嘉数・前副知事から「島守の会」の大城副会長に贈られた。

この後、祝賀会と両県の友愛懇親パーティーは、同日午後五時から那覇市の沖縄ナハナホテルへ場所を移して開かれた。除幕式は公務で欠席した仲井眞知事や、特別ゲストとして招かれたテニスのクルム伊達公子《きみこ》選手（三七歳で、現役復帰直後。園田学園女子大学客員教授）も加わり、和やかな会となった。テニスの「島田叡杯」が二年前の二〇〇六（平成十八）年一月、創設されたばかりだったからである。

高校野球の「島田杯」について前著や本稿第九章でも紹介したが、テニスの方は「兵庫・沖縄友愛運動県民の会」の長谷川事務局長の仲介で両県テニス協会が協力、両県民から募った寄付金でカップを制定した。両県の中、高校生プレーヤー二四人が男女シングルス、ダブルスの県対抗試合を以後毎年、正月休暇に沖縄で行っている。この席でも、両県テニス協会が協力して、沖縄に国際試合ができる「島田叡記念テニススタジアム」の建設計画があることが話題になり、盛り上がった。

この除幕式の後を追うように「武陽会」と44陽会は、やはり創立百周年記念事業として、摩文仁の顕彰碑より小型だが同型のレプリカを、神戸市長田区の母校校庭に立つ「合掌の碑」の隣に建立することになり、同年八月二十九日に島田大先輩の座右の銘は、母校にも刻まれたのである。

拙著への厳しい批判

富田会長は日ごろの元気にまかせ、この一連の催事に相当無理を重ねたようだ。碑の建立直後、病に倒れ、現在も療養中である。かたや伊藤宮司は二〇一四（平成二十六）年四月まで八年間、沖縄県護国神社に勤めたが、退職三年前から脳性の重病を患い、現在は郷里の神戸で療養されている。先輩顕彰の素晴らしい事業に取り組んだ人を等しく襲った病魔に、著者は理不尽を感じたものである。

そんなわけで、お二人とも今回、面接再取材は叶わなかったが、伊藤はしばらく話すと息苦しくなる病状を押して、何度も著者に電話をくれ、質問に答えてくれた。島田先輩へそんな問いかけのメーン「島田知事に魅入られた端緒は」と聞くと、答えはたちどころに返ってきた。「あなたの著書を読んでからですよ」。だが、ここで著者が慢心するのは早かった。返す刀が閃《ひらめ》いた。

「ただし、苦情を申し上げると、あなたの著書には精神性が薄い」

えっと身構える著者の耳に「ちょっと、息苦しいので、理由は後日に」と擦《かす》れた声が冷たく響いた。

その時の、著者の率直な感想。「沖縄で島守顕彰が始まってから半世紀以上も遅れて共鳴した人、その間に母校の兵庫高校や『武陽会』が島田顕彰三事業を行った際には、さしたる反応を示さなかった人が、よく言うなぁ」

拙著は島田の生きざまを支えた精神的バックボーンとして、さまざまな教えを挙げた。母校の教訓である「質素・剛健・自重・自治、これを貫くに至誠を以てす」を筆頭に、中学、高校、大学の野球部で学んだスポーツマンシップ、さらには司馬遷の前掲の格言、島田が尊敬した西郷南洲翁遺訓などを前著第八章で詳しく書いた心算だったから、「何が足りなかったのかなあ」と考え込んだ。

さて後日、電話で聞いた拙著に対する苦情は、既設の歌碑や句碑に刺激され、新しい顕彰碑を思い立った人らしく、やはり歌碑がらみの指摘だった。

「島守の塔にせられた二番目の歌碑として、旧宮家の北白川祥子《さちこ》さん（故人）が一九五九（昭和三十四）年に詠まれた歌があります。『雄々しくも責めをおいつつこの山に　果てし君のいさをたたへむ』という歌で、私は他のどの歌よりも島田先輩の功績を歌い上げていると思います。ところがあなたの著書は、他の三つの歌碑や句碑は紹介しているのに、この作品には触れていない。これは大いに不満で、精神性に乏しい、と言わざるを得ません」

伊藤が如何に心打たれた和歌とは言え、それが生まれた経緯まで病床にある人に尋ねるのは酷である。そこで著者は伊藤の後継者である加治順人《よりひと》宮司（五五）に調査を依頼した。

それによると、北白川さんは一九五九年一月二十五日、那覇市中央納骨堂で開かれた戦没者慰霊祭に靖國神社奉賛会長して参列、その途次、島守の塔にも参拝、前記の一句を献じている。

この時、護国神社にも立ち寄ったが、一九三六（昭和十一）年建立の同神社社殿が荒廃しているのに胸を痛め、再建を提言している。全国の都道府県にある護国神社の祭神は通常、その都道府県出身の軍人・軍属だが、国内唯一の地上戦が行われた沖縄県の護国神社だけは県出身者と併せ、各都道府県出身者も合祀している。それなのに、この荒廃は許されるものか、という厳しい指摘だった。

この配慮もあって同神社は六年後の一九六五（昭和四十）年十一月、めでたく再建、二十日行われた復興奉祝祭に北白川さんは靖國神社宮司の筑波藤麿《つくばふじまろ》宮司らとともに参列、次の一首を読まれた。

とこしへのしつまり床《とこ》のとどのひて
清《す》がしき丘にみ霊をろがむ

これだけ沖縄戦戦没者、とりわけ島田先輩を悼んだ人に神社再建の大恩まで受け、伊藤宮司が尊崇の念を抱いたのは無理もない。これに対して著者は、島守の塔に献じられた歌碑や句碑の紹介に当たって、三高時代の旧友が島田に寄せた熱い思いに惹かれてしまった。取材不足から北白川さんの心情を読み取れなかったのであって、それ以外に他意はない。伊藤の指摘もまた宜《むべ》なる哉《かな》。文章書くことの責任を、今さらながら反芻したことであった。

〝極秘扱い〟の山本メモ

ここで話が前記の顕彰碑除幕式が始まる前の会場へ、後戻りするのをお許し願いたい。

著者が座る会場内のイスへ、一人の品のよい老婦人が訪ねてきた。「島守の会」の川上事務局長で、この時が初対面だった。

顔を合わせるなり、その五年前に出版していた拙著に対する感謝の言葉を述べられたのだが、著者が恐縮するほどの丁寧さで、彼女が島田知事に寄せるひたむきさに、胸を打たれた。

とは言うものの後日、彼女の秘書役だった島袋愛子が笑いながら話してくれたところによると、筆者は失礼なことに、川上との対話はそこそこに、愛子の所在ばかりを気にしていた、と言うのである。

確かに当時、筆者の最大の関心事は、前章で紹介した島田知事が最期を遂げた壕の、その後の調査状況であった。それは愛子が発見した山本初雄メモが端緒だったから、一刻も早く彼女に会い、その後の進捗状況を直接、聞き出したかったのは事実である。ところが、「島守の会」の内部事情で、調査が思うようにはかどっていなかったことも前章で書いた。

そんな事情から愛子は当時、山本メモの存在と内容を〝極秘扱い〟にしていたから、筆者が除幕式の会場内で、初対面の彼女を探し当て、それについて質問した時、「何故、この人はそんなことを知っているの？」と言わんばかりの怪訝《けげん》な顔をされた記憶がある。

タネ明かしをすると、筆者は山本メモ発見から一か月も経たない二〇〇八（平成二十）年三月三日、遠く離れた居住地の大阪府吹田市にいながら、メモ全四枚のコピーをそっくり入手していた。前著の強力な取材協力者であり、以後、盟友の間柄であった那覇市繁多川在住の沖縄戦研究家・知念堅亀が郵送してくれたのである。彼は島田の終焉壕捜索についいて愛子から相談を受けた際、参考資料としてこのメモを受け取ったが、愛子に断りを入れることもなく、すかさずコピーを筆者に届けてくれたのだ。

愛子は忍耐強い女性だった。終焉壕捜索は「島守の会」の態勢が整うのを待って、満を持して実行する考えだったから、実現は五年近く後の二〇一三（平成二十五）年三月までずれ込むことになる。

第十九章　「良心之全身ニ充満シタル丈夫《ますらお》」の登場

新たな兵庫・沖縄友愛交流

島田知事を仲立ちにした沖縄と兵庫両県の友愛交流は、本稿第十一～十三章で紹介したように、沖縄が祖国に復帰した一九七二（昭和四十七）年、両県の友愛提携調印で本格的になり、さまざまな取り組みで連携を深めていった。とりわけ九五（平成七）年一月の阪神淡路大震災にあえぐ兵庫県民に寄せられた沖縄県民の熱い友情はその絆を一層強めた。

それから一二年目の二〇〇六（平成十八）年二月十六日、兵庫復興のシンボルとも言える神戸空港の開港を機に、両県の新たな交流が始まる。

主人公は神戸・三宮センター街の約一二〇〇でつくる「KOBE三宮・ひと街創り協議会」の久《く》利計一《りけいいち》会長（七二）。三宮センター街二丁目商店街で八八年続く眼鏡店「㈱マイスター大学堂」を経営、二丁目商店街振興組合の理事長を兼ねている。

同協議会の発足は二〇〇四年で、周辺でも最も遅く、郵便局の誘致運動が発端となった。神戸有効の繁華街なのに郵便局が一つしかなく、観光客の不便を肌で感じたからだが、折しも小泉郵政改革の真っただなか。郵政省から猛反発を食らったが、京都の〝町衆〟に対して〝街衆〟を標榜する久利らは署名運動で対抗、思いを遂げた。

これを機に現在の会名より「ひと」の二文字が少ない「ＫＯＢＥ三宮・街創り協議会」を結成、商店街からの反社会的勢力排除、丹念な清掃活動など物心両面から美化に努め、組気の結束を固めていった。

沖縄からの大震災見舞いに御礼の使者

そんななか、神戸空港の開港は迫る。二〇〇五年のある会合で、久利は神戸市内の他の商店街団体役員に出会った。

「久利さん、来年の空港開港の時、あなたは何をするの？」

まだ何も決めていなかった久利が黙っていると、彼は得意げに続けた。

「うちはお客さん五〇人を遊覧飛行に招待することにしたんや」

久利は持ち前の反発心から、切り返した。

「うちはお客さん五〇〇人を沖縄へ、一泊二日で連れていくで」

咄嗟《とっさ》の答えだったが、発想は咄嗟ではなく、久利のかねてからの念願だった。彼は言う。

「兵庫県民はあの大震災で日本全国のみならず、全世界から物心両面の御支援をいただきました。とりわけ沖縄県民には、一方《ひとかた》ならぬお世話になりました。だから神戸空港が開港したら、真っ先に沖縄へ『こんなに元気になりました』との県知事や神戸市長の感謝の親書を、なるべく多くの県民の手で届けに行きたいと考えていました。しかもその財源は行政などの力を借りるのではなく、われわれ街衆がみんなで割りふって負担すべきだと。復興のお陰で私たちは、お金を稼がせてもらった。それを社会へ、どう還元するのかを、世間の人々に見てもらおうやないか、というわけです。正直言って協議会で『沖縄へ五〇〇人』を提案した時、なかには『エーッ、使者に五〇〇人も必要なの？』の声も出ました。私は言いました。『普段から神戸の顔やとか、玄関口やとか、大口叩いている者が、それぐらいのことが出けへんのか、と笑われるで』と」

こうしてペア二五〇組・五〇〇人の沖縄ツアー参加者は加盟商店街などで公募、厳正公平な抽選の結果、メンバーを決定、「神戸空港からの出発 プレゼント５００」と銘打って二〇〇六年二月十六日、開港の日に出発した。

一行のうち久利ら代表は那覇空港に着くとすぐ手分けして、沖縄県庁や那覇市など沖縄を代表する役所へ直行、兵庫県知事と神戸市長から預かってきた感謝の親書を届けた。震災支援のお礼を済ませると、代表たちは団体の後を追った。

一行は琉球王国時代（一四二九〜一八七九）の王宮であった那覇市首里城首里当蔵《とうのくら》町の首里城を訪問、沖縄の歴史と文化に触れた。その首里城は二〇一九年十月三十一日未明、電気系統のトラブルが原因とみられる大火で正殿、南殿、北殿など七棟を全半焼したのは、何とも惜しまれる。

二日目は、本島南端の糸満市にある南部戦跡を巡り、前出の「島守の塔」や「のじぎくの塔」に参った。

「街創り協議会」には久利に拙著を読むよう奨めてくれた「ジュンク堂書店」の工藤恭孝《やすたか》会長（七一、

55陽会）や、「神戸サンセンタープラザ」安廣哲幸社長（六五、61陽会）ら兵庫高出身者が多く、滝川高出身の久利は島田知事の優れた人格と働きを何度も聞かされてきた。そこで躊躇なく日程に組み入れたのだが、これによって少なくとも何百人かの兵庫県民が、新たに島田知事の名を胸に刻んだと言える。

街創りの根幹は人創り

この旅の成果に胸を打たれた神戸商工会議所は、翌二〇〇七年の空港開港一周年記念イベントをどうするか、久利に相談してきた。関西空港の場合、開港に功績のあった人たちを空港上空の遊覧飛行に招待していたが、久利は「われわれは違う。これからの神戸を背負っていく子供さんたちに、鳥の目でわが街はどうなのか、を見てもらいましょうよ」と提案。これに賛同した全日空の協力で、神戸市内の児童養護施設に入っている五、六年生七二人を招待、「ＫＯＢＥ夢・未来号」と銘打った記念フライトで神戸から岡山さらに四国のエリアまで約四〇分間飛んでもらった。

何故、施設の子供らだったのか。久利は言う。「この子供さんたちの七、八割は今や社会問題になっている家庭内の虐待で止むを得ず親元を離れ、施設に入っています。経済的理由はほとんどありません。だから学校へ行くと、お父さんやお母さんとどこへ行ったとか、友だちに自分から切り出せる話はなく、聞き役ばかりなんです。そこで彼ら、彼女らに自ら話せる体験をもたせてあげたい、と思ったのです」

読者の皆さんはすでにお気付きだと思うが、久利は「子供」を呼び捨てにせず、必ず「さん」の敬称付きで呼ぶ。年端にかかわらず、一個の人格を認めるヒューマンな考えによるが、それが施設の子らに受け入れられるには、しばし時間がかかるようだ。

この記念フライトでも、搭乗当初記念写真には子供らの笑顔、嬉しそうな顔はただの一人も写っていない。それどころか、みんな顔を伏せている。立場上、顔が写るのが嫌なのだ。

ところが飛行中、機体が太陽光線のなかに入り、機内がパァーッと虹のように輝いた時、子供から大歓声が上がった。降りてくる時には、子供らの表情は一変して明るかった。

子らへの感化に自信を得た久利は、同乗していた当時の矢田立朗《やだたつお》市長に言った。「これまでのわれわれの会の名前に『ひと』と入れ、『ＫＯＢＥ三宮・ひと街創り協議会』にしたいと思います。大震災で壊れた神戸の街創りの根幹は、まず人創りからだと思うからです」

この考えに矢田はもちろん、協議会の役員たちも賛成、会の名は子らの笑顔をしおに発足四年目に補強された。

人工尾びれのフジや島田知事に学べ

「二回目のイベントも大成功」の周囲の評価にもかかわらず、久利は内心忸怩《じくじ》たる思いだった。天空からわが街を見ることができた養護施設の五、六年生はよいが、招かれなかった四年生以下の子らはどう思っているのかな、との心配である。

そんなもやもやした思いの出口を求めて、このころ、久利は好きな沖縄を訪問、あらかじめ懇意の古美術研究家・吉戸直《なお》に本島北部・本部町の海洋博公園内にある「美《ちゅ》ら海水族館」を案内してもらった。ジンベイザメやナンヨウマンタ、南国の色鮮やかな魚が優雅に泳ぐ真っ青な巨大水槽に圧倒されたが、とりわけ胸打たれたのは人工尾びれをつけたバンドウイルカ「フジ」の姿だった。

　フジは一九七六（昭和五十一）年から沖縄で飼育され、三頭の子イルカを出産し、育てた母イルカ。病気のため二〇〇二（平成十四）年、尾びれの約七五％を切除したが、飼育員と大手タイヤメーカー・ブリヂストンが共同開発した人工尾びれを装着。長時間に及ぶ困難な訓練を経て、全身が水面から空中に躍り出るほど、高く飛ぶことができるようになった。

　この経過を収録したビデオを、久利は水族館の好意で見せてもらった。訓練の失敗時、着けた尾びれは大きな音を立てて折れ、真っ赤な鮮血がサーッと水中に飛び散る。それを見た飼育員の意見は「もう止めよう」派と、「やらねばフジは死んでしまう」の二派に割れ、侃々諤々《かんかんがくがく》。そんななか、当のフジは「尾びれを着けてくれーッ」と言わんばかりに飼育員の方へ寄ってくる。この光景を見た久利は「これだーッ」と胸の裡《うち》で叫んだ。

「親の愛に飢えている施設の子供さんたちを連れて来るのは、ここだと思ったんです。何故なら世界初の人口尾びれは飼育員の熱意とブリヂストンの技術力で開発されましたが、成功のカギはフジの賢い対応でした。僕は子供さんたちに言いたかった。『施設の先生方をはじめ、われわれ周囲のおっちゃんたちは親代わりで君たちの面倒を見る。だけど、最後にモノを言うのは君たち自身の決断力だよ』と」

　この時、久利の脳裡に、先の記念フライト「ＫＯＢＥ夢・未来号」を今後は毎年沖縄へ施設の子らを招待するプロジェクトとして続ける構想が浮かんだ。

同時に、もう一つの思いもよぎった。「沖縄へ行くんやったら、兵庫県出身の島田知事の人間性も学んでほしい、と思いました。島田さんの人格形成には、あなた（筆者）が著書で書かれた野球人としてのフェアプレー精神も大きな役割を果たしていると思いますが、加えて神戸気質があった。外国人が多い国際都市らしい、人を分け隔てしない気持ちです。日ごろ、白い眼で見られがちな施設の子供さんに、神戸の度量の広さ、それから生まれた島田さんの強い生き方を学んでほしいと思いましてね」

「KOBE夢・未来号・沖縄」プロジェクト

それだけに先のフライトのように、行ける子と行けない子の格差が出てはならない。そこで久利が思い付いたのは、毎年、卒業前に六年生にお祝いを兼ねた旅をプレゼントすれば、下級生は年々進級してくるので問題はなくなることである。

ただ同協議会の活動は、行政や寄付に頼らず、自主財源で賄うだけに、当時一四あった市内児童養護施設の六年生が今後毎年、どれくらいの人数になるのか一番気がかりだった。二〇〇八（平成二十）年十一月、神戸市教委に問い合わせると、「多少の変動はあるが、五〇人くらい」との回答を得た。それを聞いた途端、久利は「やろう」と思った。

それでも協議会の負担は、なるべく軽くしたい。そこでまず、前記記念フライトに全面協力してくれた全日空の高橋要二・神戸支店長に構想を話した。高橋は慶応大学サッカー部でキャプテンを務めたスポーツマンらしく、話を聞くなり「久利さん、それは素晴らしい考えです。ぜひ、実現しましょう」と身を乗り出した。

高橋は以後、何度も東京本社へ足を運び大方の役員の賛意は得たが、一部の人から神戸支店の売り上げ不足を問われた。その日、息せき切って神戸へ帰ってきた高橋は「久利さん、えらいことになりました。でも、ここで止めるわけにはいきません。私は退職金を前借し、ライバル社に応援を頼んででもやります」と言った。

そうまで言われて、久利は黙っているわけにはいかない。何の目算もなかったが「今から二〇〇人の沖縄ツアーの注文を出すから、それを持ってもう一遍、本社へ行ったらどうか」と提案、協議会の意気に感じた全日空本社の全面的協力を取り付けた。それでも久利は協議会のスタッフに「一銭も負けてくれと言うなよ。先方の言い値を値切ってはいかん。そうでないと大企業の協力は得られないよ」と言うのを忘れなかった。

この〝二〇〇人ツアー〟は子供たちの旅の三か月後に「Thanksおきなわ・ANA」と銘打ち実現する。これについては後で書くとして、子らの旅に目を戻す。

まず一泊二日の沖縄旅行の日程は二〇〇九年一月十日（土）、十一日（日）の両日を使い、美ら海水族館、首里城、島守の塔など南部戦跡を巡ることに決めたが、これについても久利の配慮が働いていた。「正月休み明けの連休を狙いました。あの年は十、十一日の土日に続く十二日は成人の日で、三連休でした。旅をサポートしてくれる施設のお母さん先生にも家族がありますから、三日目は寂しい思いをしているあなたのお子さんの面倒を見る日に当ててください、と言うわけです。それに正月の休み明けは、空港の稼働率が下がる時期ですから、少しは埋め合わせになるかな、と思いまして」

こうして見て来ると、前記「プレゼント500ツアー」に始まる久利の着想は、ことごとく即決即断である。これについて彼は「誤解を恐れず言えば、リーダーは判断が的確なら独断専行でよいのです。七転八起《ななころびやおき》は許されません。その代り、言えば必ずやる。その辺は、子らは素早く見抜く。在任五か月余で県民に信頼された島田知事も、言葉に魂が籠っていたと思います。だから荒井警察部長は島田さんからくどくど相談を受けなくても、全幅の信頼を置き、自らは最高の№２を目指した。そこに二人の意気が合い、等しく尊敬された理由があった、と思います」

善意と屈折の旅

一二施設の男女児童二七人、施設からの引率者一五人、ボランティアの男女大学生一四人、久利会長ら「ひと街創り協議会」の八人など、総勢七三人からなる「２００９年　ＫＯＢＥ　夢・未来号・沖縄」と銘打ったツアーの参加者は一月十日午前八時、神戸空港に集合した。

児童の親は一人も見送りに来なかったが、趣旨に賛同した「近畿タクシー」（神戸市長田区）は、児童を各施設から空港や無料で送迎しれくれた。遠方から参加した学生ボランティアの前夜の宿泊場所は、久利の友人である神戸市内のホテル経営者が無償で提供してくれた。弁当を届けてくれたパン製造業者、ミルクを届けてくれた牧場主もいた。

久利が経営する眼鏡店の常連客である将棋の谷川浩司・永世名人は事前に金一封を届けてくれた上、「この旅に私の名前が役立つのなら、存分に使ってくださって結構です」とまで申し出、久利の胸を熱くした。多くの人々の善意に支えられた旅であった。
それだけに久利ら協議会のスタッフも、準備おさおさ怠《おこた》りはなかった。フジ関連では、美ら海水族館編集の復活物語『フジ、もういちど宙へ』の本とDVD、島守関連では前出の「島守の会」編のDVD『島守の塔』をそれぞれ取り寄せ、拙著『沖縄の島守』の文庫本とともに、参考資料として当該施設へ届ける念の入れようであった。

午前八時半からの出発式には矢田市長ら市の幹部、全日空の高橋支店長ら旅の実現に尽力した人、賛同者ら数十人が参加したが、その一方で久利が「困った子らやなあ」とまたまた頭を抱える場面があったと言うから、このプロジェクト、一筋縄ではいかなかった。久利が話す、その様子。
「念願叶って張り切る高橋支店長が『皆さん、今日はみんなの出発を祝って、お友だちが来ています』と人気キャラクターのピカチュウを紹介した時です。普通なら歓声が上がる場面ですが、この子たちは違った。『どうせ中に人間が入ってるんやろ』と、ピカチュウの足を思いっきり踏む子がいる。市長を囲んで記念撮影を、と言ったら、顔を上げない。髪で顔を隠す女の子も。『こっち向いて』と言っても、絶対向かない。えらいところに頭を突っ込んだなあ、と正直言って暗い気持ちになりました」

沖縄に学ぶ

一行は午前九時四十五分、神戸空港発のＡＮＡ４３３便で沖縄へ飛び立った。正午、那覇空港着、バス二台で最初の目的地である美ら海水族館へ。朝から緊張や屈折で固かった子供たちの表情は、巨大水槽のジンベイザメやマンタの迫力に一気に緩《ゆる》んだ。さらに一般には公開されていないバックヤードの見学で弾《はじ》けた。

極め付けは、人工尾びれを着けたイルカ「フジ」の水槽見学。事前に書物やDVDを見ているだけに、早くフジに会おうとプールサイドへ駆け出す子も。フジは子供たちの期待に応え元気に泳ぎ回り、ハイジャンプを披露してくれた。

その後、飼育担当者はフジが着けていた人工尾びれをはずし、子供たちに触らせてくれ、訓練中の苦労を話した。子らは身じろぎもせず聞き入り、久利は「自分たちの境遇にも通じる困難を健気に生き抜いたフジの強さに、学ぶところが多かったと思います」と言う。

宿舎の「チサンリゾート沖縄美ら海ホテル」では夕食後、名曲「芭蕉布」の作詞で有名な吉川安一・名桜大教授らが制作した紙芝居「黄金芸場」で。沖縄の歴史や民謡を学んだ。

二日目の十一日は朝食後、ホテルのロビーで全日空の副操縦士三人によるフライトシュミレーション講座が開かれた。大きく引き伸ばしたコックピットの写真をバックに、操縦方法やフライトコースを説明。子供たちから熱心な質向が飛んだ。

午前九時発のバスは一路南下、那覇市の国際通りでステーキの昼食に満足した後、首里城を見学。ついで本島南端の「摩文仁の丘」へ。「島守の塔」では、久利の要請を受け、待ち構えていた「島守の会」の大城副会長が島田知事の働きと人柄を子供たちに噛んで含めるように話した。

「実はこの塔参拝を日程に入れた時、凄く悩んだんです。そんな話は聞きたくない、とソッポを向かれはしないかと。しかし、実際は違いました。彼らは塔にきちっと手を合わせ、拝んでくれました。その後、先を競うように後ろの石段へ駆け上がり、島田さんと荒井さんの終焉の地を示す碑の背後に口をあける軍医部壕の入り口をのぞき込み、『こんな所にいはったんか』と同情を示しました。事前に届けた資料で、勉強していたのです。感激しました」

旅程は最終コース。一行は沖縄の著名なアイスクリーム会社・ブルーシールズがプレゼントしてくれた、おやつの氷菓に舌鼓を打ちながら帰途へ。那覇空港では沖縄の人気歌手ミヤギマモル、妃《ひ》月《づき》洋子によるお別れコンサートに送られ、午後六時十五分発のＡＮＡ４３６便で神戸へ。午後八時十五分、神戸空港着、解散式が行われ、「２００９年　ＫＯＢＥ　夢・未来号・沖縄」の旅は無事、終わった。

当初、随所で見られた子らの頑《かたく》なな表情は二日間でどうほぐれたか。久利は話す。

「帰途の那覇空港で、女の子が買い物をしていました。友だちにお土産を買っていたのでしょう。その子が私を見つけると『握手してください。忘れません』と言ってきたのです。神戸空港での解団式でも、私の挨拶が終わるや否や一人の男の子がパッと寄って来て『この旅を忘れない。ありがとう』と言いました。温かく迎えてくれた沖縄の人々、就寝時まで付きっきりで面倒を見た学生ボランティアなど、プロジェクトに参加したすべての人々の親身の心遣いが、子らのこころをほぐしたのでしょう。胸が熱くなりました」

また協議会は参加児童全員に感想文を書いてもらい、同年三月に発行したＡ４判、七七ページの立派な「文集」に全文のコピーを収録した。女性のＹさんは「がんばって生きているフジを見て、ちゃんと生きなければダメだなあと思いました」、男子のＭ君は「沖縄戦の時の知事だった島田叡という人は神戸出身で、今でも沖縄の人たちから『島守の神』と尊敬されています。凄い人が神戸から行ったんだと知りました」と書いた。久利の思いは、しっかり受け止められていた。

新島襄理念の発露

この章の取材を始めて間もなく、筆者の脳裡に母校・同志社大学今出川校地（京都市上京区今出川通烏丸東入ル）の正門を入った所に建つ「良心碑」が浮かんだ。

それは一八七五（明治八）年、京都にキリスト教主義の教育機関・同志社を創設した校祖・新島《にいじま》襄《じょう》（一八四三～九〇）の教育理念「良心之全身ニ充満シタル丈夫《ますらお》ノ起リ来ラン事ヲ」が、自筆の筆跡を拡大して刻まれている。

新島が最晩年の一八八九（明治二十二）年、病気療養中の東京から最も信頼していた同志社普通学校五年生の横田安止《やすただ》（一八六五～一九三五）に送った手紙の一節。同志社の「良心教育」の神髄を示す言葉として、学園創立六十五周年、新島逝去五十周年に当たる一九四〇（昭和十五）年、記念事業として建立した。同じ「良心碑」はその後、二〇一一（平成二十三）年までに内外八つの同志社校地にも建てられた。

また横田は卒業後、国民新聞記者を振り出しに大阪、九州、横浜の一流銀行で要職を務めたというから、同

同志社大学の「良心碑」（同志社大学提供）

志社出身新聞記者の後輩としては嬉しい話だ。

さて、本章のタイトルについての説明が遅くなり、前置きが長くなったが、前記「良心碑」の一部拝借である。

というのは本書の主人公・久利は一九七〇（昭和四十五）年、同志社大学商学部卒の同志社大学商学部商学部卒の同志社マン。肩や著者も一九五五（昭和三十）年、同大学文学部卒で、一五年先輩面の眼で見れば、久利が良心を全身に充満させていることは、これまで紹介した彼の思索と行動の中に存分に現れている、と見たからこのタイトルをつけた。

ちなみに久利の気概は、自ら経営する眼鏡店の屋号に謳っている「マイスター」の称号にも示されている。店は父の故・宇太郎（享年八八）が一九三二（昭和七）年に現在地で始めた一〇坪ほどの小さな店舗を引き継いだが、久利は眼鏡の理論を語れる店を目指した。

一九七〇年代、眼鏡学が学問としてまだ確立していなかったわが国に対し、ドイツには職能資格を取る厳格なマイスター制度があり、眼鏡部門は「アウゲン・オプティカ・マイスター（ドイツ国家公認眼鏡士）」という資格があるのを知った。

彼は自身でドイツに行き、資格を取りたかったが、当時は三宮センター街再開発計画の真っただなか。店を離れることができなかったため、まず弟の七男、ついで長男・将輝をそれぞれ一〇年、ドイツへ留学させ、マイスターの資格を取らせ、三人で店をわが国有数の眼鏡店に育て上げた。

沖縄との絆はいよいよ深く

久利の良心的な気配りは、「2009年　KOBE　夢・未来号・沖縄」ツアーの成功後も、たゆみなく続く。

まずは、この旅の実現に力を貸してくれた全日空をはじめ、支えてくれた組織や人々に感謝する前記「Thanks おきなわ・ANA」の旅を二〇〇九年四月に実行した。「協議会」が募った参加者は、予定を上回る二一〇人に上り、ユーザーが航空会社に感謝する前例のない〝冠〟付きツアーとなった。那覇市のホテルで開いた交歓パーティーには、趣旨に賛同した沖縄県の安里カツ子・副知事（一九四七〜二〇一三）ら幹部、神戸市の幹部が出席したほか、神戸の子らを親身で世話してくれた沖縄の施設の関係者ら約百人も招かれ、兵庫と沖縄のさらなる連携と絆を深めた。

「イベントなら一回きりでもよいが、プロジェクトにしたら簡単に止められないよ」の口癖通り、久利は、「KOBE　夢・未来号・沖縄」プロジェクトを以後、毎年一月の恒例行事として続けている。

続く四月には「Thanks おきなわ」ツアーで、六月には沖縄全戦没者追悼式に参列した後、翌年お世話になる沖縄の各施設や関係者を個別に訪問、協力をお願いするのが恒例の年間スケジュールになっている。

二〇二〇（令和二）年は第十二回をすでに済ませたが、施設の子の参加者は合計五〇〇人に達した。初期の参加者は大学生に成長、うち何人かは学生ボランティアとして、〝回帰〟する発展ぶりである。

この間、さまざまな出来事があった。二〇一一（平成二十三）年、久利は「KOBE　夢・未来号・

2017（平成 29）年 1 月の「第 9 回 KOBE 夢・未来号・沖縄」で歓迎を受ける一行。前列中央が久利計一会長

沖縄」プロジェクトにいたく共鳴した安里副知事らの推薦で、「美ら島沖縄大使」に選ばれた。沖縄に深い愛着と関心を寄せる人々に沖縄の新たな魅力を発掘、発信してもらい、イメージアップを図る制度で、現在八四人が任命されている。

二〇一三（平成二十五）年の第五回プロジェクトに参加した児童の井上君は、旅で最も印象に残ったシーンとして島守の塔をカラフルに描き、文集に寄せた。『戦没　沖縄県知事島田叡　沖縄縣職員　慰霊塔』の全文漢字の銘文も入った見事な仕上がり。久利が施設の指導教諭に問い合わせると、井上君が自主的に描いたもので、碑文はインターネットを参考にしていたことがわかった。沖縄戦の中の島田知事の存在は、子らの胸に確実に刻み込まれていた。絵は「島守の会」へ寄贈され、以後毎年の慰霊祭に塔の前に飾られている。

プロジェクト実現のきっかけになった美ら海水族館のイルカのフジは、第七回の神戸の子らの訪問を控えた二〇一四年十一月一日、感染性肝炎のため惜しくも死亡した。それでもプロジェクトは同水族館訪問で始まるスケジュールは変えず、フジは生前のＤＶＤによって、相変わらず子らを励まし続けている。

　神戸の街衆は大挙、沖縄を訪れるばかりではない。「ひと街創り協議会」は神戸開港一五〇年で、沖縄航路開設一三〇年の二〇一七（平成二十九）年四月、沖縄の伝統文化や踊り、物産などを一堂に集めた「沖縄ＧＯＧＯ！ハイサイフェア」を神戸三宮のセンタープラザで開き、八日をメーンに月末まで街中を沖縄ムードに包んだ。そのなかには「武陽会」の協力を得た島田知事の写真展もきっちり組み込まれ、沖縄との絆を深めた。

　これらの功績により、久利は二〇一九年九月二十五日、沖縄振興と発展に貢献した人に贈られる「琉球新報社」を社会・教育功労部門で受賞した。今回は第五十五回だったが、琉球新報社によると、これまでの受賞者は大半、沖縄県出身・在住者で、県外からの選出は珍しいと言う。

　今回も前年八月に亡くなった翁長雄志・沖縄県前知事（享年六七）に特別賞が贈られたほか、同九月に引退した歌手の安室奈美恵（四一。文化、芸術功労）、元プロ野球選手の安仁屋宗八《あにやそうはち》（七五。スポーツ功労）ら地元出身の錚々たる六氏に伍しての受賞。同夜の贈呈式で久利は「沖縄県民の命を重んじた神戸人・島田知事の遺志を継ぎ、さらに多くの人々が沖縄に関心を持ってくれるよう努力したい」と話した。

第二十章 「武陽会」単独主催の「島守を憶う夕べ」

基調講演の狙い

神戸・三宮街衆の活動を追ううち、時系列が先走ってしまったが、この間の二〇一二（平成二十四）年は兵庫・沖縄友愛提携四十周年の年だった。

一〇年前の三十周年記念催しの際、両県の友愛運動を長年にわたって指導してきた双方の県庁窓口に予期せぬ〝中だるみ〟が生じ、一時連携が危ぶまれたこと、慌てた両県の熱心な有志が改めて「県民交流推進委員会」を結成、喝《かつ》を入れなおした結果、記念催しが滞りなく行われたことは本稿十三章で紹介した。お役所仕事にはしばしば、こういうことがあるから油断がならない。

そんな前例があるだけに四十周年を前に、36陽会のリーダーで県民交流推進委の林五和夫《いわお》会長は、準備おさおさ怠りなかった。催しのプロローグとして、島守の塔・碑に捧げられた同窓生らの追悼の詩歌、短歌、俳句を、ピアノ演奏に乗せて朗読する献奏曲「憶《おもい》」を企画した。

また島田が終生の座右の銘とした「断」をテーマにした長唄の制作も、専門家に依頼した。四年前、母校創立百周年記念事業として遅れ馳せながら島守の塔脇に建てた「断而敢行鬼神避之」の石碑の精神を、記念催しでも強調したいと考えたのだ。

しかし、兵庫県側の友愛提携窓口の反応は鈍く、開催時期が迫る中、催しからの事実上の離脱を表明した。その結果、記念催しの企画・広報・運営は「武陽会」が単独で行うことになり、開催経験が乏しい和田憲昌《のりまさ》理事長以下執行部は困り果てた。

林先輩に引き続き協力を求める一方、兵庫・沖縄友愛提携の〝生き字引〟とも言える前出（本稿第十二〜十三章）「兵庫沖縄友愛運動県民の会」の長谷川充弘事務局長に助言を求めた。

その長谷川から筆者に応援要請の電話がかかったのは、三月二十七日午後二時ごろのことである。内容は「沖縄の本土復帰と兵庫・沖縄友愛提携四十周年を記念して、『武陽会』は七月八日の日曜日に神戸市中央区にある神戸朝日ホールで『沖縄の島守を憶う夕べ』を開きます。その四〇分間の基調講演を五万円の謝礼で引き受けてやってくれませんか？」

この要請を受けた途端、筆者の顔に一つの考えが閃《ひらめ》いた。「島守の会」の島袋常宏、愛子夫妻が五年越しで極秘裡に進めてきた島田知事が最期を遂げた壕の情報を講演で初公開し「島守の会」と「武陽会」による現地捜索活動に繋げられたら、島田さんは喜んでくれるのでは……、の考えである。

それには島袋夫妻の同意を得らなければならなかったが、それは七月の開催日までに口説き落とせばよいわい、と筆者はその場で講演の申し出を承諾した。

長谷川は気が早い。「武陽会」との打ち合わせは四月十二日午後七時三十分から三宮の沖縄料理店で開く、前出の「神戸泡盛の会」で、となった。

長谷川からの電話の日程がはっきりしているのは、著者が手帳にしっかり書き込んでおいたからで、この件に関する意気込みがわかっていただけると思う。

その打ち合わせ当夜、「武陽会」からは、これも前出の小林副理事長、玉田圭司事務局長（四二、75陽会、卓球用品会社経営）が出席、講演の内容は「島田大先輩の業績と人格を中心に、沖縄で島守と慕われている所以を」との要望。筆者は「それは私の著書『沖縄の島守』にすでに書いているので、もっとニュース性のある内容にしたい」と答えるに留めた。さらに「講演に続き53陽会の田辺眞人・園田学園女子大学名誉教授をコーディネーターにパネルディスカッション『島守への憶い』を開きますので、そのパネラーも」との要請もあり、これはすんなり承諾した。

翌日には再び長谷川から、また同二十三日には小林から、いずれも「田辺教授がパーソナリティーを務めているラジオ関西の毎日曜午前（十時～正午）の番組に『田辺眞人のまっことラジオ』があります。田辺先生との打ち合わせ方々、その六月二十四日放送分に出演していただけないか」の要望。「だんだん間口が広がるなあ」と独り言《ご》ちながら、筆者はこれも引き受けたが、小林からの要望はさらに続く。

五月八日には、開催当日に入場者に配るプログラム（二五ページ）用に筆者のプロフィールと近況約八百字を顔写真付きで求められた。さらに二十五日には同じプログラムに掲載する講演要旨をA４用紙で四枚程度、地図と写真付きで六月九日までに出してほしいとの要請である。

「武陽会」、準備に大わらわ

筆者は、些《いささ》か慌てた。そのころ、島田終焉壕に関する前出の新情報を、元・新聞記者らしく講演の冒頭で公表したい、との考えを固めていたから、要旨原稿を渡すことで事前に漏れはせぬか、の心配だ。とは言え、プログラムにはそれがなければ、気の抜けたビールのような原稿になりはせぬかのジレンマ。それにニュースソースの島袋夫妻に未だ一言の相談もしていない焦り。筆者は要旨原稿を書き進めながら、電話による説得作戦を始めた。

この切なる思いは島袋夫妻に認めてもらえたようで「講演で話してくださっても結構ですよ」との言葉をいただいたのは、原稿締切日の直前だった。

この年二〇一二年は、本稿第七章の掉尾でも触れたように、「島守の会」の川上五代目事務局長が年初に亡くなり、会則の変更によって島袋愛子が晴れて六代目事務局長に就任した年。彼女は五年来の懸案だった終焉壕捜索への肚を固めたようだ。「七月八日の催しには、嘉数・元副知事とともに参加し、「武陽会」に協力を要請します」の返事を貰えたのは、予想以上の成果だった。

基調講演をめぐる対応だけでこれだから、「武陽会」の苦労は大変だった。執行部は時の理事長が会則により各期を代表する理事の中から若干名の副理事長を選び、任務を補佐させる。

二〇一二年の場合、44陽会の和田理事長の下に、54陽会の勝順一（六四、日米クック取締役）、52陽会の榎本浩二（五六、榎本設計代表取締役）、64陽会の小林正美らが副理事長、75陽会の玉田が事務局長を務めた。

勝は一九六六（昭和四十一）年春のセンバツに兵庫高が甲子園の土を踏んだ時の主戦投手。和田の次の理事長と目されており、「沖縄の島守を憶う夕べ」の実現のために急遽設けられた実行委員会の委員長に任ぜられていた。

実行委は和田執行部に加えて、兵庫県や神戸市に勤める同窓生で作る兵庫県庁「武陽会」や神戸市役所「武陽会」、さらに兵庫高校OB吹奏楽団、OB合唱団などからも多彩な助っ人が加わり、イベントの内容を練りに練った。その結果、第一部は筆者の講演とフォーラム・ディスカッションで島田大先輩を後世に語り継ぐ「島守の憶い」、第二部は華やかにかつ爽《さわ》やかなプロ、アマの音楽で綴る「沖縄への憶い」の二部構成とした。

そうこうするうち、筆者が最も気が進まなかった前記「田辺眞人のまっことラジオ」への出演の日がやってきた。二週間後、母校の同窓会が主催し、自身もコーディネーターを務める催しを盛り上げようと、田辺パーソナリティーから次々、鋭い矢の質問。原稿を書くのなら何とかなるが、弁舌爽やかならざる当方はタジタジだった。

なかでも、筆者がかねてからの持論を展開した時だ。戦中、六〇万沖縄県民は本土の盾になり、四人に一人が命を落とす過酷な体験を強いられた。にもかかわらず戦後の日本政府や本土の国民は日米安保の苦渋を彼地に押し付け、平気なのは何故か。「本来なら沖縄に足を向けて眠れないはず」と強調したのだが、どうやら相当上がっていたようだ。

放送終了後、長谷川モニターからすかさず「足を向けては……を三度も繰り返しては駄目」のダメ出し。〝友愛仲間〟なのに、いや、それだからこそ辛辣《しんらつ》なのだ。

見えたニュースの力

さて、いよいよ開催当日。単独主催で財政難なのに然るべき会場を借りていたし、プロ・ミュージシャンへの報酬などが嵩み、止むを得ず、入場者から一人千円をいただくことになったが、定員五百人のホールは満員の盛況だった。

実行委の要請で会場に持ち込んだ拙著『沖縄の島守』文庫本五〇冊の即売サイン会は、開場間なしに完売。「もっと取り寄せておけばよかった」の悔みが出たほどだ。

ステージ正面上部に、日本の代表的洋画家で、「武陽会」が誇る大先輩でもある小磯良平画伯（一九〇三～八八、10陽会）が描いた「沖縄の島田」と題した肖像画を掲げた会場。プロローグの壮重な献奏曲「憶い」に続いて、勝・実行委員長が挨拶に立った。

「このイベントのコンセプトは三つあります。第一はわれらが大先輩であり、沖縄の島守である島田叡さんを後世に語り継ぐこと。第二は戦中から現在まで、大変な負担を強いられて来た沖縄の皆様に思いを馳せ、感謝すること。第三は規模、予算ともわれわれの身の丈にあった催しなので、出演者の皆さんも島守のさまざまな思いをさまざまな形で表現していただきたい」

また井戸敏三・兵庫県知事は「戦後七〇年近く、人々の権利意識ばかりが肥大化し、責任を果たすことがなおざりにされている気がします。相次ぐ児童虐待、企業の不祥事、結論先送りの政治などは、その表れと言えましょう。今こそわれわれは島田知事が身を以って示された責任の重みや尊さに学び、受け継いで行きたい」と公人としては思い切った挨拶をした。

続いて「今も人々の心に生きる島田叡さん」と題した筆者の講演。与えられた時間は四五分しかなかったが、話したいことは山ほどあった。

その中から筆者は当初からの思惑通り、島田知事が死後六七年経っても沖縄県民の心を捉えて離さない事実の証しとして、島守かの会が近く島田が最期を遂げた壕の本格的捜索に踏み切るニュースを冒頭でぶつけた。

その論拠は本稿第十六章で詳述したので、要点のみ記す。まず沖縄戦後、本島南端の摩文仁で生前の島田に会い、その後、彼の自決遺体を見たと言う東京・三鷹市の旧軍人・山本初雄兵長を紹介。次に山本がテレビ局の取材時に語った内容を記した詳細なメモを、「島守の会」の島袋愛子事務局長が山本の死後、見つけたこと。それを基に終焉壕への手がかりである真水の井戸を、夫の常宏とともに探りたてたことを伝え、毒蛇ハブの出現を心配しなくて済む今冬以降に捜索に踏み切る考えを公表した。

その時、会場は水を打ったように静まり返り、ニュースの持つ力をまざまざと見せつけた。日ごろ、原稿でも講演でもニュース優先を旨としている筆者にとっても、稀有の光景であった。

続いて話は島田が一九三九（昭和十四）年から三年弱、中国の上海領事館で領事を務めていたころに遡った。当時の同僚・大貫元《おおぬきげん》・領事（栃木県出身、故人）の長女・山科和子（七八）は少女時代、筋向いの官舎に住む島田が余暇に二人の娘さんと興じていたボール遊びによく誘われ、一緒に遊んだ。「いつも明るく優しい方で、大好きなおじさまでした」と言うから、一人の少女にも忘れられない人柄だったのであろう。

彼女は前出の拙著を読んで胸を熱くし、手紙をくださったのは、この催しの直前。筆者は聴衆に島田の祖父とのエピソードも伝えたい、と急遽、京都に取材に出かけたのだ。

家族ぐるみの付き合いがあった大貫家にも、島田の沖縄県知事発令時、「美貴子おばさまが、おじさまに取りすがり、泣いてお止めになったが及びませんでした」と言う話が伝わっていた。戦時体制の推進役であった内務官僚とその家族の間でも、島田家の悲哀はさざ波のように密かに語られていたのである。この話を披露した時、会場は湿り気の多い静寂に覆われた。

「俺は死にとうないから誰か行って死ね、とはよう言わん」

これら二つのニュースで、持ち時間の半分を使ってしまった筆者は、「島田知事の人となりを」との執行部の要求にも応えねばならなかった。

「武陽会」員でも兵庫県人でもない筆者が、島田知事に取り憑《つ》かれた端緒は、かろうじて戦火を生き抜いた島尻の古老から「関西の新聞ならもちろん、島田さんのことを書いてくれますよね」と迫られたことだったのを話した。島田は過酷な戦火にあえいだ県民からも慕われていたのだ。

その根拠として、沖縄県知事就任を打診された島田が、親しい友人だけに持ち前の関西弁で漏らした二つの決断の言葉を披露した。

「俺が行かなんだら、誰かが行かななららんやないか。俺は死にとうないから、誰か行って死ね、とは、よう言わん。断ったら卑怯者になる」

「アホの勉強、忘れなよ。人間、アホになったら一人前や」

敢然たる赴任が語る決断力、県内外への疎開で県民を守ろうとした公徳心、食糧不足を自らの手で補った思いやりの心などを紹介、「僕ぐらい県民の力になれなかった知事はいないだろう」との島田の自責の思いは、連綿と続く慰霊活動や、近く始まる終焉壕捜索が否定している、と結論づけた。

続いて田辺教授をコーディネーターに、フォーラム・ディスカッション。特別参加した「島守の会」の嘉数顧問は「疎開によって、私を含む多くの沖縄県民の命を救ってくださった島田さんや荒井さんの偉業を思えば、友愛運動は未来永劫に続けなければなりません」と話した。また勝・実行委員長は「兵庫高校野球部の甲子園出場は半世紀近くも途絶えており、島田先輩に申しわけない」とスポーツマンらしい無念の思いを漏らした。

語りがもたらした島守を憶う静かな興奮は、第二部「音で綴る沖縄への憶い」が癒した。沖縄の盆踊りに欠かせないエイサア、兵庫高校ＯＢ吹奏楽団が奏でる沖縄メロディーに続いて、54陽会のプロギタリスト・鈴木一郎（六四）の名演奏をバックにソプラノ歌手・寺島夕紗子《ゆさこ》（四三）が亡父・寺島尚彦の作詞、作曲になるミリオンセラー歌曲「さとうきび畑」を熱唱した。

この歌は照りつける夏の日差しの下、サトウキビ畑に立つ沖縄の女性が沖縄戦で亡くなった父を偲び平和への願いを新たにする抒情歌。風が緑の波になってうねる葉ずれの音を「ざわわ」とした新表現が一一コーラス半、一〇分一八秒かかる歌の中で六六回も繰り返され、評判になった。

飢えが日常だった沖縄戦のなかで、それをいくらかでも癒したサトウキビの働きを書いておきたいと思っていた著者は二〇〇六（平成十八）年、この歌ができた経緯から書きおこし、タイトルにも拝借して『ざわわ　ざわわの沖縄戦――サトウキビ畑の慟哭』（光人社刊。現在、光人社ＮＦ文庫所収）を書いた。その時、お世話になった寺島女史にも楽屋で挨拶を済ませたので彼女の熱唱は客席でじっくり聞かせてもらった。

最後は参加者全員による合唱で二時間三〇分による「島守を憶う夕べ」はフィナーレを迎えた。その途端、三〇歳代とおぼしき「武陽会」の女性会員が相ついで三人、筆者の席を訪れ、申し合わせたように「今日はご苦労様でした。よいお話しをありがとう」と感謝してくれ、握手まで求められたのには感激した。ついでながら皆さん、揃って美人でした。

午後七時三十分、集いが終わるのを待ち兼ねたように、「島守の会」の島袋と嘉数は「武陽会」の和田理事長、勝実行委員長ら執行部に会い、「島田知事が最期を遂げられた壕の本格的捜索は、講演で話されたように今秋以降に実行に踏み切ります。『武陽会』の皆様もぜひ協力していただきたい」と正式に要請した。筆者の情報に基づき、事前に協議していた執行部は、その場で承諾した。

この催しを神戸新聞社は七月十日付け朝刊で報じた。催し自体の紹介記事はエイサアのカラー写真を添え、神戸地域版で四段抜きだったが、捜索関係は「沖縄の恩人　遺骨捜索へ」の五段抜き大見出しを付け、社会面トップで特報扱いだった。

なお兵庫県側の「兵庫・沖縄友愛提携40周年記念シンポジウム」は、この年十月二十八日（日）、兵庫県公館で開いている。

第二十一章　島守の最期を追って

〝偶然〟のような〝必然〟

島田知事が最期を遂げた壕と遺骨の捜索は、「島守の会」と「武陽会」の綿密な事前調査の結果、二〇一三（平成二十五）年三月二十一日から二十三日までの三日間、地元関係者も協力して行うことになった。

「武陽会」からは前年の「島守を憶う夕べ」を演出した和田理事長ら執行部の前記五人に加え、64陽会の小室こゆみ会員（五四、エキストラ珈琲KK代表取締役。二年後から執行部入り）が紅一点、飛び入り参加することになった。

神戸で最初のコーヒー焙煎問屋を一九二三（大正十二）年に祖父が創業、二代目の父・濱田勝也（二〇一四年五月、八三歳で他界）は37陽会、夫と実妹も66陽会という陽会一家である。

その小林の許へは捜索を控え、やはり64陽会の同期生で、東京のTBSテレビ報道局の藤原康《やす》延《のぶ》・制作プロデューサー（五四、現BS・TBS常務取締役）から、「取材に協力してほしい」との電話連絡が入っていた。

TBSはこの年の終戦特別企画として、島田叡を主人公とする二時間報道ドラマ『生きろ～戦場に残した伝言〜』の制作を考えていた。ドキュメンタリーで描き切れない部分はドラマで補う合体方式である。そこで島田終焉壕の捜索や参加する関係者のインタビューなどを撮影させて、との要請である。小林は「『島守の会』と『武陽会』による創作の機運が熟したこの時期に、まったく別の所で同窓生らによる島田先輩顕彰の動きが始まっていたのはまったくの偶然です。しかし、この後輩同士の三〇年ぶりの再会は、島田先輩が取りもたれた必然の出来事のような気がしてならないのです」と言った。

「武陽会」による島田顕彰の歴史は、この時点で四九年と半世紀近かったが、ＴＢＳスタッフの島田への思い入れ二七年と四半世紀を超えていた。元祖はこのドラマの発案者で、総合監督を務めた岩城浩幸《ひろゆき》・報道局次長（五六、現・ＴＢＳメディア総合研究所取締役）である。

駆け出し時代、報道局の政治部記者として自民党を担当していた岩城は、一九八六（昭和六十一）年六月二十三日の「沖縄慰霊の日」に、竹下登幹事長（後に総理・総裁。故人）の同行取材で初めて摩文仁の平和祈念公園を訪れた。本稿第七章で紹介した「沖縄全戦没者追悼式」の取材。当時はまだ内閣総理大臣は式典に参列せず、幹事長の沖縄訪問も投票日が迫っていた衆参ダブル選挙のための遊説が主たる目的だった。

岩城は厳かな追悼式に胸を打たれた後、摩文仁の丘の裾に待機していた随行記者用のバスへ戻ったが、その道すがら偶然見たのが、「島守の塔」だった。「軍とともにあの戦

武陽会副理事長、理事長として島守顕彰に尽くした小林正美

藤原康延（左）と岩城宏幸

争を遂行し、大きな被害をもたらした官の代表者が何故、こうも手厚く弔《とむら》われているのか」の疑問が島田を追う旅の始まりとなる。彼は「強烈な印象でした。その日、自分が送った政治部原稿のことなどまったく覚えていないのに、東京へ帰ってからも島守、島守と、うわ言のように繰り返していたのをしっかり覚えています」と言う。

　だからその後、担当したドキュメンタリー番組『報道の魂』で、二〇〇八（平成二十）年中に三度、島田知事を取り上げ、後輩たちに「島田叡って、知っているか」と問いかけるのが、この人の口癖になった。

　この年二〇〇八年、沖縄では「島守の会」が記録映像『島守の塔』を完成させると同時に、島田終焉壕の捜索に着手したことは本稿第十六章で紹介した。かたや兵庫の「武陽会」もこの年、島田の座右銘「断而敢行鬼神避之」を刻んだ顕彰碑を島守の塔そばと母校々庭に建立したことは、同第十七章で書いた。当時の小林副理事長が言ったように、島田を崇敬する人々の間では「偶然のような必然」は珍しくないのだ。

周到な準備の上の捜索

　こんな沖縄と兵庫のさまざまな思いを背景に、島袋愛子・「島守の会」事務局長夫妻の捜索準備は着々と進んだ。

まず平和祈念公園の東側に広がる摩文仁海岸の五万分の一の地図上に、前記山本メモが記していた捜索の手がかりとなる地点を丹念に書き込んだものを五種も作った。前出のワイジー（割れ岩）やワイガー（湧く井戸）はもちろん、すべての地図に登場する。うち最も詳細な一枚には、「写真№1〜32」の記入を二五か所も書き込んだ。

二月十三日、島袋夫妻ら、同二十日は嘉数元副知事らも加わって現地に分け入り、撮った写真の撮影地点。その写真のカラーコピーは、A3用紙に八点ずつ計四枚、合計三二点をグラフ式に綴じて、参加者分用意する念の入れようだった。

この現地入りの際、夫妻は摩文仁の断崖下の岩場に、総延長約三五〇メートルのロープを張った。山本メモが示した島田終焉壕までのルートで、それは愛知県の慰霊碑「愛国知祖之塔」の下あたりまで続いており、これも前記詳細図に赤い線で書き込んだ。

その傍ら沖縄戦研究家の常宏は、A4用紙二二ページの「捜索参考資料集」を作った。前出の浦崎純、中野好夫、それに筆者から、捜索に関わりのある部分を抜粋したコピー集。各書籍の奥付も添えてあり、「できれば原本を読んでください」と付記する丁寧さだった。

これらの基礎作業を踏まえ、愛子事務局長は「捜索日程と要領、メンバー表」を作った。参加予定者は県外から「武陽会」の前記六人と一筆者の計七人、沖縄からは「島守の会」の嘉数会員、愛子夫妻、沖縄戦研究家の知念堅亀、沖縄大学の波平エリ子講師ら本稿ですでにお馴染みの一五人。

この中には不測の事態に備え、救護ボランティアの看護師二人のほか、異色の語り部を一人呼び寄せていた。その人を早く紹介したいので、話は捜索へと急ぐ。

捜索第一日の三月二十一日、愛子は沖縄戦と島守に関する基礎知識の〝おさらえ会〟に当てた。筆者ら七人が午前十時二十五分、那覇空港に到着すると、沖縄側の主だった参加者が出迎え、空港東側に広がる自衛隊の基地群のうち、那覇市鏡水《かがみず》にある陸上自衛隊第十五旅団司令部に案内した。ここに展示されている「沖縄戦戦史模型」を見ながら、同僚団幹部から沖縄戦の戦闘概況の説明を受けた。

午後は沖縄戦終焉の地である糸満市摩文仁の平和祈念公園へ。各自が途中のコンビニで調達してきた弁当による昼食を公園管理事務所で済ませると、前出の「島守の会」制作になるＤＶＤ『島守の塔』を改めて鑑賞した。

午後二時ごろから、その「島守の塔」を始め国立戦没者墓苑、兵庫県の「のじぎくの塔」に参拝。その後、翌日からの捜索予定地を見下ろす前記「愛国知祖之塔」敷地内で捜索を打ち合わせ、塔の高さを示す目印用のロープを崖下に投げ下ろした。ここで兵庫高校野球部の、かつてのエースだった勝副理事長が豪腕を発揮。重いロープを狙い通りに投げ、一同の喝采を浴びた。

午後三時ごろ、一行は摩文仁から那覇市真地に移動、本稿第六章で紹介した戦中の戦時行政の拠点「県庁・警察部壕」を訪れた。

壕内の案内役は、この壕の再発見者である知念堅亀が務めた。一方、壕の外では戦中、島田や荒井の謦咳の接した高齢の元・警察官が足に自信がないので壕には入らず、一行が壕から出て来るのを待っていた。筆者の前著、ここまでの本稿はもちろん、島袋常宏が渉猟した島守関係資料にも出てこない前記の語り部だった。

新たな語り部の登場

その人は沖縄県警察訓練所（今の警察学校）を一九四五（昭和二十）年三月八日、戦中最後の八十六期生二四人の一人として卒業した上原徹《うえはらとおる》（九一、浦添市在住）である。

彼は旧制・沖縄県第一中学校（通称・沖縄一中、首里高校の前身）四年卒業直前に応募、採用された。三月二十八日から始まる沖縄地上戦や同二十七日の一中卒業式直前の任官。ちなみに戦力不足を補うため編成された「沖縄一中鉄血勤皇隊」は卒業式当日に軍が提案しているので、上原はそれを知らないままの警察入りだった。

二四人は県庁近くにあった練習所などで四一日間の訓練を受けた後、慌ただしく各署に配属されたが、上原だけは本部、つまり県庁・警察部隊壕勤務となった。上原は泥まみれになって出てきたわれわれ一行に、前記の略歴を含め矍鑠《かくしゃく》と語りかけた。

上原徹

「壕の中は如何でしたか。私の戦中の記憶では広々としていた感じでしたが、最近二回入ってみて、こんなに狭かったのか、と実は驚いています。明日をも知れぬ戦中、身の安全が図れたという安堵感がもたらした思いと、平和な今の感覚とのズレでしょう。

私の辞令は『警察部長秘書室勤務』でしたが、三畳ほどの部長室は荒井部長、お付きの仲村兼孝警部補（のち殉職）、具志（現姓・上地《うえち》）よし子さんが詰め切りの上、幹部が絶えず出入りしますので、私の居場所はありません。そこで私は、知事室前の通路にいました。

任務は知事と部長の食事を運んだり、お二人が南出入口近くの幹部用トイレへ行かれる時にお供したり。仲村警部補とは常に行動をともにし、野菜採りに出かけたりもしました。

部長室は絶えず会議を開くため、いつもカーテンが掛かっていましたが、知事室は開けっ放しで、よく読書されているお姿が見えました。地方長官と一警官では身分が違いすぎますので、お話などできませんでしたが、豪胆で優しいお人柄はたたずまいから察せられました。砲撃で壕が揺らいでも、泰然となさっていましたからねえ」

県庁・警察部壕での生活一か月、島田、荒井らは一九四五年五月二十五日、苦渋の南部落ちを強いられた。

その数日前、上原は仲村警部補から、当時すでに高嶺村与座岳中腹のお墓の壕へ移っていた糸満署への転勤を命じられた。「辞令が出ているのに、仲村警部補は僕に『君は荒井部長やわれわれと行動をともにする必要はないよ』と返し言われた。今にして思えば、島田知事や荒井部長はあのころから、若い者は生かしてやろうの考えがおありになったのでは……と思っています」と言う。

島田知事に会えるのはこれが最後か、と考えた上原は、意を決して知事室の入り口に直立不動の姿勢で立ち、配置換えの申告という形で初めて声をかけた。彼が語る、その背景。

「不肖・上原徹巡査、この度、糸満署へ転勤になりました、と大声で申告しますと、長官は奥から紙包みを持って来られ、『ま、身体を大事にしなさいよ』のお言葉とともに黒砂糖の包みをくださいました。塊ではなく、粉末状のものが一握りでした。それでも当時は貴重品、しかも知事さんから直接いただいたものですから、それを宝のように持って、荒井部長らより先に警察部壕を出ました。その時、部長にも申告したと思いますが、残念ながら記憶にありません」

一中同期の親友との再会と別れ

それにしても、こんなに二人の島守の傍近くにいて、何くれと心遣いに与った上原は何故、戦後六十数年もそれを語らなかったのか。筆者の問いかけに、彼は苦渋の表情で言った。「私は南部で未だに思い出したくもない体験を、それも沖縄戦の組織的戦闘が止んで二日後に経験しています。それが理由です」。彼が警察部隊壕の前でも一同に話さなかった以下の話は、筆者が後日の取材で聴き出したものである。

上原は知事からいただいた黒砂糖、警察部壕でもらった二升（約三キロ）の米を持って、真地から与座岳へ向かった。この年は梅雨の訪れが早く、激しい雨のなか、昼間は焼け残った木蔭や民家の石垣に潜み、移動は夜間。濡れねずみの姿で二日がかりで糸満署の壕に辿り着いた。彼の苦しい述懐。

「糸満署の壕には五月末から六月七日の県庁・警察部解散の日までいました。その壕には訓練所の同期生も、顔見知りもおらず、先輩の警官ばかりでしたので、八日からの南部落ちも独りぼっちでした。覚えているのは心細さばかりで、南下のコースも日付もはっきりしません。

そんな六月中旬のある夜、島尻の南端まであと三キロの真壁村の道端で、沖縄一中同期の親友で一中鉄血勤皇隊員になっていた軍服姿の崎間副昌君（のち自決、享年一七）とバッタリ出会いました。お互いにオーッと声を上げ、三か月ぶりの再会を喜び合いましたが、彼は砲弾の破片で背中を一〇センチ四方ぐらいえぐられ、傷痕《きずあと》にすでにウジがわいていました。背骨は大丈夫だったのか、まだ歩いていました。それから一〇日ほど、私は崎間君と行動をともにしました」

六月中旬から下旬にかかるこの時期は、米軍の最後の総攻撃の真っただなかである。夜間といえども曳光弾《えいこうだん》が絶え間なく打ち上げられ、すでに廃墟と化した島尻の真壁、今「ひめゆりの塔」がある伊原、「沖縄陸軍病院之塔」がある山城《やまぐすく》など、二人が通った集落を無残に照らし出した。そんな敵中、上原は崎間に「いざという時、二〜三〇〇メートルなら走れるか」と問いかけ、彼が「いける」と答えたのを覚えている。

現に二人はある深更、米軍の砲撃が少し止むのを待って、三〇〇メートルほど走った。それが今にして思えば、米軍の組織的攻撃が熄《や》んだ一九四五（昭和二十）年六月二十三日の夜だった。

上原の耐えがたい体験は、前記のようにその二日後に襲う。ここは再び、彼自身に語ってもらおう。

「翌二十四日は、爆撃も砲撃もないんですよ。不思議だなあ、と話し合いながら、翌二十五日のカンカン照りの昼間、僕は久しぶりに水浴びがしたくなった。崎間君に『君は寝ていなさいよ』と言い、制服を彼の傍に置き、日本手拭一本の丸裸で山城の海岸に降りましたが、そこで不覚にも捕虜になりました。相手は上半身裸で、真っ赤に日焼けした数名のアメリカ兵。当時、鬼畜米英と言っていましたが、まさに赤鬼の感じで、怖かった。僕は崎間君がいる方を指差し、片言の英語で『友だちがいる』と叫んだのですが、相手は聞く耳を持たない。銃で背中を小突かれ、海岸に集められた。同時に捕虜になったのは、軍人を中心に五〇ぐらいもいたでしょうか。その時、崎間君がいた方向でボン、ボンと手榴弾が破裂する音がしました。その一つが彼の自決音だったと思います。崎間君は手榴弾を一発持っていて、これは敵に投げるのではなく、潔く自決するために使うのだ、と言っていました。僕のせいで彼を一人にしたので、自決させてしまった。だけど僕も一緒にいたら、彼とともに自決していたと思うんですねえ。このやり場のない懊悩《おうのう》が、以後の私を苦しめました」

上原はまず、豊見城村与根《よね》の捕虜収容所で尋問を受け、軍人は国頭郡金武《きん》村の屋嘉《やか》収容所へ。上原ら民間人は中部のコザ（現在の沖縄市）収容所を経て、同じく中部の石川収容所へ。ここで戦中、北部の山原へ避難していた家族との再会を果たす。

終戦の八月十五日、米軍が同収容所内に、沖縄県民による自主政府設立のための準備機関「沖縄諮詢会」を作らせたことは先に紹介したが、組織ができると警察機能が必要になった。上原は「もう一度、警察官を……」との周囲の勧めで、再度警官に復帰、一九六五（昭和四十）年まで二〇年間、勤めた。

その後は船会社や荷役会社へ転身、最後は常務取締役まで務め、一九九八（平成十）年、七〇歳で退職するまで勤め上げた。しかし、この間、五三年、戦中の体験には一切、口を噤《つぐ》んできた。

先輩語り部コンビが説得

そんな上原の頑なな心をこじ開けたのは、拙著ですでにお馴染みの県庁・警察部壕の再発見者・

知念堅亀であり、「島守の会」の島袋愛子事務局長だった。

知念は二〇〇七（平成十九）年、本稿七章で紹介したハワイ在住の上地よし子からの電話で、彼女は警察部壕で一緒に働いていた上原と連絡を取り合っているのを知った。彼女は戦中、爆風で難聴になり、その証人を上原に依頼していたからだが、その電話によって知念は二人の島守をよく知る上原の健在を知った。牧港の上原家へ、自身が再三登場する前著を届けるなど、語り継ぐこのことの大切さを訴え始めた。

そんなところへさらにもう一つ、上原の心を動かす出来事が起きる。二〇一〇（平成二十二）年四月十日、当時八四歳の上地が長女のデービン直美（六二）、その子のシャピロ直人（三八）の親子三代が九年ぶりに沖縄へ帰り、三人揃って島守の塔に詣でたのを翌十一日の琉球新報の紙面で知ったことだった。上原は言う。

「あの記事を見た途端、六五年前の県庁・警察壕での日々が脳裡に甦《よみがえ》りました。姐や、の愛称で呼ばれていた一九歳のよし子さんが日夜、生活用水や食事運びなどに忙しく立ち働いていた様子が眼前に浮かびました。その上、記事によれば、彼女は島守の塔に額づき、『沖縄は立ち直り、長官が仰言った命の尊さを守り続けています。安心してください』と涙ながらに語り掛けた、と言うではありませんか。それに引き替え、自分は塔にも参らず沈黙していることでよいのか。よし子さんに会って相談したくなり、新聞社に滞在先を問い合わせようと、と思いました」

それでもその日、すぐ行動を起こさなかったのはやはり、崎間の親に対するわだかまりか。中一日置いた十三日、記事に署名があった琉球新報社の島袋貞治記者に電話し、身分を明かした上で、上地一家の滞在先を尋ねたところ「残念ですが今日、ハワイへお帰りになりました」との返事だった。このやりとりを島袋記者から聞きつけ、ほどなく牧港の上原家へ電話してきたのは、当時まだ「島守の会」の川上ヨシ事務局長の補佐役を務めていた島袋愛子と言うから、さすがである。

彼女は上地家がこの月二日から帰沖しているのを知ると、十日午前十時から正午まで、よし子とは切っても切れない県庁・警察部壕を管理している繁多川公民館で「上地よし子さんを囲む会」（壕プロジェクト〔代表・波平エリ子〕主催）に参加した。戦中を知らない繁多川の住民は、よし子の話を固唾を呑んで聞き、島田知事と荒井部長の沖縄県民を思う気持ちに胸を打たれた。

一方で愛子は以後、再三、牧港に上原を訪ね、説得を始めた。上原の証言。

「『あなたが戦争中のことを話したくない気持ち、惨めな思いを振り返りたくない気持ちはよくわかります。でも戦中、二人の島守に会い、その立派さを知る人は年々、亡くなって行かれます。それを語り伝えていくのは、あなたのお務めでは……』と諭されましてねえ。それで『島守の会』に入りました。中学校や高等学校の平和学習で、『島守の会』に講師派遣の要請がありますと、私が出掛けて行くことになりました。と言ってもまだ、近々二、三年のことですが……」

〝死屍累々の地〟に阻まれて

戦後六五年目に登場した語り部に執着する余り、島田知事終焉壕の報告が遅れたことをお許しいただきたい。

捜索は二〇一三（平成二十五）年三月二十二日（金）午前九時、沖縄・兵庫の参加者二二人が島

島守終焉の地の捜索中。小室こゆみ（手前、横街）に手を差し伸べる小林正美

守の塔前に集合、注意事項を確認し合った後、午前十時から始めた。

前記のＴＢＳ報道ドラマ制作スタッフや取材報道陣を含む一行約四〇人は、前出のワイジー（割れ岩）からワイガー（湧く泉）へ通じる急峻な坂道を途中で右折、島袋夫妻が張ってくれた目印のテープを頼りに、摩文仁岳の断崖下を西へ辿った。

この地は県の海岸樹林自然保護区域で、遺骨収集者が入るのは認められているが、植物の大掛かりな伐採は禁じられている。海岸独特の切り立ったサンゴ礁の岩などが地表を埋め、その上に茨《いばら》のある大木や棘《とげ》のある阿檀《あだん》が生い茂り、容易に人を寄せ付けないジャングル状態になっていた。ルート上でも琉球石灰岩の岩穴の上に落葉や枯れ枝が積もり、足場は極めて悪かった。

その上、切り立った崖の横壁には火炎放射器によるものか、黄燐《おうりん》弾によるものか、真っ黒に焼け焦げた跡が戦後六八年にもなるのに、はっきり残っていた。積み重なった岩と岩との間には、一人二人の人なら入れるような小さなガマ（自然壕）もあった。「あんな所から未だに、子供の遺骨が見つかります」と先頭集団にいた愛子事務局長が説明してくれた。

この険しさ、厳しさに圧倒された筆者は、前年二月に九八歳で亡くなられたばかりの旧日本軍兵士で、沖縄戦が終わった直後、この断崖一帯の惨状を見た大阪の写真家・渡辺憲央《のりお》から聞いた話を思い出した。

　この人は戦前からのプロ野球カメラマンだったが、終戦前年、三〇歳で陸軍独立高射砲第二十七大隊に召集された。一等兵として沖縄戦に参加したが、軍の理不尽なありさまに耐え切れず、本島南部で脱走、漂着した久米島で米軍の捕虜になった数奇な体験の持ち主。本島北部の屋嘉収容所に送られたが、写真の腕を見込まれて米軍の憲兵隊本部写真班を手伝っていた時の話である。彼は言った。

「暗室で連日、日本軍捕虜の顔写真の現像、焼き付けに追われていましたが、沖縄戦が終わっても間もない休日のある日、写真班キャップのジョンソン曹長に頼み込んで、わが大隊全滅の地である小渡《おど》（現在の糸満市大度《おおど》）、その東にある摩文仁海岸へ連れて行ってもらいました。海岸線はまだ、日本軍・民の遺体や白骨で埋め尽くされ、総毛立つほどの無残な光景でした。暗室にはその写真を始め、凄惨な戦場の写真が山ほどありましたが、持ち出し厳禁で、管理は徹底していました。私はこの悲惨な戦争を語り継ぐための証拠写真として一点でも持ち出したいと思ったが、とうとう果たせなかった。戦後、アメリカの国立公文書館は沖縄戦関係のかなりの写真を公開しましたが、あの摩文仁海岸線の写真は未だに見たことがありません。そういう意味で、米軍の報道管制は徹底していました。かたや、中国戦線で、中国への斬首写真を内外の報道カメラマンに得意げに公開し、戦後、大虐殺の証拠写真として使われている間抜けな軍隊とはやり方、役者が違うのです」

　筆者は沖縄戦に関する著書を、これまで六冊書いてきた。その都度、摩文仁海岸の断崖下に追い詰められた日本軍将兵と無辜の沖縄県民合わせて数万の無残な死を、渡辺の話などを参考に書いた。それにもかかわらず、その崖下へ実際に足を踏み入れたのは、お恥ずかしいことに、この捜索時が初めてだった。

はたして、天罰覿面《てきめん》。午後の捜索が始まって間もない一時過ぎ、筆者は不覚にも琉球石灰岩の岩穴を踏み抜き、右足の向こうずね、いわゆる〝弁慶の泣き所〟に全治二週間の裂傷を負った。さっそく、救護ボランティアの又吉節子看護師に応急手当、愛子事務局長には痛んだ登山靴の応急修理をしてもらった。その上、治療のため多忙を極める彼女の車で、県立南部病院（糸満市真栄里《まえざと》）へ連れて行ってもらう厄介をかけた。

第二十二章　語り部映像第二弾・ＴＢＳの『生きろ』

魅力的なプロローグ

「島守の会」と「武陽会」による第一回捜索は三月二十三日にわたって行われ、終焉壕は場所すら確定できなかったが、成果はいくつかあった。

一つはＴＢＳの報道ドラマ『生きろ～戦場に残した伝言～』の制作に協力することによって、この作品を、ドキュメンタリーと史実に忠実なドラマ部分が渾然《こんぜん》一体となった、優れた内容に高めたことである。それは第十六章で紹介した「島守の会」制作になるＤＶＤ『島守の塔』に続いて、映像による語り継ぎの第二弾と言えた。

筆者がそう見る発端は、正味一一四分の作品の冒頭、わずか二分一五秒のプロローグに凝縮されていた。沖縄戦の中での島守の存在を手際よく紹介、見る人を引きつけた。その感慨は全編を使って、まさにドラマチックに解き明かされる。「沖縄の島守」という堅いテーマを語り継ぐ無二の手法とも言えるもので、語り部の一員を自負する筆者としては好ましく、それゆえに、このプロローグを丁寧に紹介しておきたい。

作品は「残しておきたい『今』を見よう。テレビ未来遺産」と制作理念をソフトに語りかける歌手・由紀さおりのナレーションで始まる。

「二〇一三年三月」の字幕入りで、わが捜索隊が道なき道を行くシーンが、まず紹介される。主人公の名は明かさぬまま、「その人物の消息が途絶えて六八年、今も捜索活動が行われている」と解説、その人の謦咳《けいがい》に接した三人の証人を矢継《やつ》ぎ早《ばや》に登場させ、一言ずつ人柄を語らしめる。このあたり、島守の何たるかを知らない人々を巻頭から引き込もうとする心憎い演出である。

証言者のトップは、捜索隊への解説役でもあった前出の上原徹で、「実にご立派な方でした」との万感の思いを込める。二人目は、これも前出の知事警護官・新垣徳助（今は故人）が、「死を覚悟しつつ、県民に尽くそうとしておられた」と語る。最後は戦中、県も認めざるを得なかった学徒動員で、鉄血勤皇隊沖縄師範隊に召集されたが、九死に一生を得て生還。戦後、琉球大学教授として沖縄戦の研究などに取り組み、沖縄県知事を二期務めた大田昌秀（一九二五～二〇一七）が、「尊敬すべき本物の人物と言える」と断定する。

ここで初めて島田知事の戦中のポートレートが登場、ナレーションも「その人の名は島田叡。戦中、最後の沖縄県知事」と明かした上で、「一〇万人を超える県民の命を救ったと言われている」と功績を語る。さらに旧制三高野球部時代の写真をバックに、「学生時代は日本野球界最高の舞台で活躍した名選手でもあった」と紹介、彼の行動指針の一つにスポーツマンシップがあったことにまで、早くも言い及ぶ。

悲劇の沖縄戦は〝鉄の暴風〟と言われた凄まじい米軍の砲爆撃、艦砲射撃などの実写から紹介、ナレーションは米軍の第一線部隊が統合参謀本部に宛てた電報の一部、「この世の、ありったけの地獄を一か所に集めた」を借りて解説、県民の惨めな疎開風景や恐怖に身を震わせる一人の幼女の実写にかぶせて「島田は住民を守るためにすべてをかけた」と解説する。

画面は一転、沖縄戦最後の激戦地であった摩文仁へ。その丘のふもとに今、木々の緑に囲まれて立つ「島守の塔」、「戦没県職員の芳名碑」をなでるように追いながら、「四六九名の戦没者の中に、その名はあった。島田叡」と、殉職の結末を告げる。

ついでカメラは、島田知事と荒井警察部長の終焉の地を示す碑にある二人の名を、ズームアップ、ナレーションは「島田を支えたのは警察部長の荒井退造。二人は玉砕一色の時代に『生きろ』と言い続けた」と、作品の主題を明かす。

ついで映像は、荒井に仕えた警察部職員の上地よし子や、上原が語り継ぐ姿をバックに、字幕は「この番組はわずか五か月間の沖縄県知事の物語。身近に接した関係者の証言や貴重な資料をドラマとドキュメントで構成した」と解説する。

ここで島田知事を演じる俳優・緒方直人（四五）がカーキ色の戦闘帽、国民服姿で登場。「一番大切な自分の命を守ることに全力を尽くしなさい」と声を張り上げるのを追うように、「報道ドラマ『生きろ』～戦場に残した伝言～」のタイトルが浮かび上がる。

史実に忠実なドラマ

本編は、参謀本部が沖縄戦を「本土防衛のための〝捨て石〟と見ていた」との的確なナレーションで始まる。その幕開けとなった一九四四（昭和十九）年十月十日早朝からの、いわゆる10・10空襲は、実写からドラマへ。

島田より一年七か月早く赴任、県民保護の〝先駆け〟を務めた荒井警察部長に扮した的場浩司（四四）が登場、部長官舎で洗面中に大空襲に気付き、「だから、まつ毛に火が付いてから慌てても知らんぞ、と言ったんだ」と叫ぶ。

この言葉は荒井が県庁の幹部会議の席で、怒りを交えて実際に放った文言。彼は前年から県民の身の安全を願って県内外への疎開に全力を傾けたが、一向に乗ってこない県民へのいらだちが言わせた。しかも前段に「沖縄の奴らはまったく目先が利かない」との歯に衣《きぬ》着せぬ表現があったから、その場に居合わせた那覇署の次席警部で、第七章でも紹介した山川泰邦の印象は濃く、それに基づいて筆者も前著『沖縄の島守』で、一字一句漏らさず紹介した。

この空襲時、島田の前任知事・泉守紀は寝間着姿のまま知事官舎内の防空壕に逃げ込み、壕内で震えていて、県庁に出勤しなかったこともドラマ化されている。これは小渡《おど》信一・秘書官の証言に基づいている。

那覇市の九〇％を焼土と化したこの大空襲に恐れをなした泉知事や、副知事格の伊場信一内政部長は、本省の会議に出席すると称して沖縄を留守にした。このため県民総動員が思うにまかせなくなった沖縄守備軍は、施政権を掌握する戒厳令の発布を考えた。

それだけは何としても避けたい内務省は知事の更迭に踏み切り、島田を後任の有力候補に挙げた。それを話し合う高官会議もドラマに登場するが、そこで交わされる「型破りだが、手腕はある男」「中央からの命に対し『本県には本県の事情がある』と独自の流儀を貫く、気骨のある奴」という人物評も実話。本稿第八章で紹介した中野好夫が、島田についての初の本格的評伝を書いた時、往時の内務官僚から取材した内容で、筆者も間接ながら中野から聞き、前著で書いた。

さて、いよいよ島田知事が着任、県庁前広場での挨拶シーン。県庁職員に混じって各社の報道陣も取材かたがた出迎え、新知事の人柄を噂し合う設定。東京帝大野球部のスタープレーヤーだった島田が三年次、一生の問題である高等文官試験を先送りして、母校・三高野球部の監督を引き受けた勇気が話し合われるが、これも実話。筆者は神戸二中と三高野球部の二年後輩だった9陽会の名倉周雄（後に関西六大学野球連盟理事長、故人）から聞き、これも前著で紹介した。

この作品はこの後も、ドキュメンタリーで沖縄戦の展開と二人の島守の対応を伝え、交互に出て来るドラマ部分が、それを文字通り劇的に描いてゆく。カギとなる台詞《せりふ》は、すでに紹介した出だしの四シーン同様、すべて史実に裏打ちされている。それは筆者の集計では、全編にわたって四三か所もあり、三分弱ごとに登場する勘定。これほど史実に即したドラマは、前例がないだろう。それを一つ一つ検証することは前著をなぞることになるので、ここでは省略させていただく。

史実とドラマの見事な融合は岩城報道局次長の総合監修によるが、番組作りのために集まった五人の混成取材班は指示に的確に応えた。藤原とともにプロデューサーを務めた黒岩亜純《あずみ》（四四）、沖縄取材のベテランで、ドキュメンタリーのチーフディレクターを務めた佐古忠彦《さこただひこ》（四八）、同じくディレクターの片山薫《かおる》（三四）と岩波孝祥《たかよし》（三二、心臓疾患で急逝、享年三九）の面々である。

佐古はジャーナリスト・筑紫《ちくし》哲也（一九三五〜二〇〇八）がTBSテレビで二〇年近く続けた報

佐古忠彦

道番組「ＮＥＷＳ23」のキャスターを一〇年間務めた人なので、知的な風貌を思い浮かべる読者は多いと思う。二〇一六年からは、占領下の沖縄で米軍にＮＯを突き付けた勇気ある革新政治家・瀬長亀《せながかめ》次郎《じろう》（一九〇七〜二〇〇一）を描いたテレビ番組や映画を五本、立て続けに制作、文化庁の映画賞など多数の賞に輝いている。

二〇一九年四月からはテーマを再び島田へと回帰、二一年三月、ドキュメンタリー映画『生きろ　島田叡　戦中戦後の沖縄県知事』を制作、同年中に全国の四五劇場で公開した。

戦中、周囲の人たちに「生きろ」と語りかけた島田が、最終段階近くでなぜ、摩文仁へ逃れた軍司令部に牛島中将を訪ねたのかは、佐古の長年の疑問だった。それを解き明かしてくれたのは、新たに発掘された牛島から島田に宛てた「最期をともにしましょう」との手紙だった。しかし、島田はそれに肯《がえ》んじず、独自に死地を模索した。それを佐古は「人間としての島田が、官僚・島田を呑み込んでいった二律背反の苦悩の極み」と見て、渾身の一作のテーマとした。

中国・武漢に始まるコロナ伝染が観客動員を妨げているのはなんとも残念だが、機会があればご覧になるよう、お奨《すす》めする。

話をＴＢＳの『生きろ』に戻すと、取材班の成果を巧みに脚本に織り込んだ土城温美《どきはるみ》の優れたシナリオは、俳優の演技にも大きく影響した。主演の緒方、的場の二人とも、島守の存在は、この作品で初めて知ったのだが、撮影終了後の同年七月の記者会見で交々《こもごも》、話している。

「確かなドキュメンタリーに裏打ちされた役に出会って、自分がやらねば誰がやる、といった拝命時のお二人に似た心境になりました。そこで沖縄での撮影開始の前日、二人で島守の塔にお参りし、『お二人に成りきる努力をしますので、お力添えを』とお願いしました。以後、台詞を口にすると、自然と内から湧き出る感情に乗って演技ができ、役作りの必要はありませんでした」

集えば語り継ぐ。（左から）武陽会の小室こゆみ会員、嘉数昇明・事跡顕彰期成会会長、島袋愛子事務局長、勝順一武陽会理事長

友愛のフィナーレ

プロローグの冒頭を飾ったわが捜索隊の映像は、最終一〇回目のドキュメンタリー部分にも再び登場、今度は捜索関係の三人の語り部が島守への尽きぬ思いを語って、作品を締め括る。

「島守の会」の愛子事務局長は「多くの県民の命を救ってくださった島守のご遺骨を、何としても故郷へ還して差し上げたい」と語り、捜索を志願した「武陽会」の小室こゆみ会員は「捜索に加わって、人間が生きることの意味を、改めて教えていただきました」と目を潤ませた。同会の勝・副理事長は「最期の地を捜すことはわれわれ後輩の務めであり、それが語り継ぐことに通じる」と捜索の意義を語った。

こんな沖縄と兵庫の思いを代弁するように、カメラは島守の塔の建立経緯、内外の戦没者二四万余の名を刻んだ平和の礎《いしじ》、その名を指でなぞり、敬虔な祈りを捧げる遺族の姿を追う。その上で二人の島守の謦咳に接し、九〇歳代でなお矍鑠《かくしゃく》たる男女二人の沖縄県民が、フィナーレの最後を飾る。

荒井と一年一か月、生活をともにしたハワイ在住の上地よし子は「命《ぬち》どぅ宝（命こそ宝）という沖縄の格言を、私はお二人から逆に教えていただいた」と言う。かたやプロローグのトップを承《うけたまわ》った上原徹は、フィナーレでも大トリで登場。「私の命を守ってくれたのは、皆様方と同じ神戸出身の島田知事でした」と話した。耳を傾けていたのは神戸市立湊川中学校（兵庫区松本通一）三年の沖縄修学旅行生約百人だったからで、これ以上はない語り継ぎの場と言えた。

修学旅行を支えた五人の語り部

湊川中学五十三回生の修学旅行は、わが捜索隊の出勤からほぼ一か月後の四月十八日からの二泊三日だった。観光は後回しにして、初日から「島守の塔」や「平和の礎」に参拝、その後、平和祈念資料館へ移動、会議室で上原の話を一時間にわたって聞く日程。それを聞きつけたＴＢＳ撮影班は「願ったり叶《かな》ったり」と取材したのだが、この場面設定には島守を慕う五人の語り部の支えがあったことを書いておかねばならない。

神戸市立中学の修学旅行の行き先選定は民主的で、生徒が一年時にアンケートを取って多数決で決め、三年生に進級した春に実施する。湊川中で二〇一一年入学生の希望地が沖縄と決まった時、学年総務の嶋中良治《しまなかよしはる》教諭（五一、体育担当）はさっそく、前出の文化教育新聞社の社主であり、「兵庫・沖縄友愛運動県民の会」の事務局長でもある長谷川充弘に相談した。

一九八二（昭和五十七）年から教職に就いている嶋中は、同九三（平成五）年から兵庫県中学校体育連盟水泳競技専門委員会の長を務めていたから、中・高校のスポーツ記録を余さず掲載する「文化教育新聞」の編集方針に惚れ込んでいた。同時に神戸出身の島田知事の功績をたゆみなく書き続けている姿勢にも胸打たれていた。だから、嶋中は自校の各種スポーツ記録を届けに、同新聞社をしばしば訪れるほどの親しい間柄だった。

嶋中から相談を受けた長谷川はさっそく、「島守の会」の島袋愛子事務局長を紹介した。すると彼女は、自らが語り部になるよう説得したばかりである上原徹の講演デビューの場に、この修学旅行を選んだ。島田知事の出身地である神戸の中学生は、最初の聞き手として最もふさわしい、と考えたのである。

この経緯を捜索行で親しくなった愛子事務局長から聞いた「武陽会」の小室は絶句した。湊川中学は彼女が一九七三（昭和四十八）年に卒業した母校だったからで、またしても〝偶然〟のような〝必然〟である。

小室は愛子から譲り受けたＤＶＤ『島守の塔』など、島田大先輩に関するありったけの資料を抱え、母校へ駆けつけた。嶋中教諭に会い、ホットな捜索行の状況も余さず話した。後日、筆者の取材に、二人は申し合わせたように「とにかく熱心な人で……」と相手を評したから、その場の雰囲気がわかっていただけるだろう。

さて四月十八日、一時間にわたった上原の講演。死を恐れず、沖縄県民のために尽力した島田知事の人間性や、上原が親友の沖縄一中同期生と死別した話が織りなす戦争の無惨さに、生徒たちは身じろぎもせず聞き入った。その感動的なシーンをラストに、報道ドラマは幕を閉じる。

この講演活動は、関わった語り部たちにとっても忘れがたい出来事だったようだ。

小室こゆみが湊川中学53回生の卒業を祝って贈った上原徹手製のシーサー

二〇一四年三月、小室は、母校である湊川中五十三回生の卒業式に向け、上原から贈られていたシーサーを、メッセージを添えて嶋中教諭に送った。上原がかねてから通っていた陶芸教室で作った高さ二〇センチぐらいの可愛いシーサーを、愛子事務局長を通じて小室に届けていた。シーサーとは、十四、五世紀ごろ、中国から沖縄にもたらされた魔除けの獅子像である。

五十三回卒業生は楽しかった一年前の沖縄修学旅行や島田知事ら島守への思いを胸に、巣立って行った。シーサーは今でも校長室の棚に飾られている。

嶋中は五十三回生を送り出した後、二〇一四年四月、市立有野中学校（北区藤原台中町五）へ転勤。同行でも二〇一六年、同じ語り部グループのサポートを受け、自身二度目の沖縄修学旅行を実現している。

同中は二〇二〇年四月にも再度、沖縄へ行く予定だったが、新型コロナウイルスに妨げられ、十月に延期。高齢の上原は体調が優れず、講師は「武陽会」の小林理事長にリレーされた。

報道ドラマ、感動を呼ぶ

修学旅行に誘われ、先走った時系列を二〇一三年に戻すと、報道ドラマは同年八月七日午後九時から二時間、ＪＮＮ系二八局で放送された。藤原制作プロデューサーによると、放送直後から反響は大きく、「沖縄戦の陰にこんな立派な人物がいたなんて、これまでまったく知らなかった。感動した」の声が各局に寄せられた。

ちなみに筆者は、二人の島守を主人公とする前記の拙著を二〇〇三年四月に出版、この時点で単行本と文庫本合わせ三刷、二万部を発行していたが、島守が余りに知られていなかった非力さに、がっかりしたものである。

それはとにかく、報道ドラマ制作に協力した小林も感の面持ちで語る。「ドキュメンタリーとドラマ部分が相まって感動的な仕上がりでした。評判は全国的によかったようですが、特に関西の視聴者から兵庫高校や『武陽会』事務局に感動のお便りが多く寄せられました。そこで『武陽会』内に、沖縄との交流を一層深めるための沖縄交流委員会を設け、不肖、私が委員長に就任しました」

武陽人一〇〇年の象徴

「武陽会」が島田終焉壕の捜索に乗り出した二〇一三年三月に兵庫高校を卒業した六十五回生は、旧制神戸二中から通算すると百回目の卒業生だった。つまり１００陽会の誕生で、これを祝う「武陽人１００年の集い」は同年六月十五日、「武陽会」が主催して同校で盛大に開かれたが、百期にわたる卒業生の中で最も注目を浴びたのは、やはり7陽会の島田叡だった。和田憲昌理事長は記念式典冒頭に行った式辞の後半を、島田顕彰に費やした。

「昨年七月、『武陽会』が中心になって兵庫・沖縄友愛提携40周年記念『沖縄の島守を憶う夕べ』を開催いたしました。その時、沖縄からご参加いただきました『島守の会』の皆さんからのお誘いで、『島田叡知事最期の地捜索活動』への参加を決めました。

さる三月、私を含む六名の『武陽会』員が沖縄に赴き、『島守の会』の皆さんとともに捜索活動を行いました。このご縁から旧制沖縄県立第二中学校の後身である那覇高等学校の『城岳同窓会』と『武陽会』との『至誠友好交流協定』を本日、式典に先立ち調印しました。これら島田叡・元沖縄県知事への思いを共有する武陽会と沖縄の皆さんとの絆を深めていく活動を、今後とも推し進めて参りたいと考えております（後略）」

その協定書は式典に参列した「城岳同窓会」の嘉敷昇明、名嘉山興武・両副会長（当時）と和田理事長との間で交わされた。

ところで「城岳同窓会」の名は、学校南側にある城岳《ぐすくだけ》（標高三一・三メートル、現在は公園になっている）から取った。しかも戦中、この山の裾には県庁職員用の横穴式防空壕が掘ってあった。一〇か所近い出入り口の一つがあった食糧営団理事長・真栄城守行《まえしろしゅぎょう》邸は、10・10空襲で使えなくなった知事官舎の代わりに使われ、島田も住んだから、島守とは縁が深い名である。

記念講演は、38陽会の山口繁・元最高裁判所長官（八〇）が行ったが、演題はやはり、「至誠の人——戦前最後の沖縄県知事　島田叡」であった。

山口は裁判官生活四五年、最後は司法の最高機関の長を五年間務めた人だが、島田先輩に心酔すること、人後に落ちなかった。講演の冒頭、「島田さんを先輩に戴《いただ》くことを心から誇りに思う」と語り、さらに司法に生きた人らしく、「ただ謦咳に接していない者としては、少しでも先輩の実像に迫りたいと望み、残されている貴重な資料を渉猟した」と話した。

それはこの日、聴衆に配ったA4用紙で二二ページもある講演レジュメに示されていた。内容は神戸二中以来の校訓である「質素、剛健、自重、自治、之《これ》を一貫するに至誠を以てす」の四綱領はじめ多岐にわたったが、新聞記者出身の筆者が特に共感したのは、戦中の「沖縄新報」の記事のうち、島田と荒井の謦咳を伝える二〇日分の内容を発行日付順に抜粋、それにレジュメの大半に当たる一八ページを費やしていたことだった。

この新聞は一九四〇（昭和十五）年十二月、政府の方針によって、「琉球新報」「沖縄朝日」「沖縄日報」の三紙を強制的に合併した一県一紙の戦時統合新聞。それだけに戦後の沖縄の評価は冷ややかで、沖縄大百科事典は「言論統制下の形だけの新聞」と片づけているが、山口の見方は違った。「敵襲におびえる沖縄県民に対し、何とか民心の安定を図ろうとするジャーナリストの涙ぐましい姿勢に感銘した」と評し、「島田先輩が赴任された戦場沖縄、そこでの決戦行政、敵前執務と言われるものについて、同紙の記事は貴重な資料」と評価した。

それは筆者が前著十一章に「沖縄新報記者魂」の項を設け、「最後はタブロイド判半切の〝陣中新聞〟になったとはいえ、砲煙弾雨の中、首里戦線に破局が迫った五月二十四日まで必死に新聞を出し続けた記者魂は、もっと素直に評価してもよいのでは？」と疑義を呈したのに通じる。拙著も参考文献として同紙の二四日分の記事を参考にさせてもらった（『沖縄の島守』文庫版五一一ページ）。

六然訓の人

これら資料の精査に基づいて、山口が語った講演の主題は「六然訓《りくぜんくん》の人・島田叡」だった。

六然訓とは、碩学・王陽明《おうようめい》と同時代の明《みん》の硬骨の学者・崔銑《さいせん》が遺した言葉で「自処超然、役人藹《あい》然、有事斬然、無事澄然、得意澹《たん》然、失意泰然」の六つの教え。山口の解説と概略、次のような意味である。

「自分自身に関しては何ごとも囚われず、一向に心を動かされない。人とともにいる時は、優しく接して親近感を抱かしめ、和気藹々《あいあい》。一旦事あらば深慮遠謀、果断即決。事がなければ、水のように澄んだ心境でいる。志を得て意満つるも、応ずること澹く、海の如し。失意逆境の時は落ち着いて、自分が人に及ばざるを思う」

これらの意味を踏まえて、山口は「島田さんの御事蹟を調べれば調べるほど、六然訓のすべてを体得されていたかのように思われる」と言った。筆者は自身が調べた島田の生き方を、六然訓に合わせてみた。

前著や、この章の前段でも書いたが、島田は東京帝大の三年次、先輩や後輩に頼まれて母校・三高野球部の監督を務めるため、自身の生涯を左右する高等文官試験を先送りした。また七人兄妹の長兄だったので、もともとの新聞記者志望をかなぐり捨て、安定した役人の途、それも官庁最右翼の内務省に入った。三高先輩の従兄弟・桑山鉄男逓信《ていしん》次官の逓信省入りも断って。このあたり、正に「自処超然」である。

本稿第十九章でも紹介した沖縄県知事の内示を受けた時に発した言葉、「俺は死にとうはないから誰か行って死ね、とはよう言わん」は、「有事斬然」そのものだ。

沖縄赴任後、農村視察での農民との酒盛り、酒・たばこの特配、戦中、軍部が禁じていたウチナーグチ（沖縄の方言）が飛び交う村芝居の復活などは、「処人藹然」と言えよう。

「無事澄然」は沖縄でも茶の湯や静かな読書を嗜《たしな》んだ姿に表れているし、「得意澹然」は困難な台湾米三〇〇〇石（四五〇トン）の移入に成功しながら、それを少しも誇らなかったあたりだ。

島田知事は死の直前、「僕くらい県民の力になれなかった県知事はいないだろう」と自らを責めたが、その後、「きっと末代までの語り草になるよ」と笑った。「失意泰然」である。

2014（平成26年）2月の第2回捜索に先立ち、「島守の塔」に参拝した「島守の会』「武陽会」「島田叡氏事跡顕彰期成会」などのメンバー

これらの講話に感じ入る武陽人に、山口は「島田先輩の研究をこれからも続け、後輩に伝えていきたい」と締め括り、一同を陶然とさせた。

この日、校内は慶祝行事の競演となったが、式典と講演が行われた講堂に最も近い校舎棟4Fの408教室は、「武陽会」とTBSが共同制作した「島田叡ブース」に当てられた。島田の資料ファイルや写真パネルなどを展示、その様子はTBS系のラジオで生中継された。

筆者の反省

さて、終焉壕の第二回捜索は、翌二〇一四(平成二十六)年二月七日から九日まで二泊三日で行われた。関西からは「武陽会」の和田理事長ら六人と筆者の、前回と同じ顔ぶれ七人。沖縄からは「島守の会」の島袋愛子事務局長夫妻、前年、「武陽会」と友好交流協定を結んだ「城岳同窓会」の嘉数、名嘉山両副会長ら一七人、報道関係一二人の計三六人が参加、前年同様、摩文仁の断崖下を這いずり回ったが、またしても終焉壕は確定できなかった。

冬とはいえ明るい沖縄の空とは裏腹に、筆者の胸の裡《うち》は日時を追って暗くなった。理由の第一は、二〇一二年七月の「沖縄の島守を憶う夕べ」の講演で、ニュース性を重んじるあまり捜索を急ぎすぎたのではないか、という思い。第二は現場の状況が予想以上に険しく、沖縄戦への認識が今さらながら甘かった、との反省である。

沖縄戦を書くことの難しさが、改めて胸にきた。しかし、そんなさまざまな思いを和田理事長はじめ「武陽会」のメンバーや、無理をお願いした「島守の会」の島袋事務局長夫妻に率直に打ち明けることができなかった。遅れ馳せながら、この場を借りてお詫び申し上げる。

捜索は二年続きの失敗に気勢を殺《そ》がれ、その後、目立った進展はしていない。

第二十三章　『生きろ』取材班が探り当てた島田一族の思い

制作スタッフの中に島田一族の娘

筆者の滅入《めい》る気持ちを、いくらか和なごませてくれたのは、ＴＢＳの『生きろ』がきっかけになって、島田一族が亡き家長・叡をどう思っているのかが、戦後六八年ぶりに初めて明るみに出たことである。

筆者は、前著第五章（『沖縄の島守』文庫版一三八ページ〜）や本稿第七章でも書いたが、島田美《み》貴《き》子《こ》夫人（二〇〇六＝平成十八年十二月二日、九八歳で死去）は生前、亡き夫と沖縄について多くを語らなかった。発令時や殉職後の内務省の対応、沖縄県民の甚大な被害など、辛いことが余りに多かったからであろう。そんな意向を受け、島田の二人の弟、四人の妹も外部には沈黙を守ったまま全員、この世を去った。

しかし、弟妹の子である叡の甥や姪以降の世代は、偉大な伯父、あるいは大伯父について、もっと語り継いでおかねば、と考えていることが明らかになった。

そんな話が表面化した発端は、『生きろ』制作中の二〇一三（平成二十五）年六月二十五日のことである。この日午前、制作スタッフの片山ディレクターの指示で、ＴＢＳ系列会社の技術スタッフ

北嶋まや。2015年6月、名護市辺野古の「ジュゴンの見える丘」にて

数人がカメラやマイクを携え、島田の史料調査のため、国立公文書館（東京都千代田区）を訪れた。

仕事は午前中に終わり、帰途の車の中で、たまたまこの作品づくりに初めて参加した系列会社の女子社員・北嶋《きたじま》まや（二六）が、遠慮がちに切り出した。

「皆さんが今日、お調べになった島田知事は、実は私の親戚なのです。同居している祖母は島田の姪に当たり、島田の実弟である曾祖父から、いろいろ話を聞いていると思います。それゆえか祖母はわが一族で最も、叡伯父さんを尊敬している一人なのです」

突然の思いがけない話に、スタッフ一同、「エッ！」と驚きの声をあげた。それも飛び入り参加した系列会社社員からの、願ってもない情報だったから。『生きろ』絡みでしばしば出てくる、〝偶然のような必然〟の三の替わりである。片山は「ぜひ、お祖母さんを紹介して」と頼み、さっそく、電話番号を聞き出しにかかる慌ただしさだった。

戸籍名は「嶋田叡」

北嶋まやの祖母・岩間芙美子《ふみこ》（七四）は、叡の七歳下の弟であり、同家次男の嶋田昇（一九五八

＝昭和三十三年、胃がんのため四九歳で死去）の長女。ＮＨＫの役員秘書を二〇年間勤め上げたキャリア・ウーマンである。

　ここで「島田」ならぬ「嶋田」姓が登場したので、一族の姓に絡む話を差し挟むのをお許し願いたい。

　一般の戸籍名は、前記のように「島田」ではなく「嶋田」である。軍医あがりの評判のよい開業医だった嶋田五十三郎は兵庫県武庫郡須磨村、現在の神戸市須磨区須磨浦通三丁目に、鉄筋コンクリート造りの瀟洒《しょうしゃ》な医院兼自宅を構え、和歌山市出身の軍人の娘である妻・中井タマとの間に、長男・叡ら三男四女の賑やかな家庭を築いた。四姉妹は長じて全員、他家へ嫁ぎ、姓は変わっているが、二人の弟の家系は父譲りの嶋田姓を継承している。

左は軍医時代の嶋田五十三郎。右は神戸市西須磨にあった嶋田医院（行枝傳提供）

　それなのに長男の叡だけは何故、島田姓を名乗ったのか？最初の顕彰碑である「島守の塔」の上下二つの石碑の名も「島田」を使っているし、二十回忌に「武陽会」が中心になって組織した事跡顕彰会の名、その事業だった追悼誌、記念杯の名称も、すべて「島田」である。最も遅く一九九五（平成七）年に建立された「平和の礎《いしじ》」だけが、「嶋田叡」となっているが……。

　筆者の調査では、「島」の字を使ったのは、どうやら御本人の意向だったようだ。

自筆の履歴書は佐賀県警察部長時代の一九三八（昭和十三）年一月、毎日新聞大阪本社調査部に提出したものが同社に残っている。それは前記の事跡顕彰会が発行した追悼誌の資料として、写真付きで収録（二六五ページ）されているが、署名は紛れもなく「島田叡」である。

また沖縄赴任直前の一九四五（昭和二十）年一月七日、三高同窓会が大阪・四天王寺で開いた壮行会で書き残した「断」の座右銘入り色紙も、同追悼誌の巻頭グラビアを飾っているが、署名はやはり「島田叡」だった（『沖縄の島守』文庫版一四七ページ）。

それについて本人は何も残していないが、「そんなものはどっちだっていいじゃないか」の前記「自処超然」だろうか。

そう言えば、岩間芙美子は「私も嶋田姓だった学生時代、署名などに島田をよく使いましたよ」と、こともなげに言った。一族には、そういう大らかさが、あったようだ。こんな気風を受け、島守の塔を建てた浦崎純や「武陽会」の後輩たちは、尊敬する先達の意向を重んじたのであろう。筆者もそれに倣い、叡知事については前著同様「島田」姓で通す。

初めて聞いた一族の思い

嶋田姓への寄り道で途切れた話を、ＴＢＳの『生きろ』取材班へ戻す。

北嶋まやは島田叡の一族であることを取材班に告白した日の夜、自宅へ帰ると、祖母の芙美子や母・ゆりや（五一）に、ＴＢＳがこの年の終戦特別企画として、叡伯父を描く報道ドラマ『生きろ』を制作中であること、その関連で片山ディレクターが芙美子に会いたがっていることなどを話した。

さっそく、翌日から片山の電話折衝が始まった。叡伯父を尊敬する芙美子に異存はなく、彼女は七月五日午後二時、ＴＢＳテレビ本社（東京都港区赤坂）を訪ねることで話はまとまった。

その日、芙美子は品のよい和服姿で現れ、ＴＢＳ側は藤原、岩城、佐古、片山らが応対、最も知りたかった叡伯父への思いから聞いた。芙美子は話した。

「父・昇は穏やかな人で、叡伯父や沖縄戦のことは余り話しませんでした。ところが、私が小学校高学年になった昭和二十五（一九五〇）年ごろ、自宅の父の本棚に『沖縄戦記　鉄の暴風』という題名の本が、数冊もあるのに気付きました。何故だろうとページを開いてみて、浦崎純さんらたくさんの沖縄の方々が、伯父の働きを高く評価されているのを初めて知り、驚くとともに大変嬉しく思いました」

この著作は一九五〇（昭和二十五）年八月、沖縄タイムス社が県民の思いや動きに重点を置いて書いた、住民サイドからの初の沖縄戦の記録。以後、沖縄戦の代名詞ともなるタイトルが、それを象徴していた。それまでの沖縄戦記は旧日本軍将兵が書いたものばかりで、沖縄県政は歯牙《しが》にもかけていなかったが、この本は県民の命を重んじた島田知事の思いを、しっかり伝えていた。本が余分にあったのは、昇の喜びを代弁していた。芙美子は話を続けた。

岩間芙美子（左）と長女の北嶋ゆりや

「嶋田家と叡伯父のお墓はもともと、神戸の須磨にありましたが、東京住まいだった私の父と、末弟の顕三伯父

（一九六七＝昭和四十二年、五十三歳で死去）は、足繁くお参りしてやりたい、と『島守の塔』ができた一九五一（昭和二十六）年の十月に、東京の多磨霊園（府中市）へ移しました。墓碑銘は戸籍通り、「嶋田家の墓」であり、「嶋田叡之墓」でした。「島守の塔」ができて四か月後のことですが、塔との関連は建立した父らが何も言い残していないのでわかりません。

三兄弟は揃って、東京帝大出身の先輩後輩でした。顕三叔父は若くして肺を患い、野球はできませんでしたが、私の父は叡伯父と同じく野球部に入り、マネージャーを務めました。父がキャンパスを歩いていると、伯父の名選手ぶりをよく知る教授たちから『叡《えい》さんは近ごろ、どうしている？』と、よく聞かれたそうです」

『鉄の暴風』から多磨霊園の墓、東京帝大三兄弟と、初めて聞く話ばかりに藤原プロデューサーらは身を乗り出したが、話の要《かなめ》はその先にあった。芙美子は続けた。

「私が中学一年になった昭和二十六年ごろのことです。父と一緒に嶋田家と叡伯父さんのお墓参りに多磨墓地へ行った時、私は勇気を出して父に尋ねました。『お父さんたち姉弟は、どうして伯父さんのお参りに沖縄へ行かないの？』と。すると父は、お墓参りの手を止め、おもむろに答えました。『沖縄の人たちが本当に幸せになる日が来たら、その時にみんなで一緒に沖縄へ行こうね』と。沖縄戦で最愛の夫と一家の幸せを一気に失った美喜子伯母の無念な気持ちは、よくわかります。でも叡伯父は沖縄行きをお断りしていたら、その後の役人人生は針のむしろだったでしょう。大きな選択ではありましたが、伯父の選んだ道は間違っていなかったと思います。『沖縄の人々が幸せになったら……』という父の言葉は、同時に叡伯父の心からの願いでもあったはずです。伯父はよい人生を送った、と私は誇りに思っています」

　この話を聞いた藤原、岩城らの感慨。

「ご弟妹が兄や沖縄に対して、どういう思いをお持ちだったか。また長い間、口を閉ざしてこられた理由が氷解する思いでした。ご親族の、そうした思いを踏まえながら、われわれ制作スタッフは、自分のためではなく、他人のために生きた島田叡という人物を、今の時代だからこそ正確に伝えなければならない、と制作に全力を注ぎました」


『生きろ』取材班からの情報で、筆者も後日、岩間芙美子夫人から取材させていただいた。姪御らしく、叡伯父の心優しさを伝えるエピソードから話は始まった。

　彼女と同い年の従姉妹・田中聿子《りつこ》は、叡の二番目の妹・川面《かわづら》菊江（故人）の長女なので、同じく姪に当たるが、その人から聞いた話と前置きして。

「菊江さんは女学生のころから外国の映画が大好きで、家族連れでよく映画館へ行ったそうです。ところが、女学生の身では、一人で映画館へ行くことはできません。それを知った六歳年上の東京帝大生・叡兄さんは『僕がついて行ってあげよう』と連れて行ってくれたそうです。アメリカ映画もたくさん見たようです。叡伯父は大学の野球部室で、アメリカの野球雑誌をよく読んでいたと聞いています。また役所勤めになってからも、アメリカ関係の書籍捜しに熱心だったようです（『沖縄の島守』文庫版一五一ページ参照）。だから妹と一緒に見たアメリカ映画は、その後、敵国となる世界の大国を知る手助けになったと思います」

こう話した芙美子は、しばしの沈黙の後、思い切ったように口を開いた。
「叡伯父の弟妹、つまり私たちの親世代は、美喜子伯母への遠慮から、伯父や沖縄については、ほとんど話しませんでした。でも、それ以降の世代はみんな、伯父を誇りに思っていますから、伯父のことを忘れないでいてくださる沖縄の方々が大好きです。現に私の娘のゆりやは、すでに三回、孫のまやは五回、沖縄を訪ねています。そんな思いは私たち岩間家だけでなく、一族に共通していまして、従兄弟姉妹会もすでに何度か開いていますのよ」

「『生きろ』を見よ」と父が遺言

従兄弟姉妹会と聞けば、これはただちに取材にかからねばならないテーマだが、これがまた思いもかけない展開から、得がたい資料が筆者の手元に転がり込んでくる不思議が起こる。やはり報道ドラマ『生きろ』をめぐる〝偶然のような必然〟の四の替わりである。

同ドラマの放送後、三か月余り経った二〇一三（平成二十五）年十一月十六日の午後、前出の川面菊江の孫で、出版社・新潮社の記者である川面泰隆（三七）が、大阪府吹田市の筆者宅へやってきた。

この人から見れば大伯父に当たる、島田叡のノンフィクションを書くための取材に協力してほしい、との要請だった。執筆を思い立った動機も、肉親絡みだった。

川面の父・広泰は癌に侵され、兵庫県西宮市にある実家近くの病院に入院中だったが、「叡伯父さんを描いた報道ドラマが八月七日夜、TBS系列で放送されるようだから、必ず見るように」との伝言を、母を通じて伝えてきたのである。川面は言った。

「日ごろ、祖父母世代と同様、親族関係のことに背を向けてきた父が、親族を主人公とするドラマを見ろ、と伝えてきたことに驚きました。と同時に、そこに『文筆を業《なりわい》とする者として、一族の立場から叡伯父の生涯を書くべきではないか』との父の遺言にも似た思いを感じました。私はドラマを見た四〇日後の九月十八日、大伯父が育った神戸市須磨区の本家跡近辺から取材を始めましたが、はたして父は、その一二日後の九月三十日に亡くなってしまいます。死の直前、私は病室を訪ね、『島田叡さんのことは今、調べているからね』と伝えた時、父が『そうか』と言って浮かべた笑顔は、今でも忘れることができません。それが、父と交わした最後の会話になりました。私は父の思いに応えようと、取材・執筆に力を入れました」

川面は筆者宅へやってきた時、A4サイズ用紙にワープロの文字で書かれた、一枚の家系図のコピーを差し出した。「五十三郎会家系図」の表題があり、前記の嶋田五十三郎・タマ夫妻に始まり、長男の叡ら七兄妹夫妻の名はもちろん、その子、孫へ四世代の氏名、続柄が漏らさず書き込まれていた。

岩間芙美子の話によると、この系図は叡の死後四四年目に当たる一九八八（昭和六十三）年に発足した一族の従兄弟姉妹会の名簿を兼ねており、会の名は祖父の名をいただいていた。会ができたきっかけは、叡の三番目の妹である行枝澄子（一九九八＝平成十年十一月、八八歳で死去）が一族の法事に参列した時、「私たちが顔を合わせるのは、喪服の時ばかりだけど、これでは寂しすぎるじゃないの。たまには平服でも会い、叡兄さんや四方山《よもやま》の話をしましょうよ」と提案したのが発端となった。

この考えに共鳴した澄子の長男で、特許事務所勤務の行枝傳（四五）と叡伯父の末弟・顕三（一九六七＝昭和四十二年、五十三歳で死去）の長男で、会社員の剛（四五）が協力してワープロで作ったのが、前記の「五十三郎会系図」。筆者が川面泰隆から貰った系図の原本である。

沼津で母や妹一家とお別れ

一族の集いを提案した澄子は、京都の同志社大学文学部英文学科を優秀な成績で卒業した才媛。卒業後、京都府舞鶴市で高等女学校の英語教師になった。

縁あって東京で弁護士をしていた行枝傳蔵と結婚したが、夫は一九四三（昭和十八）年、一男三女の幼子《おさなご》を残し、脳出血で急逝してしまう。そこで彼女は疎開先の沼津市の新制中学で、再び英語の教壇に立ち、子供を育てた。

こんな事情もあって、五十三郎が一九二一（大正十）年八月、食道癌で早世後、一人暮らしをしていた母タマは行枝家へ身を寄せ、一九五一（昭和二十六）年、七〇歳で他界するまで三女・澄子の子育てを助けた。

これには、もう一つの事情がある。本来、母の面倒を見るべき長男・叡は、内務省入り後、最後に沖縄県知事を拝命するまで、二〇年間に実に一五回の転勤に次ぐ転勤。それも東京の本省勤務は一度もなく、二年九か月に及ぶ上海領事を含む地方勤務ばかりだった。

これは叡の、政党にも、軍部にも、内務省主流にも媚《こ》びない官僚人生、任務に当たって自らの信ずるところを貫き、本省や上司に遠慮会釈なく直言する直情径行ぶりが多分に影響したようだが、こう転勤続きでは母との同居は思うに任せない。それに同情する澄子の思いもあっての同居だったようだ。

そこで叡は、勤務先から毎月、母宛てに仕送りを届けている。行枝傳は今回、叡が上海総領館から母宛てに出した葉書を見せてくれた。文面は「延引しましたが、五月、六月両月分、今日お送りしました。こちらは皆、元気です」など、筆無精の人らしい通り一遍の内容だが、宛て名はユーモアたっぷり。母の名「タマ」の最後に「コ」を配し、「島田タマコ様」と可愛い表示。この人らしいユーモアだった。

叡は沖縄県知事を拝命直後、本省をはじめ前任地の名古屋、千葉などをこまめに訪れ、先輩、同輩、後輩らに丁寧な挨拶回りをしているが、母とのお別れに沼津市多比の行枝家も訪れている。

その場に居あわせた澄子の長女・竹原玉恵（八二）は当時七歳、次女の大石美江《みえ》（八〇）は五歳だったから記憶がおぼろげなのは無理もないが、今となっては沖縄赴任直前の叡を知る得がたい証言者と言えよう。二人の話を突き合わせると――。

「叡伯父さんは背がスラッと高く、眼鏡をかけた、優しそうな人でした。今生のお別れになろうか、という大変な時に、祖母も母も女々《めめ》しく取り乱した様子がなかったのは、今にして思えば立派だった、偉かった、と尊敬しています。祖母は紀州藩士の娘らしく、泣き言は一切言わず、毅然と跡取りを送り出した感じでした。伯父にとっては、心強い別れだったのではないでしょうか」

島田叡の母タマ（左端）と三女・行枝燈子（右端）一家。子供は右から長男・傳、次女・美江、長女・玉恵、三女・廸江（行枝傳提供）

多比の家は沼津港の網元の旧宅を買い取ったもので、広々としていた。庭は戦時の食糧難対策で野菜畑になっていたが、そこで祖母、澄子ら行枝家の家族五人とお手伝いさんは、叡伯父と秘書官を見送った。

「別れ際、伯父さんは私たち姉弟の頭を撫でながら、『お祖《ば》母《あ》ちゃんを大切にしてあげてね』と優しく言われたのが、今でも忘れられません」

父・五十三郎の死後、長らく一人暮らしだった母タマと生活をともにした三女の行枝澄子は、前記のように、戦後、叡兄を偲《しの》ぶ従兄弟姉妹会づくりを提案するなど、七人兄妹中、一の優しさである。

何が彼女をそうさせたか？　これには澄子が同志社で学んだ「良心之全身ニ充満シタル」教育が与《あずか》って力があったのではないか。遥かなる同志社大の後輩である筆者は今回、澄子大先輩の生きざまに接し、そう強く感じたことを付け加えさせていただく。

密かな従兄弟姉妹会を九度

お待たせしました。これまで、どんな島田叡伝にも登場しなかった、一族の従兄弟姉妹会「五十三郎会」の紹介である。

母・行枝澄子の提案に賛成し、一族の系図づくりを始めた長男の傳と従兄弟の剛、叡伯父を尊敬してやまぬ岩間芙美子（当時四九）の三人が幹事役となり、会は実現へ動き出した。

会場は岩間の勤め先であるＮＨＫの会員制クラブ「青山《せいざん》荘」（東京都港区）を予約、第一回設立総会は一九八八（昭和六十三）年九月十八日に開いた。

弟妹六家族中、五家族の計二六人が参加、剛と傳は「皆が聞きかじっている叡伯父の素顔をあれこれ話し合い、皆でそれに聞き入る感じで、予定の二時間はアッという間に過ぎました」と言う。

沖縄で「島守」と尊称されるほどの人物を擁しながら、その家族への配慮から、戦後四三年も語り合えなかった一族にとって、胸のつかえが下りるような会合だったようだ。

それは翌八九（平成元）年、傳が設営して鎌倉で開いた第二回会合で、例の家系図を配った時の一同の喜びように如実に表れていた。

また会合自体も、その後、九五（平成七）年の第八回まで大阪、神戸、東京、千葉、沖縄、鎌倉の順で続けて開かれ、毎回二〇人余の人が参加しているのが、快い会であることを物語っていた。

泊まりがけか、日帰りかのスケジュールは参加者任せ、叡伯父の顕彰団体には一切、事前に連絡せず、ただ、身内だけで家長を語り合うだけの自由な雰囲気も、人気の秘密だったようである。

九一（平成三）年三月の神戸での第四回会合には、一八人が参加した。須磨の本家跡を訪れた後、予告なしに兵庫高校を訪問、居合わせた教頭先生の案内で、島田杯を見せてもらい、校庭の「合掌の碑」に参拝したが、「武陽会」には連絡していない。

九五（平成七）年四月、懸案の沖縄を訪れた第七回は、「島守の塔」にお参りしただけで、「島守の会」や沖縄県庁にも連絡はせず、沖縄観光もしなかった。岩間芙美子は従姉妹の田中聿子とともに参加、戦後半世紀ぶりに初めて島守の塔に額ずいた心境を話してくれた。

「塔の厳《おごそ》かなたたずまいに、沖縄の方々が叡伯父に寄せられる敬虔な祈りをひしひしと感じ、感激しました。でも、伯父一家の、そっとしておいてほしい心境を思いますと、晴れがましいことをするわけにはゆかず、お線香をあげてお祈りするだけにしました。その点、至れり尽くせりの沖縄の方々には、申しわけなく思っています」

こんな密かな会も、年を経るにつれ幹事役不足に悩み、第九回は二〇一四（平成二十六）年十一月十三日へと二〇年近く飛ぶ。

これには既述のように、親族の主だった男性に若死にする人が多かったこと、また叡兄妹の子の世代が、女子一四人に対し、男子は半数の七人しかおらず、このうち嶋田姓の継承者はたった二人という事情も一因と思われる。

叡伯父の語り継ぎに熱心な岩間芙美子は、『生きろ』の放送を機に、三たび青山荘を予約、九回目の会を実現したが、参加者は女性ばかり八人だった。それ以後もまた、六年間の空白が続いている。

岩間同様、会の行く末を案じている行枝傳と嶋田剛は最近、会の今後のありようを話し合った。その結果、「私たちの息子や娘の世代に、会を早く引き継ごうということになりました」と言う。島守の語り継ぎを願っている者にとって、何よりの結論。第十回五十三郎会の、一日も早い実現が待たれる。

沖縄にぞっこんの入り婿二人

その一方で、この会とは別に、一族の中で個別に島田叡に関心を持ち、沖縄を訪れた人はいるが、大変な時間がかかっている。それは一族の思いを世間に知らしめる端緒を開いた北嶋まやにしても、例外ではない。

彼女の話によれば、叡・大々伯父のことは幼児から再三、祖母や母から聞かされてきたが、「正直言って、あまり興味はありませんでした」と正直だ。

だから中学の修学旅行で沖縄本島と久米島へ、高校時代に友人との観光旅行で八重山列島へ、さらに二〇一二（平成二十四）年卒業した京都精華大学人文学部在学中にも、講義と観光でやはり八重山列島を訪れているが、ここまでは三度も沖縄の土を踏みながら、叡・大々伯父とは結び付いていない。

それが沖縄戦を追っての現地訪問となるのは、自らも制作に一日だけ関わった『生きろ』を見てからの二〇一五年六月だと言うから、筆者がこの作品を〝沖縄戦の語り部映像第二弾〟と位置付けた理由がわかっていただけると思う。

この時、彼女は一人で本島の沖縄戦跡を辿った。その中で、最後の県庁壕となった糸満市字伊敷の巨大な自然洞窟・轟の壕の地下三尺に入り、島田知事と荒井警察部長がいた場所を訪れているが、その時の感慨。

「叡・大々伯父は一二日間、荒井さんは一四日間おられたという六畳敷きぐらいの赤土の土間を見た瞬間、余りの惨めさに鳥肌が立ち、涙が止まりませんでした。やはり肉親の情が、そうさせたのでしょうか。次回、あの壕へは祖母、母を案内したいと思っています」

北嶋まやが沖縄へ同行を願う祖母・岩間芙美子は、話の終わりに思い出したように付け加えた。

「私たち一族にとってはまったくの偶然なのですが、叡伯父の死後、一族に婿入りした男性の中に、沖縄と切っても切れない縁のある人が二人もいますのよ」

その一人は芙美子の長女・ゆりやの夫であり、まやの父である北嶋祥治《よしひろ》（五九）。滋賀県彦根市で設計事務所を経営する一級建築士だが、沖縄戦中の一九四五（昭和二十）年四月十八日、米軍の猛攻で全焼した首里城正殿が、一九九二（平成四）年六月、沖縄の本土復帰二十周年記念事業として四七年ぶりに復元された時、鎖さすの間という書院の設計を担当している。

もう一人は芙美子の妹・秀子の夫で、写真家の長濱治《ながはまおさむ》（七九）で、沖縄に関する力作写真集を二冊出版している。

一冊目は、沖縄本土復帰の一九七二（昭和四十七）年、三一歳で処女出版した『暑く長い夜の島――長濱治　沖縄写真集』（芳賀書店刊）。書名が示すように、終戦後も米軍の統治を受け、心の中に〝金網の檻〟を余儀なくされたウチナーンチュ（沖縄人）の苦悩を撮った。

二冊目は、そんな抑圧から自由になりたい、解放されたいと願う沖縄人一〇二人が、芸術から実業までさまざまな分野で〝爆発〟する姿を三年越しにとらえた『創造する魂』（ワイズ出版、二〇一八年六月刊）。終わり近くのページには、「島守の塔」の荘厳なたたずまいが、島田知事と荒井警察部長の写真とともに収録されており、二人の島守の「生きろ」の教えが、戦後の沖縄人の創造する魂を支えたことを暗示している。

それにしても島田叡の弟・昇の家系に、沖縄に惚れ込んだ二人の男性が、何の因果関係もなく婿入りしている不思議。これも〝偶然のような必然〟の、五の替わりと言えるのではあるまいか。

『生きろ』取材班、著書でも語り継ぐ

『生きろ』取材班のお手柄は、これに留まらない。前記の報道ドラマが放送されて一年後の二〇一四年八月、取材班は新書『10万人を超す命を救った沖縄県知事・島田叡』（ポプラ社刊）を出版した。

正確なドキュメンタリードラマを作るため、取材班が精魂込めて集めた成果を、活字でも残しておこうと、岩城記者が中心になってまとめたものである。それには筆者が前記拙著で書き漏らした島田らしい逸話がいくつか紹介されていて、脱帽した。

例えば、島田は一九三五（昭和十）年ころから丸刈りに近い坊主頭で通しているが、野球選手だった学生時代の名残りではない。福岡県警警務課長のころ、時の知事と警察保安上の意見の違いから大激論を交わし、以後、「感ずるところあり」として始めた風体、と明かした。

また千葉県内政部長だった同四十二（昭和十七）年、軍から県下中学生の軍事教練強化を要請されると、以前から続いていた中学生マラソン大会で代行、自らも完走して軍を唖然とさせている。

そして、タイトルと関わりの深い疎開問題。島田は同四三年三月、愛知県警察部長に就任すると、全国に先駆けて県民の疎開を率先断交した。これは荒井警察部長が四四年七月、沖縄で疎開に

取り組むより一年四か月も早い。だから同四五年一月末、沖縄へ赴任した島田が、県民や学童の疎開に懸命に取り組む荒井を力強くバックアップしたのは当然だった。その意味で島田もまた、荒井と並んで、〝疎開の恩人〟と言えるのである。

その他、全編にわたって取材班の島守への尊敬の気持ちと、何故、取り上げねばならないのかの思いが行間に満ち満ちていて、共感させられた。

この新書発行と前後して、前出の川面泰隆が、「九鬼隆幸」のペンネームで書いたノンフィクション「沖縄戦に散った『最後の官選知事』島田叡の生涯」は、二〇一四年七月号の月刊雑誌『新潮45』に二〇ページにわたって掲載された。

文の冒頭に付けられた「摩文仁に消えた大伯父」の小見出しが物語るように、一族から出た初めての島田の伝記だった。それも既述のように、癌で亡くなった〝父の遺言〟に基づく取材、執筆だったから、川面家の叡伯父に対する思いの深さを伝えていた。事実、川面は父の言葉を聞いてから、「島田に関する著作や資料を猛然と読み漁った」と書いている。

それだけに島田叡の人となりや働きを要領よくまとめており、『生きろ』取材班のポプラ新書ともども、これから島守に学びたいと思っている方々には、恰好の著作となっている。

ただ、筆者に「五十三郎会家系図」を提供してくれた人の著述なのに、その従兄弟姉妹会についてはまったく触れていない。謙譲の美徳か、一族内の不協和か。一族内の尊崇の思いを肉親が部外に伝える最速の機会であっただけに、何とも惜しまれる。

第二十四章　沖縄野球人の恩返し

遥かなる甲子園

沖縄の高校野球は今や、強豪県の仲間入りをするまでに力をつけているが、こうなるまでに実に、一世紀を超す歳月を要している。この間のエポックを概略、紹介しておこう。

沖縄の野球は一八九四（明治二十七）年、沖縄県尋常中学（のちの沖縄県立中―沖縄一中＝首里高校の前身）の生徒が修学旅行中に、京都の旧制三高（現、京都大学）野球部にルールや実技を教わったことから始まる。

島田叡の三高野球入りは、その二十五年後だから、この時点では当然、脈絡はない。しかし、筆者が前著『沖縄の島守』の最終章や本稿第九、第十章で紹介した「島田杯」が、沖縄の高校野球を現在の域に高める基を開いたことを思うと、不思議な因縁を感じずにはいられない。

沖縄高校野球の原点と言える沖縄一中と同二中（那覇高校の前身）の試合は、一九一一（明治四十四）年、沖縄県立中が一中となり、二中が生まれたのを機に始まった。沖縄の中学勢が全国中等野球大会に正式参加するのはずっと遅く、一九三二（昭和七）年のことである。

沖縄二中は一九四一（昭和十六）年夏の県予選で圧勝、地元初開催が予定されていた南九州大会で九州勢を倒せば、〝夢の甲子園〟が実現するところだった。しかし一週間前、この大会も甲子園も、文部省の通達で突如、中止になった。この年十二月八日に始まり、惨憺たる沖縄戦を招く日米戦争が、戦前の中等野球の幕を閉ざしたのだ。戦争は常に、罪深い。

戦後初めて、沖縄の代表校・石川高が鹿児島市で開いた東九州大会に出場したのは、一九五二（昭和二十七）年七月。アメリカ占領下の沖縄の選手は、パスポートの携行と予防接種が義務付けられたが、もっとショックだったのは球場設備と道具の格差だった。本土からの〝輸入〟が制限された戦後、道具はすべて米軍の払い下げを修理して使っていた。スパイクの金具は、ドラム缶をちぎって取り付けた。果たして試合は、一対五で敗れた。

この遠征がきっかけで、関係者は全国高等学校野球連盟への加盟を熱望するようになり、五六（昭和三十一）年、沖縄県高野連が結成、甲子園への道が、やっと開けた。

捨てられた甲子園の土

沖縄勢の甲子園一番乗りは一九五八（昭和三十三）年夏、首里高が果たす。と言っても、一県一代表ではなかった時代。四十回の記念大会のため、特別に四十七都道府県代表の出場が認められた恩恵だった。それでも常に九州地区大会で涙をのんできた沖縄勢にとっては、願ったり叶ったりの甲子園初出場だった。

高度成長にわく本土へは、まる一日かけて船で渡った。宿舎になった兵庫県西宮市の旅館では、女将から「日本語がお上手ですね」と言われ、外国人扱いにショックを受けた。

さて、福井県代表・敦賀高との試合当日、首里高のスタンドは、本土在住県人による「震天動地」の大のぼりが揺れ、日の丸のうちわを手にした大応援団の声援に包まれた。しかし、六年前に気付いた実力差は如何ともしがたく、試合は〇対三で敗れた。安打はわずか三本で本塁は遠く、まさに〝一日だけの日本復帰〟に終わる。

しかし、もっと口惜しい出来事は、船が那覇に帰り着く直前、福原朝悦《ふくはらちょうえつ》監督（故人）は、主将の仲宗根弘《なかそねひろし》に「甲子園で袋に詰めた土を持って来るよう、全員に伝えろ」と指示した。沖縄は米軍統治下で、持ち帰った土は植物検疫法に触れるとの理由で、港内に捨てられてしまった。

当時は、コザ高野球部の三年生で、第十章で紹介したように六年後に同部監督として島田杯を初受賞する安里嗣則は、新聞でこの〝事件〟を知った。「まさか、と異様な気がしました。戦争で幾多の人命はもちろん、草も木もないほど痛めつけられた沖縄から行ったチームに、何ということをするのだ、と腸《はらわた》が煮えくりかえる思いでした」

安里は沖縄戦の時、五歳。家族で牛を連れて山野を逃げ惑ううち、米軍の銃撃を浴び、姉を目の前で失った。妻も「ひめゆり学徒隊」の姉を撃ちなっている辛い体験が言わせた言葉。「その怒りが、島田杯争奪戦での二年続きの獲得へ、力になったと信じています」と付け加えた。

初の一点、一勝、四強

沖縄勢の甲子園初得点は、一九六〇（昭和三十五）年四月のセンバツ大会開会式直後の第一線・那覇―北海（北海道）戦で刻まれた。

那覇は無安打、無得点で迎えた七回表一死から、開会式で選手宣誓をした主将の牧志清順《まきしせいじゅん》（三七歳で癌死）が四球で出塁、二盗、牽制悪送球で三塁に進んだ。続く四番の坂元信一（七七）は、七万人の大観衆が見つめるなか、スリーバントスクイズを見事に決め、初の一点をスコアボードに刻んだ。しかし、得点はこの一点だけに終わり、一対四で敗れた。

沖縄勢の甲子園初勝利は、三年後の一九六三（昭和三十八）年夏、首里高が果たす。

それから五年後の一九六八（昭和四十三）年夏、興南高が県勢初のベスト4に進出。準決勝で興国高（大阪）に敗れはしたが、翌日の毎日新聞は、「米軍基地を除く沖縄の全機能は完全にストップした」と報じるほど、九六万県民は、このゲームに熱中した。

沖縄が本土に復帰した七二（昭和四十七）年、名護高は春のセンバツに続いて夏の大会にも出場、主将の平安山良克《へんざんよしかつ》（六五）は復帰を記念して、開会式の選手宣誓を任された。対足利工（栃木）戦も終戦記念日の八月十五日と、偶然ながら戦争絡みだった。

名護は八回表、二点差に追い上げ、なお一死二、三塁。一打同点の好機に打席に入ったのは四番の平安山だったが、カウントが2ストライク3ボールとなったところで突如、サイレンが鳴った。正午、一分間の黙とうの時間だった。

沖縄では日本軍の折敷的戦闘が熄《や》んだ六月二十三日に黙とうしていたから、平安山はなぜ、この日に黙とうするのかわからないまま、周囲に合わせて目を閉じた。

一分後、ゲーム再開。開けた目は真夏の甲子園の明るさに対応できず、再開後の初球で三振。試合は四対五で敗れ、本土復帰後の甲子園は勝利で飾れなかった。

初優勝、感涙のウェーブ

前記、〝甲子園の土〟事件以来、高校野球沖縄勢の動向を見続けて六三年になる安里嗣則は言った。

「一点を取り、一勝するのに窮々《きゅうきゅう》としていた沖縄勢が、強豪と言われるようになるのは、一九七二（昭和四十七）年の本土復帰後です。それは六四年に島田杯が届いて、ほぼ一〇年後。あの杯の効果は、大きかったと思います」

事実、野球を通じて安里と親交があり、二十代から沖縄県高野連で技術強化のコンビを組んできた栽弘義《さいひろよし》監督は、豊見城高校を率いて甲子園の常連となり、七六年から三年連続でベスト8。次に率いた沖縄水産高も九〇、九一年の夏の甲子園で連続準優勝に導き、初の頂点に迫った。だが栽は二〇〇七年、心臓を患い、惜しくも六十五歳で旅立ってしまう。

春夏通じて沖縄県勢初優勝は、沖縄尚学高が一九九九（平成十一）年四月四日の第七十一回センバツ大会で果たす。その時、甲子園が見たドラマチックな情景を語るにふさわしい沖縄県人が三人いる。

一人は島田杯の第一回受賞監督で、当時は沖縄県高野連理事長に上りつめ、アルプススタンドで固唾《かたず》をのんでいた前出の安里嗣則。

二人目は大阪の興国高校応援部の二年生部員だった一九六二（昭和三十七）年、威勢のよい応援ぶりを県人会の先輩に見込まれ、以来三十八年間、沖縄勢の私設応援団長を務めて来た糸数勝彦《いとかずかつひこ》

（七五）。

もう一人は一九八一（昭和五十六）年から兵庫県尼崎市立の中学や高校の吹奏楽団を率い、甲子園の沖縄勢を励まし続けてきた音楽教師・羽地清隆《はねちきよたか》（七二）。そもそもは前出の沖縄県人会兵庫県本部長・上江州久会長（故人）に頼まれ、当時、勤務していた啓明中（現・大庄中）のブラスバンドを動員したが、九六年から〝イチアマ〟の愛称で親しまれるブラバンの名門・尼崎高に移籍、華やかな吹奏楽で沖縄球児を後押ししてきた人である。

糸数は甲子園で羽地と出会って数年たった八〇年代の半ば、一つの相談を持ちかけた。

「甲子園の応援に、もっと沖縄色を出したいんやけど、県人会の連中が飲み会でよう歌うテンポのええ曲があるんや。ブラバン用に編曲してもらえんやろか」

そう言うなり糸数は、沖縄のミュージシャン喜納《きな》昌吉《しょうきち》の作曲になる「ハイサイおじさん」を口ずさんでみせた。それをカセットテープに録音しながら、羽地は「歌い出しが三三七拍子で応援にピッタリ。こりゃいける」と確信した。原曲にトランペットなどで迫力を加え、一気に楽譜を書き上げた。この間、十分足らず。今や沖縄勢の甲子園出場には欠かせない陽気な応援楽曲「ハイサイおじさん」は、こうして生まれた。

前置きが長くなったが、まず安里と羽地が異口同音に話す沖縄尚学全国初制覇の瞬間。

「沖縄尚学が水戸商高（茨城）を七対二で降した瞬間、四万八千人が詰めかけたスタンドは、敵も味方もなくなりました。一塁側アルプス席で嬉し泣きしながら、周囲の仲間と抱き合っていた時、近くで誰からともなくウェーブが起きました。それは外野席を巡り、三塁側の水戸商応援席へ。ここでもウェーブは一瞬のためらいもなく、両校の健闘を讃えるかのようにつづきました。一周、二周、三周……。球児が沖縄の新たな歴史をこじ開けてくれた、と思うと涙が止まらなくなりました」

ついで沖縄勢の甲子園応援歴がもっとも長い糸数の述懐。

「首里高の甲子園初勝利、興南の四強入り、沖縄水産の準優勝などの歴史的瞬間をすべて見てきた目にも、あの時は格別でした。やっと優勝旗が南の海を渡り、本土並みに強くなった、という感慨ですね。当時、まだ残っていた沖縄県民への就職や進学時の差別が薄れていったのも、あのころからだった気がします」

沖縄尚学は二〇〇八（平成二十）年のセンバツ大会でも優勝、興南高は二〇一〇年の甲子園で春夏連続優勝を飾るなど、沖縄の高校野球は完全に全国レベルにまで向上した。

野球人を中心に新たな顕彰活動を

六〇年余にわたる沖縄野球人の切磋琢磨と、その成果を見続けるうち、本稿第九章で紹介した文芸評論家・中野好夫が島田について書いた評伝『最後の沖縄県知事――人間・島田叡氏の追憶』の一節を切実に思い浮かべた人がいる。これも本稿ではすでにお馴染みの元沖縄県副知事・嘉数昇明であり、元那覇高校長で、城岳同窓会副会長の名嘉山興武である。

その一節というのは、評伝の終わり近くに登場する次の件《くだり》だ。

〈私としてもう一つ欲の深い注文を許してもらえるならば、将来沖縄にできる野球場かなにかに、叡さんの名を記念してつけてもらいたいのである。（中略）なによりもスポーツと親しんでいた叡さんにとって、彼の名のついたグラウンドでハツラツたる青少年の嬉戯《きぎ》する姿は、おそらく地下の叡さんをもっとも喜ばせるものであろうからである。〉

二人は沖縄の野球人に、この言葉を改めて投げかけ、島田顕彰の組織化を図ろうとした。それによって、これまで沖縄戦を生き抜いた旧県庁職員が建立した「島守の塔」しかなかった島田顕彰を、県民の声を糾合する形で実現できるのではないか。また島田が野球を通じて学んだフェアプレー精神を、知事の職務でも生かしきったことを、球児たちにもしっかり伝えられるのでは……と考えたのである。

この考えには筆者も大いに賛成だったが、それは沖縄の人々が言い出すべきテーマで、部外者が言うのは差し出がましい、との考えから、先の拙著（『沖縄の島守』二〇〇三年刊）で書くのは差し控えた。

ところが三年後、拙著の文庫化にあたり、「解説」を担当してくれた文芸評論家の湯川豊氏（六八）から、執筆動機などについて、筆者に電話で問い合わせがあった。その際、筆者が持ち前の大阪弁で、ふと漏らした言葉を文章にされた。氏は〈私にはその大阪弁を再現する能力がない。以下の談話は、だから一種の意訳である。〉との謙虚な但《ただ》し書き付きで紹介された筆者談は、こんな内容だった。

〈「戦後いち早く建てられた島守の塔はあるけれど、島田知事にしても荒井部長にしても、それ以後、現地では顕彰されていないし、県史とか公的な戦史でも、ほとんど触れられていないんですよ。

まあ、基本的には本土から派遣された軍・官が沖縄に塗炭の苦しみを押しつけたのだから、仕方がない、無理からんとは思うんだけど。だから、こういう人たちが居ったことは、自分が書かねばならないと思ったし、今書いておかんと完全に忘れられてしまうと思ったからです。」〉（文庫本五二二ページに掲載）

筆者のこんな思いも、いくらかは参考にしていただき、嘉数と名嘉山の両発起人は「島田叡氏事跡顕彰期成会」の「設立総会議案書」を急ぎ、まとめあげた。

2014 5月22日の「島田叡氏事跡顕彰期成会」第3回総会で挨拶する嘉数会長。左は名嘉山興・武統括

目指す顕彰事業は沖縄野球の中心地である那覇市の奥《お》武山《うのやま》運動公園を舞台に、①中野氏の提言通り、市営奥武山球場の名に「島田叡記念」の冠をつける、②同球場の正面広場に、島田氏の事跡顕彰碑を建立する、③運動公園の「多目的広場」を整備、「沖縄・兵庫友愛グラウンド」として、少年野球等のメッカにする、④奥武山球場資料館に、島田杯など島田氏のコーナーを設ける、の四点。

それを実現するため、事跡顕彰に賛意を表明する署名を沖縄、兵庫両県下で、とりあえず一万人分集めることにした。

これらの案を携え、期成会は県内の野球関係団体に呼びかけ、二〇一三（平成二十五）年十一月二十七日午後、設立総会を那覇市松尾の城岳同窓会館で開いた。嘉数、名嘉山両発起人の母校・那覇高校の同窓会館である。

参加した組織は、沖縄の野球団体を網羅していた。それは県高等学校野球連盟（県立、私立高六十三校）、県野球連盟（社会人、少年部、学童部）、県中学校体育連盟（百十校）、県軟式野球連盟（沖縄電力など六チーム）、県還暦軟式野球協議会（二十六チーム）、日本ポニーベースボール協会など。

同窓会関係では養秀（首里高）、城岳（那覇高）、コザ（コザ高）、武陽会（兵庫高）のほか、「島守の会」の有志も加わり、各組織の代表五二人が参加した。

議案は大筋で了承され、役職選考では会長にポニーベースボール協会の顧問でもある嘉数・元副知事、副会長に県高野連会長で知念高校長の神谷孝ら五人、事務局長に県高野連元理事長の安里嗣則（後に副会長兼事務局長）を選出、事務局は城岳同窓会館に置いた。

第二回総会は翌二〇一四年二月六日午後、城岳同窓会館で開かれ、顕彰碑をどんな形のものにするか、の話し合いが始まった。期せずして「祈り」「命」「平和」「希望」「絆」など、悲痛な沖縄戦のなかですべての県民が念じたコンセプトが俎上にのぼり、熱心に討議された。かたわら資金作りのための募金目標額は五〇〇〇万円と設定した。

さまざまな思いの果てに

嘉数会長、神谷副会長らはさっそく、翌七日、那覇市役所に翁長《おながたけし》雄志市長（後に沖縄県知事、二〇一八年八月、膵臓がんで死去。享年六十七）を訪問、また同三月十七日には当初目標を大きく上回る二万四八〇四人の賛成署名を携えて沖縄県庁に川上好久副知事を訪ね、顕彰事業への協力を求めた。

翁長は球場内の資料館に島田の事跡コーナーを設ける件については、その場で快諾したが、その他の要請については「関係機関と相談する必要がある」と即答を避けた。川上「那覇市とも相談し、皆さんの思いが叶うよう努力したい」と述べるに留めた。

それには理由があった。奥武山球場は二〇一〇（平成二十二）年に竣工しているが、市は使用開始前にネーミングライツ（指名権）を公募、ＫＤＤＩ系企業が自社名を入れて、「沖縄セルラースタジアム那覇」と命名していた。以後三年毎の契約更改で、二〇一五年当時もこの名を名乗っていた（その後、二〇二三年度まで契約を延長している）。それだけにスタジアムの名に島田の名を冠するのは、ネーミングライツを持つ企業に敬遠されるのでは、との懸念があった。

さらに肝心の島田の評価について、沖縄戦研究者の一部に懐疑的な見方があったことである。それは島田が戦中、公式の場で戦意を高揚させるような激励演説をしたり、兵力不足に悩む軍部が熱望した学徒動員を認めたことなどに対する批判だった。

昭和の戦争は国威発揚を狙った軍部が、官僚や報道機関に片棒を担がせ、遮二無二《しゃにむに》押し進めた愚挙であり、暴挙だった。そんな絶望的な状況のなかで、島田や荒井ら心ある一部の官僚は職務上、軍部との軋轢を極力避けながら、一人でも多くの県民の命を救う現実的な方策を執った。ところが戦争の過酷さを解さない、頭の硬い人たちには、その機微が理解できなかったのである。

かたや戦中、二人のそば近くにいて、その施策を目のあたりにした生還県職員が、戦後いち早く「島守の塔」を建立したことは、だれがなんと言おうと、二人が〝本物〟であったことの、何よりの証《あかし》であろう。

はたして、期成会が目指した前記の四つの目標のうち、肝心の①と②は、球場を管理する那覇市教育委員会市民スポーツ課から、色よい返事は得られなかった。現在の高里浩課長（五九）が当時の記録や担当者に当たってくれたところによると、すでに決まっているネーミングライツの一部変更は無理だったのと、同球場は元来、島田顕彰のために建てられたものではない、との事実経過が理由だった。

顕彰目的で建ったのではない球場に、後から「島田叡記念」の冠をつけるのは、むしろ無礼なのではないか、との思いは、島田を尊敬する人のもう一つの考え方である。その点、期成会は同球場が、島田杯がもたらした沖縄野球流星の象徴と見て、その名を冠したかったのだが……。

また、球場正面広場に顕彰碑を建てることを認めなかったのは、球場でさまざまな催しを開く時、この場所は参加団体の事前の集合場所やテントを張るスペースとして必要だったからで、物理的に碑を建てる余地はない、と判断した。この点についても、県下のスポーツ団体の代表者を網羅した期成会内で、事前に危惧する声が出なかったのか、との思いは残る。

なお、この二つの判断には、島田の生きざまに批判的な一部の人たちに配慮した形跡はまったくなかったことを、念のために申し添えておく。

そこで島田の名は、スタジアムの南、奥武山運動公園南西部にある多目的広場を整備して作る「兵庫・沖縄友愛グラウンド」の石碑の肩書きに、「島田叡氏を縁とする深い絆」を刻むことにした。また顕彰碑の建立場所は、やはり同公園南西部にある二五平方メートルの県有地が、県の好意で提供され、ここに建てることになった。

これによって同公園南西部は、新たにできる顕彰碑と友愛グラウンドに、前出の「沖縄・兵庫友愛スポーツセンター」跡地の記念碑を加えると、トライアングルのなかの「友愛ゾーン」を形造ることになった。

沖縄野球人の熱意を、ＴＢＳの報道ドラマ『生きろ〜戦場に残した伝言』が援護射撃した、と言ってよいだろう。顕彰事業に対する一万人目標の賛同署名は三万人を超え、五〇〇〇万円目標の募金は九〇〇〇万円を超えた。

事業の中心である顕彰碑のデザインは、沖縄県立芸術大学の宮城《みやぎ》明《あきら》元教授（七〇）に依頼した。氏が期成会に参加した時、「祈り」「命」「平和」などのコンセプトは、前記のように、すでにできていた。宮城は会議に加わり、島田知事の人間性に深く感動、それを形にしたいと願う沖縄野球人の熱い思いに触れるなか、デザインは浮かんだ。

「まずシンプルで、力強いものでなければならないと直感しました。しかも東西南北どこからも見える裏表なし、囲いなしの同心円のモニュメントをイメージしました。球形はコンセプトにあった生命、魂、和の象徴です。素材は、わがウチナー（沖縄）がその上に立つ琉球石灰岩（トラバーチン）

にこだわり、球体は現代的なステンレスと決めました」

こうして高さ二・八メートル、最大幅一・七メートルの「祈りを捧げる両手」をモチーフにした勝《かっ》連《れん》トラバーチンの支柱の項に、球体をあしらった碑は完成した。

この年は島田知事の殉職七十年。終戦直後生まれの宮城は、自身の七十年が先達の犠牲によってもたらされた御恩に感謝した。それとともに野球人・島田のモニュメントが、多くの沖縄球児に「一球入魂」のエールを永遠に送ってくれるよう念じながらの制作だった。

野球ができる幸せを

沖縄野球人OBらの島守への思いは、現役選手らにも伝わった。

この年二月二十五日、島田が足跡を残した東京大学（当時は東京帝大）の野球部員二十人が初めて島守の塔を訪れ、大学の名が入った野球ボールや花束を手向け、島田大先輩や戦没県職員の冥福を祈った。

この参拝は浜田一志《はまだかずし》監督の強い希望で実現した。同監督は前年、沖縄を訪れた際、浦添高校野球部監督で、地理・歴史を担当している上原正昭《うえはらまさあき》教諭から島守の塔などを案内され、沖縄戦の実相、そのなかでの島田の働きを知った。

そこで、この年、十三日間にわたる初の沖縄キャンプを張り、うち一日を沖縄戦学習にあてた。この日も上原監督の案内で、轟の壕や沖縄師範健児之塔に足を運んだ後、島守の塔を訪れる念の入れようだった。

島守の塔では、嘉数期成会々長も待ち構え、「島田さんは県民にとっての大恩人。後輩の皆さんの参拝を喜んでいると思う」と挨拶、二年生の下稚意拓哉《しもがいたくや》（一二）は「大先輩が沖縄のために尽力した事実を心に留めたい。戦中の最後の県庁であり、多くの県民が身を潜めた轟の壕にも入り、大先輩の苦しみを追体験できました」と話した。

二日後の同月二十七日には、この年の選抜高校野球に初出場を決めた糸満高野球部が、前出の報道ドラマ『生きろ』をＤＶＤで鑑賞、三月八日は島守の塔に参拝後、壮行会に臨んだ。

戦後七十年の節目にセンバツ出場を決めた上原忠《うえはらただし》監督（五二）は「当たり前に野球ができる幸せを生徒に感じてほしい」と島田知事の母校である兵庫高（当時は神戸二中）野球部との親善試合も計画、島田への理解を深めようと努めた。部員の八幡優介《はちまんゆうすけ》君（二年）は「島田さんは野球を通じて学んだフェアプレー精神で、多くの県民を救ってくれた。自分たちも野球を通じて人間性を磨こう」と仲間に呼びかけた。

親善試合は大会に先立つ三月十六日、兵庫高の石井稔校長が用意した神戸市の「あじさいスタジアム北神戸」で行われ、島田知事を仲立《なかだ》ちに友好を深めた。

第二十五章　島田叡氏顕彰碑除幕式

栃木と若者に心遣い

島田叡氏顕彰碑の除幕式は、戦後七〇年の島田の命日にあたる二〇一五（平成二十七）年六月二十六日午前十一時から、奥武山運動公園の前記「友愛ゾーン」で開かれた。気温三一度の夏空の下、翁長知事ら地元関係者に加え、兵庫県は約百人の県民代表団を送り込んだ。井戸敏三知事（七〇）、久元喜造《ひさもときぞう》神戸市長（六一）はじめ、一二〇人の県議団、「武陽会」は和田憲昌顧問ら理事会の面々である。栃木県からは嘉数期成会々長の招きに応じ、退造顕彰事業実行委の荒井会長、室井顧問ら八人が参加、県内外から約四〇〇人が参集した。

これによって、島守をめぐる三県の関係者が集うトライアングル第三歩は、戦後七十年目にして、やっと実現した。

この場こそ、島守の足跡を後世に伝える絶好の機会と考えた嘉数、名嘉山両発起人は、多くの若者に出番を用意した。

式典は又吉民人《またよしたみと》沖縄県野球連盟理事長（六九）の司会、神谷期成会副会長（六七）の開会の辞で始まり、黙祷の後、さっそく、那覇高校女声合唱部が「島守の塔賛歌・島守のかみ」を合唱、美しいコーラスが会場を優しく包んだ。

前出の記録映像『島守の塔』のイントロでも使われた故仲宗根政善《なかそねせいぜん》・琉球大学教授の作詞になる歌。今や島守追悼には欠かせない名曲である。

その余韻さめやらぬなか、顕彰碑は除幕した。碑に向かって右側に沖縄県の翁長知事、喜納昌春《きなまさはる》県議会議長、嘉数期成会々長、左側に兵庫県の井戸知事、石川憲幸《いしかわのりゆき》県議会議長、勝順一「武陽会」理事長が紅白の紐を引き、碑を覆っていた白布を取り払った。

島田叡氏顕彰碑の除幕。（右から）嘉数顕彰期成会会長、喜納昌春・沖縄県議会議長、翁長雄志・沖縄県知事、井戸敏三・兵庫県知事、石川憲幸・兵庫県議会議長、勝順一・武陽会理事長

合掌を象《かたど》った真っ白な琉球石灰岩の上に、直径一メートル近いステンレスの球体が、真夏並みの陽光を受け、燦然と輝いた。

古来、クガニトウバ（黄金の言葉）として沖縄に伝わり、それを知った島田知事を心酔させた「命《ぬち》どう宝（命こそ何よりの宝）」の象徴だった。

碑の四囲には前記「島守の塔賛歌」など碑文四枚が配されており、島田と荒井の功績を称える正面の「建立の詞」は、起草者の名嘉山・総括が自ら朗読した。

続いて主催者念願の「島田叡氏」の名を刻んだ前

記「兵庫・沖縄友愛グラウンド」碑も、久元神戸市町や上原裕常《うえはらひろつね》糸満市長らによって除幕された。ここでも兵庫・沖縄友愛交流事業に参加経験がある両県の若者四人が参加、野球を通じて島田知事を語り継いでいくことを誓った。

嘉数会長の主催者挨拶は、島守の顕彰活動が栃木県人を加えたトライアングルになったことに力点を置いた。荒井退造を「島田さんと不離一体の堅い信頼関係で、ともに苦労を分かち合った」と紹介、三県民が揃って、この日を迎えられたことを喜ぶとともに、「これからも新たな交流が、さらに発展していくことを確信しています」と期待を寄せた。栃木からの八人の参加者には「栃木県荒井警察部長、関係者」の掲示がついた座席が用意されていた。

栃木県からの参加者のために用意された席に着く室井顧問（右）、藤井実行委員ら

来賓の井戸知事、翁長知事も挨拶のなかで、異口同音に栃木からの参加に歓迎と労《ねぎら》いの言葉をかけるのを忘れなかった。

井戸知事は同郷の島田知事に対する顕彰碑や、その名を刻んだ友愛グラウンドの造成に感謝するとともに、「没後七〇年の今年、改めて島守の深い人間愛や、最後まで県民を守ろうとした生きざまを学び、次世代へと語り継がなければならない」と述べ、自作の和歌を詠み上げた。

島守の形見に誰もが涙せん　崇める気持ち　赤裸に出《い》でん

この一首を墨書した色紙は、嘉数会長に送られ、後刻、スタジアム資料館の「島田叡氏事跡コーナー」に展示された。

かたや翁長知事は、「顕彰碑の建立で、三県の友愛の絆は、さらに深まった。島守の不屈の責任感、行動力、野球人として培ったスポーツマンシップ、フェアプレー精神は、次世代に語り継がれると確信している」と期待した。

届け！　伝統の校歌とエール

挨拶の部の締めは再び、那覇高校生の出番。吹奏楽部の伴奏で、合唱部が島田の母校・旧制神戸二中の校歌「武陽原賦」を顕彰碑に捧げ、「武陽会」員も島田大先輩に届け！　とばかり、大声で唱和した。

名も千載《せんざい》にかんばしき
湊川原の片ほとり
黎明の光身に浴びて
希望に生ける健児あり

メロディーは日清戦争（一八九四〜九五、明治二十七〜二十八年）のころ、国民に愛唱された「勇敢なる水兵」から借りたものである。

島田知事が何十年ぶりに聞く校歌だろうか、との一同の感慨を煽るように、次は同じ奏楽メンバーに沖縄県高野連の野球部員が加わって、夏の甲子園大会歌「栄冠は君に輝く」の大合唱。沖縄勢が甲子園の強豪県になるきっかけとなった島田杯への感謝の思いを込めたもので、会場を感激の渦に巻き込んだ。

興奮は、なお続く。ここで100陽会の阪本弘輝君（二〇、慶應大二回生）が、校章に二本の白線をあしらった紺色地の旧制神戸二中校旗を掲げて登場した。彼は「武陽会」の先輩から、この催しがあることを聞き、「若い僕らも行かないと、語り継ぎが途切れてしまう」と、同期の過ぎた修斗君（二〇、大阪大学二回生）を誘い、参加した若き語り部である。

校旗を左右に大きく打ち振りながら、彼もまた島田大先輩に届けとばかり、伝統のエール「ユーカリの葉」を叫んだ。

ユーカリの葉　ユーカリの葉
ユーカリの葉を押し立てろ　ヤーレヤレ
グールマイチャホイ

末尾の一行は意味、語源とも不明で、「武陽会」が調査中だが、ユーカリは兵庫高校の校章にデザインされている校樹である。

一九〇八（明治四十一）年の神戸二中開校時、校庭に緑はなかった。美しい環境は教育に欠かせない、と考えた初代校長・鶴崎久米一（一八五九〜一九四二）は県に進言、七種三五三本の植樹に努めた。このうち一五〇本はユーカリで、グラウンドの周囲と校舎の西側と北側に植えられた。

当時は一メートル余のヒョロヒョロした苗木が、歳月を追ってスクスクと伸びていく姿は生徒たちを勇気づけ、欠かせぬ教育環境となる。このあたり、荒井退造の母校・宇中や宇高がある緑濃い瀧の原校地と相通じるものがあり、双方から島守を輩出していることと無関係ではないだろう。

それはとにかく、やがて校庭にそびえ立ったユーカリの大樹は、同校発展のシンボルとして、このエールを生んだ。天を衝《つ》いていた最後の一本は、一九六四（昭和三十九）年の台風で惜しくも倒れ、姿を消したが、伝統のエールは同校の各種スポーツ大会や壮行会に、欠かせぬ声援として生き続けている。

久元神戸市長からもエール

大いに盛り上がったセレモニーは、時間を重んじるスポーツマンの催しらしく、予定通り四十五分間きっかりで幕となった。

那覇高校吹奏楽部の生徒たちが楽器を車に積み、帰り支度をしているところへ、スラッとした長身の紳士が歩み寄った。炎天下、濃紺地のスーツ上下に淡い色のネクタイをピシッと決めた、久元神戸市長で、にこやかに語りかけた。

「皆さん、今日はご苦労様でした。おかげで素晴らしい除幕式になりました。島田さんもさぞ、お喜びのことと思いますよ。本当にありがとう」

久元は島田と同じ神戸っ子。進学校・灘高から東大法学部を経て、自治省（現・総務省）へ入賞した島田の遥かなる後輩である。神戸の思いを綴《つづ》った著書『神戸残影』（二〇一九年、神戸新聞総合出版センター刊）にも、島田顕彰の一章を設ける心酔者である。

同書によると、官僚時代、新規採用の後輩職員向け講話で島田を語り、「後輩として、その想いを受け継ぎ、国家公務員として恥ずかしくない行動をしていこう」と呼びかけている。また二〇一二（平成二十四）年十一月、副市長として神戸へ戻って間もなく、兵庫高校を訪れ、校内の「合掌の碑」にお参りしているほどだ。その人としては、とても軽装では参加できない儀式だったのである。

友愛交流も次世代へ

除幕式の後、出席者一同はセルラースタジアムへ移動、野球資料館入口に設けられた「島田叡氏パネル展」を見た後、正午から会議室で開かれた「兵庫・沖縄友愛懇親会」へ。

ここでも南風原《はえばる》高校郷土文化部による華やかな琉球舞踊の献舞、劉衛流空手道場の若者による迫力ある空手演武など、島守伝承を次の世代へと願う、この会の総括責任者・名嘉山の配慮が目立った。

この思いは、兵庫県青少年本部が同二十八日、沖縄県立博物館・美術館（那覇市おもろまち三）で開いた「戦後70年記念フォーラム　沖縄の島守が原点となった兵庫・沖縄友愛」にも、しっかり受け継がれた。

構成メンバーは本稿ですでに紹介ずみの、島守伝承の第一人者揃い。「武陽会」での島田の後輩で、園田学園女子大の田辺眞人名誉教授（第十四章参照）は、「島田叡さんを育んだふるさと兵庫〜県のこと、母校のことなど」と題した基調講演の後、両県の大学生を交えたパネルディスカッション「友愛の70年・未来へのメッセージ」のコーディネーターも務め、島守を後世に伝えるための方策を考えた。

パネリストには坂井兵庫県知事の秘書時代から友愛提携の経緯を知っている高橋守雄ひょうごボランタリープラザ災害支援アドバイザー（第十二章参照）や、お馴染みの嘉数期成会長が登壇、島守に関する豊かな情報を披瀝した。

兵庫・沖縄両県の青年が交流する友愛キャンプに参加した沖縄国際大学生・吉永裕登君（二一、浦添市）は「キャンプに参加しなければ、島田さんの凄さは知り得なかった」と話した。同じくキャンプに参加した神戸親和女子大学生の大田美沙希さん（二〇、兵庫県）は「小、中学生など若い世代に知ってもらう工夫が必要では」と提案した。

これに対し嘉数会長は、除幕式当日、期成会が発行した『第二十七代沖縄県知事　島田叡氏顕彰事業記念誌』（A４判、一一〇ページ）をかざしながら言った。「この冊子には島田さんや荒井さんとじかに接した人々の、嘘偽りのない文章を、そのまま収めています。人は主観で過剰に美化してはいけません。これを読んで、ありのままの姿を小、中学生にも話してあげてください」

『記念誌』にも語らせる

この記念誌は期成会の名嘉山総括が編集、一千部発行した。表紙は島田知事の顔のアップ写真に、沖縄の金言「命どぅ宝」をあしらった迫力あるデザインで、内容も充実していた。

特に「追悼録」や「島田叡氏関連新聞記事」の項では、島守顕彰の先鞭をつけた浦崎純、池島信平、中野好夫ら主だった語り部（本稿第八〜九章参照）が綴った島田論を全文、または抄録で収録している。これらは今後の語り継ぎ、島守研究に欠かせない文章ぞろいなので意義深い。

それだけに顕彰期成会が同年八月末、同誌七百部を沖縄県教育庁に寄贈、県下の中、高校や公立図書館に常備されたのは喜ばしい。読者の皆さんにも、ご一読をお勧めする。

第二十六章　栃木勢、半世紀遅れの猛追

清原南小、慰霊のスポーツ交流

島田叡氏顕彰碑除幕式に参列した荒井退造顕彰実行委の室井顧問は、セレモニーの後、無念の表情で言った。

「非常に淋しい思いをしました。島田さんを称えるエネルギーは凄く、沖縄、兵庫両県知事の挨拶は迫力がありました。糸満、神戸両市長のエールの交換も、素晴らしかった。これら四首長は挨拶のなかで荒井退造も高く評価してくれましたが、残念ながら栃木からの参加者はわれわれ八人だけでした。長年にわたる出遅れと不徳を退造さんに詫びながらの、辛い参列でした」

そんな思いを、本島南部戦跡を市域に持つ糸満市の教育委員会は察知していたようだ。この年の三月、「子供たちのスポーツ交流を通じて、意思疎通を図りませんか」と、退造顕彰実行委の荒井俊典会長に打診してきた。そこで訪沖団一行は除幕式参列後の六月二十六日夜、市教委幹部と糸満市内のホテルで会い、具体策を話し合った。

その結果、退造の母校・清原南小学校（略称・南校）の、「清原南ジュニアバレーボールクラブ」（岡田幸治監督＝六二と生徒一一人）が、この年の八月二十一日から三泊四日で、沖縄を訪れることにな

った。

　この遠征には荒井会長、佐藤事務局長が同行したほか、生徒の保護者一九人も自費で参加、総勢三三人の大きなイベントになった。

　宇都宮市は、この催しを、「戦後70年記念　宇都宮市・糸満市スポーツ少年団交流事業」と銘打ち、東京・羽田空港までバスを出す力の入れようだった。

　迎えた糸満市側も温かく、市役所のホールで、上原市長も出席しての歓迎会を開いてくれた。

「武陽会」が島田大先輩の二十回忌に当たる一九六四（昭和三十九）年、兵庫で始めた島田顕彰より五一年遅れはしたが、退造顕彰事業もようやく、自分たちの意思で退造終焉の地へ足を踏み入れたのである。

島守の塔を訪れた清原南ジュニアバレーボールクラブ一行（荒井退造記念館提供）

　翌八月二十二日午前、一行は糸満市摩文仁の島守の塔を訪れた。待ち構えた沖縄栃木県人会「栃の葉会」のメンバーと周辺を掃き清めた後、島田、荒井主従「終焉の地」碑の前で、母校・南校による初の慰霊祭を行った。
　宇都宮市籠谷町の退造生家の井戸から汲んで行った清水を供え、校歌を斉唱した。同行の俊典会長、佐藤事務局長、岡田監督をはじめ、父兄の多くも南校ＯＢで、生徒と唱和したから、校歌の大合唱となった。

その名ゆかしき　下野《しもつけ》の
朝日清らかに　輝《て》るところ
そそり立ちたる　高台の
わが清原の　学びやよ
ああ　美《うる》わしの　南校

歴史偲《しの》べば　よき里の
城址の村ぞ　鬼怒川の
清き流れに　鍛えつつ
学びの道を　いざやいざ
ああ　はつらつの　南校

直き心を　身につけて
愛の姿も　明々と
日光山の　夕映に
築くは文化の　新日本
ああ　栄えあれ　南校

退造が学んだ心根は、三番の冒頭に歌い上げられている気がして、全文紹介した。

退造が出た小学校は、前述のように南校の全身の鏰山《こてやま》小学校だが、教育の理念は貫かれていたであろう。卒業は一九一三（大正二）年だから「退造さんが聞く校歌は一〇三年ぶりか」の感慨が、大人たちの胸を熱くした。

県立平和祈念資料館で沖縄戦を学んだ後、午後は糸満市の西崎小学校で、同小など四校の選抜チームと交流試合を行い、圧勝した。相手校の一つである兼城小の大仲祐奈キャプテン（一一）は「清原南は強かった。私たちももっと練習して、もう一度試合をしたい」と話した。

同夜、生徒たちは糸満市教委の心遣いで、同市内の民家六軒にホームステイさせてもらい、沖縄の家庭の味にも触れた。

三日目の二十三日は台風一五号の接近で雨。競技は午前、両チームから六年生三人ずつを出しての混声二チームを編成、試合を行ったところで終わった。南校の生徒たちは念願の海水浴はできなかったが、宿泊先の糸満市営ホテルのプールで泳いだ。

台風の影響で日程が一日延びた結果、一行はやっと観光の時間を持てた。二十四日はレンタカー四台に分乗して、本部《もとぶ》半島の「美《ちゅ》ら海水族館」へ。ここでは本書でお馴染みの嘉数期成会々長、「島守の会」の伊野波会員、栃の葉会の小林前会長らが出迎え、生徒たちの健闘を称えた。

上原糸満市長は「戦中、多数県民の命を救い、当地で亡くなられた荒井退造さんの母校の後輩たちと、戦後七〇年に交流できたことは意義深い。これからも、いろいろな形で交流を深めたい」と話した。また二五年にわたるコーチ、監督歴を持つ岡田監督は「この交流によって、生徒たちは偉大な大先輩の存在と、沖縄の人たちの優しさを知り、一生忘れられない思いを胸に刻みました」と目を潤ませた。帰ってきた選手全員を握手で迎えた青木校長は「生徒たちの掌《てのひら》には力がこもっており、数日の間にずいぶん成長したなあ、の印象でした」と頬を綻ばせた。

真岡工高が退造漫画と放蝶

ジュニアバレーボールの交流に続いては、沖縄修学旅行の事前資料として描かれた退造を主人公にした漫画と、「平和の象徴」と言われるオオゴマダラの放蝶が登場する。

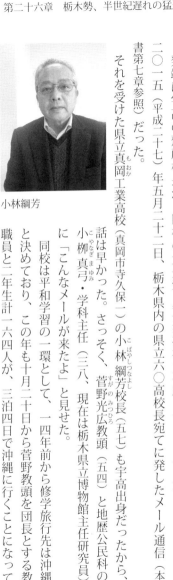

発端は宇高の齋藤校長が、同校の大先輩・荒井退造の事跡を世間に広く知らしめたい、と二〇一五（平成二十七）年五月二十二日、栃木県内の県立六〇高校長宛てに発したメール通信（本書第七章参照）だった。

小林綱芳

それを受けた県立真岡《もおか》工業高校（真岡市寺久保一）の小林《こばやし》綱芳《つなよし》校長（五七）も宇高出身だったから、話は早かった。さっそく、菅野《すがの》光広《みつひろ》教頭（五四）と地歴公民科の小柳《こやなぎ》真弓《まゆみ》・学科主任（三八、現在は栃木県立博物館主任研究員）に「こんなメールが来たよ」と見せた。

同校は平和学習の一環として、一四年前から修学旅行先は沖縄と決めており、この年も十月二十日から菅野教頭を団長とする教職員と二年生計一六四人が、三泊四日で沖縄に行くことになっていた。小柳教諭はその事前指導を担当していた。

同校は退造の出身地である旧・清原村の東隣の真岡市にあり、清原中学出身の生徒は当時、全校で一九人、うち二年生は九人だった。小林と菅野は「隣同士の誼《よし》みもあり、修学旅行での退造さん顕彰は、本校がまず中心になろう。それが、やはり沖縄へ行く他の三二校へ広がるきっかけになれば……」と話し合い、退造顕彰実行委の俊典会長と連絡を取った。

一方、小柳は、これも第七章で紹介したが、宇高の齋藤校長が一か月前、栃木県高校教育研究会地歴公民部会に届けたプリントと、それを報じた真岡新聞の記事によって、退造の事跡を知り、それを生徒たちにどう伝えるかを考え始めていたから、こちらも話は早かった。


こうして漫画化という案は生まれた。発案者の小柳は言う。

「活字離れが進む若い世代向けに、日ごろから写真や図など視覚に訴える教材開発に努力しています。今回は退造さんの事跡について、より生徒に伝わりやすい手段として、漫画という方法を採用することにしました」

シナリオは自身が書く。それを筑波大学の同期生で、漫画家の渡周子《わたりしゅうこ》（三八）に描いてもらう構想。大学で小柳は応用言語学、渡は日本文学と専攻は違ったが、在学中、創作活動をともにした親しい間柄で、話はすぐまとまった。

小柳は七月から八月にかけ、拙著『沖縄の島守　内務官僚かく戦えり』を参考に、シナリオ作りに没頭した。小林と菅野は「小柳先生は夏休み中、毎日、学校へ来て、資料読みやシナリオ執筆に励んでいたなあ」と回想する。

苦心した点について、再び小柳の話。

「荒井さんと島田さんが沖縄県民を疎開させた、守ろうとした、という事実を描くに当たって、どのような人物だったのか、どんな時にどう行動したのか、を描かないと、読み手を作中にひきこむことはできません。田村ドキュメントでは、たくさんの人物が両氏についてさまざまな証言をしていますが、荒井さんについては上地よし子さん、島田さんについては山里和枝さんが、お二人の人間味や、素《す》に近い表情を語っている、と感じました。そこで二人の証言を主軸に描くことにしました。ただ、登場人物が多すぎると、漫画が複雑になってしまうと考え、二人を合わせた『上原良枝』というキャラクターを作りました」

一か月あまりかけて書き上げたシナリオは、渡へメールで送られ、彼女は三週間で描き上げた。

「島守の記」を手にする小柳真弓

渡の苦心談。

「教材に使われるということで、小柳さんが伝えたいと思っていることを、わかりやすく組み立てるのに悩みました。また作画では普段、少女漫画を描くことが多いので、それより書き込みが多い、少し異なる表現を取らせてもらったのも、私にとっては挑戦でした」

こうして一七〇コマの漫画を、Ｂ５判の用紙一六ページに収めた『島守の記　沖縄県警察部長　荒井退造の記録』は完成した。

修学旅行の事前指導は、専攻の学科ごとに四つのクラスに分かれていたが、小柳は九月十五日、漫画本は一クラス分の四十部だけを印刷、製本した。
それをさっそく、翌十六日、建設科から始めた事前指導各三回の初回で生徒たちに読ませ、他のクラスへと使いまわした。

もっとも、その後、関係者にも配布する必要が生じ、三十部増刷した。それを見た南校からも「そんな退造漫画ができたのなら、うちの生徒にもぜひ、読ませたい」との要望が寄せられ、うち六部を同小学校が図書室に設けた、前記「退造コーナー」に寄贈した。

筆者も小柳から一部いただいたが、「四五〇ページの拙著のエッセンスを、わずか一六ページでよくもまとめたなあ」と感じ入る仕上がり。沖縄戦が危機に瀕した一九四五（昭和二十）年五月二十五日、退造が内務省警保局長に宛てた最後の電文であり、遺書とも言える「六十万県民只《ただ》暗黒ナル壕内ニ生ク……」を冒頭で紹介した後、前年七月のサイパン玉砕に伴う沖縄県民の県外疎外へとカットバック。退造より一年七か月遅れて沖縄へ赴任した島田と力を合わせ、軍が見向きもしなかった県民保護に苦闘した姿を描く。命の大切さを説く沖縄の金言「命《ぬち》どぅ宝」を登場させ、兵庫県人・島田の言葉は関西弁にするなど、科白《せりふ》づくりも念入りだった。

こんな努力に胸打たれた俊典は、小柳の事前指導授業の聴講に出かけたが、その際、小林校長に会い、切り出した。

「荒井退造終焉の地で、生徒さんらが慰霊祭をされる時、沖縄原産で〝平和の象徴〟と言われるオオゴマダラ蝶を放つ手があります。金色のサナギから生まれる珍しい蝶で、現地では『放蝶』と呼んでいます。おやりになるのなら、私がお世話しますよ」

小林が「喜んで」と、話を受けたのは、言うまでもない。

俊典の話によると、三か月前、前期の島田顕彰碑除幕式に参列した時、一人の沖縄の紳士が声を掛けてきた。「栃木県の宇都宮からはるばる来られたそうですね。ご苦労様です」

公益財団法人・沖縄協会の比嘉正詔《ひがせいしょう》専務理事（七九）で、俊典が立ち話のなかで、地元の真岡工高の修学旅行生が今秋、島守の塔に参拝、荒井退造の慰霊祭を行うことを告げると、放蝶の話になった。比嘉は「島田知事の慰霊祭では、これまで何度か放蝶したことがありますが、荒井さん向けには一度もありません。今回はぜひ」と勧めてくれた。

前記、清原南小ジュニアバレーボールクラブ沖縄遠征時の糸満市教委の対応といい、栃木の退造顕彰の立ち遅れを、いくらかでもサポートしようという動きが、沖縄でもようやく出始めたと言えるだろう。

にわかに飛び出した放蝶話に、かたや小柳は驚きの声を上げた。かねて真岡市内にある井頭《いがしら》公園内の、熱帯動植物を扱う「花ちょう遊館」で、沖縄産のオオゴマダラ蝶の迫力に圧倒されていたからだ。「退造さんの慰霊に出かける教え子たちが、〝平和の使者〟と言われるオオゴマダラ蝶を放つことに、不思議なご縁を感じました」と言った。

修学旅行は予定通り十月二十日から三泊四日で行われ、目的を明確にするため、島守慰霊は初日の午後に設定した。

一行は摩文仁の平和祈念公園内にある前記の「栃木の塔」、ついで西隣の「島守の塔」に参った。そこには俊典から依頼を受けた比嘉や、「島守の会」の島袋愛子・事務局長、同会員の伊野波進らが待ち受けた。

まず比嘉は島守の塔の前で、島田、荒井両氏が「島守」と畏敬されている理由を解説した。供物も、山とあった。生徒代表は花束や宇都宮から持ってきたペットボトル入りの清水、野球部の大関竜登主将（一七）は校名入りのボール。そして比嘉が持参した植木鉢の青葉には、黄金色のオオゴマダラのサナギが燦然《さんぜん》と輝いていた。

そして、放蝶。男女六人の生徒が手にした六匹の大きな蝶が、「戦没者の霊よ、安らかなれ」の祈りを込めて、摩文仁の空に放たれた。

旅程は二日目以降、マリン体験、グループ別タクシー研修、首里城見学と続き、無事終了したが、生徒たちは帰校後、旅の印象を、こう書いている。

「真岡工高は歴史を学ぶ機会がないので、沖縄戦を漫画で事前に学べたのは、とてもよかった」「命どぅ宝、平和って本当に素晴らしいと改めて思った」「戦争で栃木の人・荒井退造さんが活躍したことを、誇りに思った」「先生は努力しているんだな、と感じた」「放蝶が印象に残った」

指導教師や関係者の努力は、生徒の心に刻まれたようだ。なお、この漫画は翌二〇一六年九月、NPO法人「菜の花街道　荒井退造顕彰実行委」が著作権を譲り受け、『まんがで学ぶ疎開の恩人荒井退造おきなわ奮戦記』と改題して刊行している。一部三百円（二〇二二年夏悠人書院よりリニューアル復刊予定／編集部）。

退造顕彰書の出版記念講演会

退造顕彰の書は序章や第四、第七章で触れたような経緯で、ＮＰＯ法人・菜の花街道の顕彰実行委が退造の生誕一一五年当日、この年の九月二十二日、『たじろがず沖縄に殉じた荒井退造――戦後70年　沖縄戦最後の警察部長が遺したもの』と題して、下野新聞社から刊行した。

その出版記念講演会は第八回菜の花文化フォーラムとして、同二十六日午後、宇都宮市の清原工業団地管理センター大ホールで開かれた。実行委からの要請で、筆者が講師を務め、演題は書名の後半を「沖縄・兵庫・栃木のトライアングルで語り継ごう」とした。〝三都提携〟を強調したかったからである。

定員一六〇人の会場が、聴衆で溢れるなかでの開会。前回フォーラムで初めて退造を取り上げてから七か月、顕彰実行委発足からでは半年のこの盛況に、遠縁の俊典会長はまんざらではなかったようだ。それは話の途中、「自慢話になりますが」と断りつつ続けた長い開催挨拶に示されていた。

沖縄から来賓として参加した嘉数・島田叡顕彰期成会々長、「島守の会」の伊野波会員、小林・沖縄栃木県人会前会長を紹介した後、この会に出席している顕彰協力者の紹介から始めた。

冒頭、「二月の第七回フォーラムにおいでいただいた宇都宮高等学校の齋藤宏夫校長先生は、今日もお見えになっています」と切り出し、同校長夫妻が四月末、沖縄へ退造慰霊に出かけた話（本書第五、第六章参照）を紹介したが、「退造顕彰活動の元祖は、このフォーラムですぞ」の思いが滲《にじ》んでいた。

ついで真岡工高の小林校長、菅野教頭、小柳教諭の三人も揃って参加していることを紹介、前出の修学旅行生向け漫画づくりの努力を披露した。

さらに清原南ジュニアバレーボールクラブの沖縄遠征を紹介、「その時、選手たちに同行されたお母さん方が今日、この会の受付などをお世話してくださっています」と話し、会場を沸かせた。

この他、清原地区にある作新学院大学（宇都宮市竹下町）の一般教養講座「とちぎ学」に、退造を取り入れようと考えていた太田《おおた》周《いたる》学長（七六）、退造が主人公のオーディオピクチャー『命どぅ宝』の制作にかかっていた県立栃木翔南高校放送部員四人と顧問の坂本一隆教諭（四六）の参加も報告した。この人たちの活動は、この後、節を改めて紹介する。

同会の辞の締めくくりは、顕彰記念誌がどういう経過で編集されたか、の報告。前傾のフォーラムで、退造の生きざまに感銘した五十数人がアンケートを寄せてくれたことはすでに紹介したが、俊典はそのうち特に熱心な一五人に改めて執筆を依頼、それを記念誌に残すのが眼目だったと説明した。

この記念誌制作について俊典会長は、「拙速」「乱暴な試み」などと、しきりに謙遜したが、筆者の見るところ、なかなかの内容だった。

遺族や母校提供による貴重な巻頭グラフに続いて、退造を「沖縄の恩人」と評価する大田昌秀・元沖縄県知事の巻頭文、それを受け「退造を突き動かしたのは、東北地方と峠一つ隔てた天領の多い野州人の人間愛ではないか」と問いかける俊典会長の序文が、冒頭から思索を誘う。

本文第一章は、栃木での退造顕彰の基となった前回フォーラムでの室井講師の講話を完全再録、それに心打たれた一五人の寄稿が続き、フォーラムの熱気を窺《うかが》わせる。

第三章は本書ですでにお馴染みの嘉数期成会々長や、齋藤宇高校長らの特別寄稿。第四、第五章には既刊史料や関連新聞記事の再録、退造の詳細な「生い立ちの記」も収録されている。終章は同書編集委員一四人のうち、前回フォーラム以前から退造の存在を知っていた四人による座談会で、内輪話が多く、これも読ませる。

そんななかで非常に残念だったのは、巻頭を飾った大田昌秀・沖縄国際平和研究所理事長の原稿に、どうしたことか間違いが多々見られることである。沖縄戦研究の大家の原稿だけに、後世の研究者が参考にされることがあると思うので、間違い部分を訂正しておく。

まず沖縄からの転勤を画策していた泉知事が、沖縄から脱出した日を一九四四（昭和十九）年十二月二十四日としているが、正しくは二十三日である。その日を境に官公庁職員の士気が一気に低下しているだけに、ゆるがせにできない一日だ。

次に退造は翌年三月二十六日、真和志村《まわしそん》繁多川《はんたがわ》の壕に移動、としているが、正しくは二十五日で、壕の所在地も同村真地《まあじ》の警察部壕である。島田知事も四月二十五日、繁多川の壕に移ったとしているが、これも真地の警察部壕だ。警察部壕の所在地が繁多川ではなく、真地だったことは、筆者が二〇〇三（平成十五）年四月刊行の前著『沖縄の島守』の第一章「幻の〝県庁・警察部壕〟」でくどいほど書いたが、大先生にはお目通し願えなかったようだ。

本土に沖縄の危急を伝える警察特別行動隊の編成も五月十二日とあるが、正しくは十一日だし、島田、荒井主従らが五月二十四日、警察部壕から東風平《こちんだ》村志多伯《したはく》の野戦病院壕に移った、とあるのも、二十五日のことで、行き先は野戦重砲兵第一連隊壕である。

沖縄県の断末魔を伝える文末の四行に間違いが集中しているのも、なんとも残念。島田一行が真壁村の轟の壕に入るのは、文中の六月三日ではなく、五日、県庁、警察警備隊の解散も同九日ではなく、七日である。

摩文仁岳入りは島田が六月十六日、赤痢《せきり》に苦しむ荒井は二日遅れの十八日で、「六月十四日、島田知事とともに摩文仁岳へ移動」とあるのは誤りである。

また内務省への最後の打電を、公式に消息不明となった六月二十六日としているが、正しくは五月の二十七日である。

前置きが長くなったが、やっと筆者の記念講演について書く。

著作でも講話でもニュースから始めることにしている筆者は、俊典会長のニュース性豊かな〝前座〟にお株を奪われ、参った。

そこで前著『沖縄の島守　内務官僚かく戦えり』（二〇〇三年四月、中央公論社刊）の最初のタイトルは、島田、荒井両氏を対等に捉えた『二人の島守　内務官僚かく戦えり――沖縄戦の島田知事と荒井警察部長』であったことを告白、退造をいかに重視しているか、をわかってもらう裏のニュースを披露する作戦に出た。

もっとも、このタイトルは出版社側から、「長すぎるし、一目で沖縄戦モノとわかりにくい」との批判が出て、現在のタイトルに変えたのだが、校閲のミスから単行本初版五ページの目次と、一一ページの中表紙のタイトルには、最初のものが残ってしまった。初版の読者の皆さまには、この場を借りてお詫び申し上げるが、退造に対する筆者の評価をわかっていただける証左として、お許しいただきたい。

聴衆はこんな予期せぬ告白とお詫びに、呆気に取られていたが、筆者の退造重視はわかっていただけたと思う。

そこで筆者は、そんなにも退造を高く評価する理由を、実例を挙げて詳しく話した。それは前著で縷縷《るる》書いているので、ここでは主な項目を挙げるに留める。

まず一九四三（昭和十八）年七月、沖縄県に警察部長として赴任時に述べた、〝オイ、コラッ〟時代の警察官には稀《まれ》な、思いやり溢れる挨拶である。

翌四四年春、沖縄守備ため創設された第三十二軍は、兵力や労力不足を補うため県民に総動員をかけたが、それを一つ一つチェックして、言いなりにならなかった勇気ある抵抗がある。

同年七月、マリアナ諸島のサイパン島は軍民ともに玉砕、それを教訓に始まった県内外への疎開。沖縄が平穏な裡《うち》に逃げ出したい泉知事らは疎開を妨害するが、怯まず推し進めた。

同年八月、学童疎開船「対馬丸」は米潜水艦に襲われ轟沈。学童八二五人、一般人八三六人の計一六六一人の犠牲に苦悩しつつも、県民の〝命どぅ宝〟を実現する道は疎開以外にはない、と疎開を推し進めた。

那覇市の九〇%が消失した同年十月の〝10・10空襲〟では、脅《おび》える知事や伊場信一・内政部長を尻目に、消火や防空活動、県民の避難誘導に奔走、治安や民心安定に努めた。

そして四五（昭和二十）年一月末、本土へ逃げた泉知事の後任として、島田知事が敢然と赴任、荒井部長と相談して、戦時行政へ大機構改革を断行した。平時不急の行政事務を全面的に停止、県内外への疎開と食料確保に専念することにした。警察部も平常の業務を停止、戦時警備に専従する警察警備隊に改編、荒井は隊長に就任した。

荒井は島田が着任するまで、前述のように何もかも背負わされ、一人苦しんできたから、会議中、二人が顔を寄せ合い、何かと打ち合わせる姿は、部下たちを安堵させた。

同年三月、米軍は本島上陸を控えて空襲を激化、県庁は首里、識名《しきな》の五つの壕に移り、辛い執務に入るが、荒井はめげなかった。

同年四月、米軍が本島に上陸、激しい地上戦のなか、県は二十七日、「南部一八市町村、四警察敵前緊急合同会議」を那覇市真地の県庁・警察部壕で決行。南下する避難民の受け入れを一八市町村に頼む一方、警察警備隊に後方指導挺身隊や町村分遣隊を設け、県民保護本意に改編した。

戦況いよいよ危機に瀕した五月二十四日夜、「次は本土決戦か」の思いが島田と荒井の脳裏を覆ったようだ。本土の防衛対策を意見具申し、「深甚ニ堪エズ」と気遣う電報二通を内務大臣宛てに打電した。

ついで翌二十五日、荒井は内務省警保局長宛てに、沖縄県民の悲痛な状況を端的に伝える次の電報を打った。

〈六〇万県民只暗黒ナル壕内ニ生ク　此《こ》ノ決戦ニ破レテ皇国ノ安泰以テ望ムベクモナシト信ジ　此ノ部民ト相倶《あいとも》ニ敢闘ス〉

この電報の意を受け、沖縄海軍の司令官・大田實《おおたみのる》少将（戦死後、中将）が同年六月七日、海軍次官に打電したのが、あの有名な「沖縄県民斯《か》ク戦ヘリ」の六八六文字である。沖縄県民の献身的な戦いぶりと、後世にわたる国の配慮を訴えた、世界の戦史にも類例のない不朽の電文である。冒頭で、「本職、県知事ノ依頼ヲ受ケタルニ非《あら》ザレドモ　現状ヲ看過スルニ忍ビズ……」と断っているように、荒井電報に胸打たれた大田の思い遣りによる打電だった。

これには、見逃せない裏話がある。

米軍が沖縄本島に来襲する前の同年二月十四日夜、島田と荒井は那覇港に緊急入港した軍用船四隻の荷役を陣頭指揮したが、居合わせた大田司令官は「作業が遅い」と警察部輸送課長の隈崎俊武警視を罵倒した。大田は当時、海上輸送を警護する第四海上護衛隊の司令官を兼務しており、米軍に制海権を奪われて苛立っていた。

しかし、大田はあの電文が物語るように、なかなかの人物である。同月下旬、島田、荒井、当の隈崎ら県と警察部幹部を酒席に招待、十四日夜の無礼を率直に詫びた。これを縁に大田と島田、荒井は肝胆相照《かんたんあいて》らす仲となり、それがあの世紀の電文へと繋がった。

つまり大田の罵倒、それを詫びた酒席、その後の荒井電報がなければ、「沖縄県民斯ク戦ヘリ」の名電報は生まれなかったわけで、筆者は不思議な因縁を感じるとともに、退造の働きではこれが一番大きかったと思っている。

筆者の講演は、以上、一〇項目余の退造論を話すうち、予定の一時間が倍の二時間になった。閉会の挨拶に立った本書の最初の主人公・室井光は「大学の講義より長い時間を、直立不動の姿勢で」

と評価してくれたが、「下手の横好き」であったろう。

室井は挨拶のなかで、本書の第二、第三章で紹介した退造の姪・横嶋セツが参加していることも話し、聴衆は温かい拍手を送った。念のために書いておくと、彼女は退造の兄・甲一の三女で、俊典や室井が南校に通っていたころ、同校の教壇に立っていた教諭である。

筆者は会場で挨拶したが、翌日、宇都宮市上籠谷町の退造の生家・荒井拓男宅を訪れた際に再び会い、第三章で紹介した退造の優しい人柄を聞いた。

かたや、栃木での退造顕彰のきっかけを作った室井講師への講演要請は引きも切らず、その後、二十数会場に及んだことも付記しておく。


栃木翔南高のオーディオピクチャー『命どぅ宝』

前記講演会の来賓紹介の項で少し触れたように、筆者は講演の直前、県立栃木翔南高校放送部顧問・坂本一隆教諭に付き添われた四人の部員からインタビューを受けた。年初から宇都宮市内で広がっていた退造顕彰の動きを、校内放送で流すのかな、と軽い気持ちで取材に応じたが、どうしてどうして、退造を描くオーディオピクチャー『命どぅ宝』の制作であった。

それも一か月後に開かれる全国高等学校総合文化祭（略称・総文）の栃木県予選で県代表を勝ち取り、翌二〇一六（平成二十八）年八月三日、広島市で開かれる全国大会「第40回ひろしま総文」に打って出ようという目論《もくろ》み。郷土の偉人・退造の事跡を、全国の高校生に知らしめよう、との熱い試みだった。

同放送部は、理科担任でオーディオピクチャーに詳しい坂本の指導の下、二年生の男女各一人と一年生の女生徒六人の計八人からなる、こじんまりとした部活動だった。

企画の発端は、退造顕彰活動を報じた地元紙・下野新聞の記事を見たことから。同校の修学旅行は二〇〇三年から沖縄を訪れており、ぜひ描きたい人物だったが、オーディオピクチャーには五分間の時間制限がある。そんな短い時間でどこまで描けるか、それに七〇年前に亡くなった人なので、残っている写真と解説でつくるしかないが、どんな写真があり、どう使うか。インタビューはどこの、誰のところへ行けばよいのか。師弟ともども、思案投げ首状態だった。

そんなこの年の六月二十二日、同校の佐野宏夫校長宛てに飛び込んできたのが、第七章で紹介した宇高の齋藤校長からのメール通信である。

既述のように、「沖縄に行ったら、栃木の塔の隣にある郷土の偉人・荒井退造さんの慰霊碑にお参りして」との要請。取材の手掛かりになる語り部の名や史料も、随所に織り込まれていた。

このメールを見た坂本は、「想い迷わず退造さんの作品をつくりなさい、という天の声を聞いた思いがしました」と言う。

彼は当時、修学旅行に出かける二年生の担任だったので、同じ二年生担任教諭と相談、二年前にはやばやと決まっていた修学旅行の日程に、退造詣《もう》でをむりやり押し込んだ。

そのかたわら、退造顕彰書の出版記念講演会が開かれるのを知り、この会から作品づくりを始めるべく、部員ともども駆けつけたのだ。

坂本は言った。「会へ行くと、宇高の齋藤校長はおられるわ、真岡工高の三先生もおられて、漫画教材を見せてくださるわで、取材の間口はウンと広がりました」

出版記念講演会は予期せぬ効果を生んだようだが、前置きはこれくらいにして、作品の展開を概略、追うことにする。

【シーン1】退造の例の肖像写真をバックに、二年生の関口明里《あかり》部長（一六）のアナウンスが「命どぅ宝」という言葉を知っていますか？」と優しく問いかけ、沖縄県警察部長の退造が、三〇万とも言われる沖縄県民の命を救った事実を伝える。

【シーン2】今年の沖縄修学旅行は、去年まで行かなかった退造終焉の地を訪れることを告げ、その理由を大嶋浩行・学年主任教諭に質《ただ》す。「宇高の齋藤宏夫校長先生から、素晴らしい郷土人の足跡をぜひ訪ねて、とのお話しがあったので」との答えを引き出す。

【シーン3】ではなぜ、宇高の校長はそんな話を他校に勧めるのか？　疑問に思い調べると、退造は宇高の前身・旧制宇都宮中学の出身とわかった。

【シーン4】退造所縁《ゆかり》の地へ行けば、何が掴めるのか。提案者の齋藤校長にインタビュー。「退造さんが過ごした環境、考え方がわかりました。皆さん方もぜひ、行ってほしい」

【シーン5】齋藤校長から退造の卒業名簿や、彼への熱い思いを綴った同窓会報を見せられたが、栃木県民は知っているのか？

【シーン6】そこで部員はJR宇都宮駅前で、「退造をご存知か？」の街頭調査。一〇八人中、知っていたのは、わずか一一人だった。

【シーン7】「沖縄ではよく知られている人がなぜ、出身地の栃木県ではあまり知られていないのか？」。これが前記インタビューでの筆者への質問。退造に関心を寄せる人に共通の疑問。だから、本書第二章で説明ずみなので、ここではインタビューでの筆者の答えに留める。

「野州《やしゅう》とか下野《しもつけ》と呼ばれた栃木の人々は古来、手柄をひけらかさない謙虚な気質があります。長男の紀雄さんにも、父の部下が残した記録を使って戦中の県庁を描いた自費出版書がありますが、そこでも父の業績に関する記述は、ほとんど入れなかった。それが退造を知らしめるネックになったと思います」

【シーン8】そんななか、退造の死後七〇年ぶりに、顕彰に躍起の人として、NPO法人・菜の花街道の荒井俊典理事長が、若者に語りかける。「皆さんが語り部になってください。退造の生と死を通じて、戦争の理不尽、悲惨さを語り継いでください」

【シーン9】こんな思いが届いたのか、栃木県下で退造の事跡を広める取り組みが行われるようになった。真岡工高は退造の活躍を描いた漫画を創作、修学旅行生への補習に使った。下野新聞社は退造の特集記事を重ねて掲載した。担当した同社社会部の荒井克巳記者は、インタビューに答えた。「戦後七〇年の節目、沖縄戦で最後まで県民保護に尽力した退造先生のことを考える、よい機会と思い、取り上げました。

【ラストシーン10】「『命どぅ宝、命どぅ宝』という言葉は、今も沖縄の人たちに語り継がれています。そのために自らの命をかけて、多くの県民の命を救った退造が、一番言いたかったことではないでしょうか」と語りかけ、番組は終わる。

この作品は同年十月二十五日。総文の栃木県予選で〝断トツ〟の成績で、県代表に選ばれた。予選会でわかったことだが、準優勝校も一時は退造を主人公にした作品の制作を考えたが、材料を揃えきれず、制作を断念したと言う。県下で退造への関心は深まったものの、紹介は難事だったことを示すエピソードだ。

さて翌「2016ひろしま総文」放送部門のオーディオピクチャー部門には、一一府県の一二高校が力作を応募した。

「命どぅ宝」は残念ながら入賞は果たせなかったが、翔南高放送部は「荒井退造の名を全国に広めることができた、と思っています。今後もこの作品を通じて、多くの方に彼の活躍を知ってもらいたい」と話している。

作新学院大の「とちぎ学」講座に退造登場

退造顕彰書の出版記念講演会から一か月もたたない同年十月二十日、作新学院大学の一般教養講座「とちぎ学」で、荒井退造の生と死をめぐる特別ゼミナールが開かれ、大学の講義に登場することになった。

きっかけをつくったのは、退造顕彰実行委の俊典会長である。彼は南校図書室に「退造コーナー」を設けたり、沖縄の島田叡氏顕彰碑除幕式に実行委の仲間七人とともに出席するなど、多忙を極めていた六月のある日、作新学院大学に太田学長を訪《たず》ねた。理学博士の太田は、広大な宇宙から地球に降り注ぐ宇宙線の研究で知られた高名な科学者だが、俊典の話は身近だった。「大学がある旧・清原村が生んだ逸材・荒井退造を、大学の講義で扱ってもらえないか」の相談だった。

その話を聞いた太田は、すかさず同大学の学生向け社会教育とも言える「とちぎ学」の企画者で、担当者でもある西田直樹《にしだなおき》教授（五〇、博士〈文学〉）に相談し、退造を講座のなかで取り上げられないか、と持ちかけた。

西田の反応も素早かった。戦時中の話は両親や先輩から聞いただけの〝語り継ぐべき第一世代〟として、教壇からその使命を果たすべき焦燥に駈られていたからである。退造のような身近な人が、身を以て示した平和や命の尊さを学べるのは、「とちぎ学」では願ったり叶ったりのテーマ。「講座は今年も後期の九月に開く予定で、ワークブックはすでにできあがっていますが、一部を組み替え、繰り入れましょう」と即答した。

その「とちぎ学」は二〇〇九（平成二十一）年九月の開講以来、同大学の〝名物講座〟になっていた。西田によれば、地方大学である同大学では学生のほとんどが県内出身で、就職も県内で、というケースが多い。それなのに学生は地元・栃木のことをあまり知らず、就職後、世代が違う人たちとの交流や意見交換に齟齬《そご》をきたしていることが多いようだった。これではいけない、もっと大学生の視点で地域を見させねば……と始めたのが、全一五回にわたる、この講座である。

その概容は、まず作新学院の建学の精神に始まり、栃木県の高等教育全般に及ぶ。ついで地域学に移るが、出だしは受講生が自分の住んでいる町を要領よく紹介する「ショート・スピーチ」や、地元産の嗜好品を漁るマーケティングから入る工夫もなされている。その後、数講座目から栃木県や宇都宮市、同大学が存在する同市清原地区の歴史へと展開するが、西田はそのへんで、清原出身の退造の登場を目論んだ。

しかも、この講座は二〇一五年のこの年度から、県内の大学や短大など高等教育機関でつくる「大学コンソーシアムとちぎ」の公開授業に指定された。他大学の学生が受講しても、それが自分の大学の単位になる制度で、退造初登場の場としては申し分なかった。

太田周（左）と西田直樹

しかし、太田は前記の講座スケジュールでは、退造の登場が遅すぎる、と考えたようだ。西田と相談の上、開講間もない十月二十日に退造に関する特別セミナーの開催を決め、俊典を呼んで顕彰実行委の全面的協力を求めた。

そこで実行委は当日、俊典会長、室井顧問、佐藤事務局長ら一〇人が講師として参加、まず俊典会長が約一五〇人の受講生に「荒井退造の生涯」と題する基調講演を行った。

退造の生い立ち、学歴、警視庁の巡査になってから現在の国家公務員総合職試験に合格し、沖縄県警察部長になったことを紹介。「当時の知事や議会と衝突しながら、多くの沖縄県民を疎開させ、命を救ったことが、今でも県民から大きな評価を得ている」と話した。

少年時代のひもじさなどを通じ、いささかなりとも戦時を知る俊典会長は講義の途中、学生に対して「特別攻撃隊で出撃しろ、と言われたら、君たちならどうするか」と質問。学生たちは「逃げる」「隠れる」などと答え、時代の推移を感じさせた。

その後、受講生は六つのグループに分かれ、退造の生きざまを討議、学生たちは「戦争の惨《みじ》めさを改めて学んだ」「命の大切さを痛感した」などと話した。

西田教授は翌二〇一六年三月、「ワークブック」の追加テキストとして「荒井退造のとちぎ学」を作成、学生たちに訴えた。「退造は常に未来に希望を持ち、学び続ける気持ちを忘れず、いつかなる時にも自分の仕事を投げ出すことはなかった。称賛される仕事より、感謝される仕事の方が尊い、と私たちに教えてくれている」と。

あれから七年、「とちぎ学」講座は営々と続き、退造の事跡は毎年、八回目の講座「歴史でふりかえる栃木県（明治時代～現代）」のなかで、熱く語り継がれている。受講生は延べ六〇〇人を超えた。西田は言った。

「退造の精神や仕事への責任感を、学生諸君は自分の仕事のなかで生かしてほしい。県内にしだいに広がっている退造尊敬の輪は、必ず地域の課題解決や、まちづくりの原動力になると信じています」

宇高同窓会から「荒井杯」

栃木と沖縄交流の先鞭をつけた宇都宮高の齋藤校長は、島田知事の母校である兵庫高と同窓会・「武陽会」が、沖縄高野連に贈った「島田杯」が羨ましくてならなかった。

前回の拙著や本書でも触れたように、島田知事が学生時代、野球の名選手だったことに因《ちな》むこのカップは、毎年八月に行われる沖縄県高校野球新人中央大会の優勝校に授与され、沖縄の高校野球を強豪校に育て上げる要因になったばかりか、新たな島田顕彰碑まで生むきっかけになっていたからである。

しかも、これに力を得た島田の顕彰期成会は、今度は独自に三つの「島田杯」を新たにつくり、二〇一五年十一月十二日、前記顕彰碑の前で、県野球連盟学童部、県中体連野球専門部、県中学校硬式野球団体へ贈った。つまり沖縄の少年野球は小、中、高校生まで、島田杯をめぐって技を磨くことになった。

そこで齋藤は島田杯に倣《なら》った「荒井杯」の創設を考え、塚田保美の提案を宇高同窓会に諮《はか》った。それによると、荒井杯は沖縄県高校野球新人中央大会の準優勝校へ贈る。カップは島田杯に似たシンプルなデザインとし、中央部に「荒井杯」と刻むが、高さは二五センチ、幅は二三センチと、島田杯より一回り小さくすることにした。

島田と荒井主従は、二人三脚で沖縄県民の保護に命を賭けた。その関係を二つのトロフィーにも具現し、沖縄高校球児に二人の島守を次なる世代へ語り継いでもらうという考え。それは宇高同窓会で満場一致で支持され、制作は進んだ。

沖縄県高野連への贈呈式は二〇一六（平成二十八）年三月二十六日、那覇市の「沖縄セルラースタジアム那覇」で行うことになり、宇高側は前日、現地に入った。齋藤一朗同窓会長（七〇）、齋藤校長ら同窓会員と、一、二年生の野球部員、OBら計約三〇人が参加した。

この日は島田や荒井の名が刻まれた摩文仁の「島守の塔」、栃木県出身の戦没者を祀《まつ》る「栃木の塔」などを参拝、現地の栃木県人会「栃の葉会」員や、「島田叡氏事跡顕彰期成会」の嘉数会長らの案内と歓待を受けた。

翌二十六日の贈呈式には関係者約六〇人が出席、齋藤同窓会長から沖縄県高野連の神谷孝会長（六〇）に贈呈式とカップを贈呈した。齋藤は「このカップにより、若い人たちが平和と命の大切さを引き継ぐとともに、沖縄と栃木の友好を深める一助になれれば幸い」と挨拶。神谷は「選手たちの励みになり、大会のさらなる発展につながる」と感謝した。

式の前後、宇高野球部は県立首里高校、小禄高校との親善試合に臨んだ。宇高は二試合とも一点差で敗れたが、主将の二年・保知大也君（一七）は「沖縄野球の力強さを学べた」と手応えを話し、「強い意思で多くの県民の命を救った荒井大先輩を見習いたい」と遠征の意義を振り返った。

第二十七章　退造、長屋門へ里帰り

碑文をめぐる慙愧の思い

退造顕彰実行委の活動は、一年目の二〇一五（平成二十七）年、退造の母校をはじめ学校関係者との連携が多かったことは、前章で紹介した。それが二〇一六年に入ると、公的機関との共催へと間口が広がった。

二月は宇都宮市教育委員会との共催で、「荒井退造　写真と資料展」を同市役所市民ホールで開いた。八月には宇都宮市立図書館と共催で、「荒井退造展『なぜ今、退造か』」を同図書館で開いている。荒井一族や母校関係者らの、遅れ馳せながらのひたむきな訴えが、人々の胸を打ち、官公署を動かしたからである。

そんな同年十一月二十七日（日）の午前十時半から、退造の顕彰碑除幕式が宇都宮市上籠谷町の生家で行われた。碑の建立は退造顕彰をめぐる前記のような情勢の変化にはかかわりなく、前年九月上旬にはやばやと決まっていた。それとわかるのは、筆者はそのころ、顕彰実行委の俊典会長から碑文を書くよう、要請されていたからである。

その文言は、第八回菜の花文化フォーラムでの筆者の講演の題名であり、同時に発行された退造顕彰図書のタイトルにも使われた「たじろがず　沖縄に殉じた　荒井退造」であった。

そんな経緯もあって、当時の筆者はいささか、いい気になりすぎていたきらいがある。書道を正式に学んだわけでなく、ろくな筆遣いもできないのに、唯々諾々と引き受けた結果、稚拙な筆跡を末代にさらす羽目になった。書かれた退造さんには、お許しを乞うほかない。

さえない話はさらに続き、序章でも触れたように、除幕式の五日前、筆者は居住地の大阪府内で交通事故に遭い、招かれていたせっかくの式典に参加できなかった。天罰覿面《てきめん》と言おうか。そんなわけで、本稿は俊典会長が届けてくれたＤＶＤに基づいている。

除幕式のありさまについて、結果から評すると、退造顕彰の遅れを何とかカバーしたいと願う実行委にとっての〝恩人〟を、しかるべく遇した、理にかなったセレモニーであった。

理詰めの顕彰除幕式

式典は退造生家の長屋門の前庭で行われた。実行委の室井顧問が本書第二章で話した、例の〝憧れの長屋門〟である。

五日前、季節には早い大雪が降った余波で、空気は凍《い》てついていた。おまけに前日の天気予報が雨を予測したこともあって、門の出入り口から南東に延びる広い通路の東側に建てられた碑と、向かいの客席を覆って、二基のテントが張られていた。幸い雨は免れ、席には、県内外から招かれた約一三〇人が居並んだ。

退造の御霊《みたま》に黙祷を捧げた後、開会の辞は室井が述べた。この門、そこに住んだ一族に深い感謝の思いがあり、それゆえに顕彰活動の先鞭をつけた人ならではの、配慮ある挨拶だった。

「荒井退造さんは一九〇〇年、明治三十三年九月二十二日、国太郎、ワカ夫妻の子息として、あの長屋門の奥にある母屋で生まれ、ここで育ちました。兄・甲一さんは旧・清原村が宇都宮市に併合された時の最後の村長さんです。退造さんは沖縄県警察部長として終戦の年、四十四歳で、島田叡知事とともに沖縄の地で亡くなりました。生まれて一一六年、戦後七一年の本日、改めて顕彰碑除幕式を開催したいと存じます」

ついで清原南小学校（略称・南校）ジュニアバレーボールクラブの選手一一人が、まだ白布を被ったままの顕彰碑に向かって横一線に整列、背後のテント内から飛ぶ「ガンバレーっ」の声援を背に、校歌を三番まで斉唱した。前年八月の沖縄遠征時、摩文仁の終焉の地碑前で歌ったのについで、退造の御霊が聞く戦後二度目の南校校歌だった。

いよいよ除幕。南校の青木孝夫・前校長や、建立に当たって浄財を寄せた退造の母校――明治大学、宇都宮高校、南校OB代表らが中心になって紅白のロープを引くと、白布は払われ、碑は重厚な姿を現した。

台座石を含め高さ約一・一メートル、幅約七〇センチ、角がない将棋の駒のような形。素材は沖縄県糸満市摩文仁の平和記念公園にある栃木県出身戦没者の慰霊塔「栃木の塔」と同じ、日光足尾産の御影石が使われていた。青木校長は前記の碑文を、筆者謹書の行《くだり》まで音吐朗々《おんとろうろう》と朗読してくれた。

碑の背面には、建立に尽力した前記の三つの母校団体と顕彰実行委のフルネームが刻まれていた。

それに添えて室井顧問は、退造の生きざまを「愚直な官人として生きる」と墨書していた。さすが、元高校長の筆だけに見惚れるような達筆。筆者の赤面は二の替わりとなった。

次に碑の建立経緯の説明に立った俊典会長は、最初に筆者の欠席と、碑文が書き上がった結果を話した後、顕彰活動の核心に迫った。それは室井の勧めで南校に青木校長と二人で訪ね、青木の要望で実現した前年一月十九日の五、六年生向け「道徳講話」のこと（本書第三、第四章参照）。「あの講話がなければ、その後の顕彰活動も碑の建立もありませんでした」と話した。このあたりで参列者は、開会の辞を室井が務め、碑の除幕の中心と碑文朗読が青木に託された理由がわかり、会場に納得の空気が流れた。

「高田の退ちゃん」に学べ

俊典会長の話はこの後、旧・芳賀郡清原村時代へと遡り、にわかに鄙《ひな》びる。

「このへんはかつて清原村上籠谷字高田と呼ばれ、自然豊かな田園地帯でした。終戦の一九四五（昭和二十）年当時、民家は一四軒しかありませんでしたが、半分の七軒は私の家も含め荒井姓でした。なかでも由緒ある退造さんの家は、屋号も高田と呼ばれ、私の父などは退造さんを『高田の退ちゃん』と呼んでいたようです。少年時代から尊敬される存在だったことが、うかがえます。

彼はあの長屋門をくぐって東へ一・五キロ、古《ふる》学校と呼ばれていた籠谷尋常小学校（現・清原南小学校）へ六年、さらに北へ四キロの清原尋常高等小学校（現・清原中央小学校）へ二年通いましたから、自身の顕彰碑がこの門の前に建ったことを、とても喜んでくれていると思います。

しかも、その碑はみずからの終焉の地である南西方向、直線距離で一六四〇キロの沖縄・摩文仁の地を見続けているのですから。その上、彼が愛して止まなかった母校である南校、宇高、明大OBの方々が建立の趣旨に賛同され、発起人として真心のこもった浄財集めに奔走してくださったとあっては、その喜びはなおさらだろうと思います」


続いて、その発起人代表が三人、相ついで登場、大先輩を語る、流れるような展開。前記のように碑の背面に名を刻まれた三団体の代表だが、ここにも俊典、室井の透かさぬ連携が垣間見られた。

まず明治大学校友会栃木県支部（約五三〇〇人）の長谷川薫支部長が立ち、あの困難な時代に、権利と自由を重んじる明大の建学の精神にのっとり、県民の命一途を貫いた荒井先輩の生きざまは、組織の上に立つ者や公務員が学ぶところが多い。それを後輩たちに語り継いでいきたい」と話した。

ついで栃木県宇都宮高校同窓会の斎藤一郎会長は「荒井先輩は剛毅、元気、沈着、勇気などを旨とする母校の瀧の原精神を実践された。沖縄の戦火、犠牲があって、今日の平和があることを伝えるべく、中断していた沖縄への修学旅行を近く復活したい」と述べた。

さらに宇都宮市立清原南小学校の大塚喜美・卒業生有志代表は、先の拙著や、室井、俊典コンビの活動を評価した後、話した。

「本校は創立一四〇年の歴史を誇り、多くの人材を世に送り出しましたが、退造以上の足跡を残した人はいないと思う。オービーは偉大な先輩を誇りに思い、これからの子らは、努力をすれば世のため、人のために役に立つ人間になれることを学んでほしい」

どんな会合でも「来賓挨拶」はおおむね冒頭近くで語られ、儀礼的な内容であることが多いが、この会は違った。会の後半はすべてそれに当てられ、九人が退造への熱い思いを語った。

福田冨一《ふくだとみかず》・栃木県知事（当時）は「一般住民を巻き込んだ過酷な沖縄戦で、多くの尊い命を救った退造が本県出身者であったことを誇りに思う」と語った。人見健次《ひとみけんじ》さくら市長は「去る六月二十六日の退造忌に、市教委生涯学習課の取材で『たまきはる命どぅ宝展』を開いたところ、多数の市民が詰めかけました。退造さんが身をもって示した命の尊さを、今後は全国に訴えたい」と話した。

来賓あいさつの三人目はなんと筆者だった。とは言っても、前記のような事情による欠席で、登場できるわけはなかったのだが、俊典会長の準備おさおさ怠りなしの姿勢から、挨拶代読の形で出番をもらうことになった。

実は除幕式より五十数日も早い前月初めに、筆者は当日のスピーチを頼まれたが、追っかけて「時間の都合上、五分以内とさせていただきたく、予定稿を送られたし」との連絡を受けた。「検閲まがいやな」とぼやきながら送った原稿が、とんだところで役に立った。室井顧問が、代読してくれたのである。

前置きが長くなったが、筆者がこの日の挨拶に盛り込んだニュースは、本書第六章でも紹介したハワイ在住の上地よし子が退造顕彰碑除幕に寄せたメッセージだった。

彼女は退造が沖縄に赴任した日から一年十か月、最初は警察部長官舎のお手伝いさんとして、後に正規の警察部職員に登用され、誠心誠意仕えた。この間、退造の大好物だったキンピラゴボウや和《あ》え物などを食膳に供し、彼が愛用した碁盤と碁石を砲煙弾雨のなか、感謝から警察部壕へ運び込んでもいる。

それだけに栃木での退造顕彰が遅れているのを気にしていた様子だったが、「近ごろ、部長さんが喜んでおられるお顔が、目の前に浮かびます。私も長生きしたおかげで、栃木で数々の顕彰活動が活発に行われていることを知り、とっても嬉しく思っています」との言葉を寄せてくれた。

そこで筆者は彼女のこの言葉を補強する写真四枚を拙稿に添え、俊典会長に送った。それは上地が姪の野原郁美とともに撮ったスナップ写真、その野原が初めて県庁・警察部壕を訪れた日に偶然発見された退造の唯一の遺品とも言える愛用の碁石の一部、その捜索風景、それに島田、荒井の〝二人の島守〟顕彰の先鞭をつけた故・浦崎純・元内政部人口課長と家族の写真である。

これらの写真は俊典の心遣いで引き伸ばされ、大きな額に入れて顕彰碑の傍らに展示され、参会者の目を集めたと言う。肝心かなめの話者が不在の来賓挨拶を、大いにカバーしてくれたようであった。

このスピーチの終わりに、筆者は二人の島守に対する自身の思いを、改めて付け加えた。私事で恐縮だが、私の新聞記者生活は戦後一〇年の一九五五（昭和三十）年から始まっているので、文筆生活はこの時点で六一年。この間、取材した人、取り上げた人は万を下らないが、「そのなかで最高の日本人は？」と問われれば、躊躇なく島田知事と荒井警察部長の二人を挙げることである。

その理由は、これまで再三書いてきたので重複は避けるが、二人は県民の県内外への疎開、食料の確保、危険からの避難誘導などの指導力で甲乙つけがたく、二人まとめて一、二位の存在である。ちなみに三位は、島田、荒井の意を体し、世界の戦史に比類のない「沖縄県民斯ク戦ヘリ　県民ニ対シ後世特別ノ御高配を賜ランコトヲ」の名電文で訴えた沖縄方面根拠地隊司令官・大田實海軍中将だと思っていることも付け加えた。

除幕式もトライアングルで

ここまで栃木県人ばかりが登壇した式場に、はるばる沖縄から、しかも前年六月に続いて再度駆けつけた「島田叡氏事跡顕彰期成会」の嘉数会長が、姿を現した。ついで兵庫県から県立兵庫高校同窓会「武陽会」の小林副理事長（当時）が登場するに及んで、除幕式はトライアングルの色を強めた。嘉数は言った。

「退造さんの働きがなければ、島田さんの功績はなく、島田叡氏事跡顕彰とは言い条、私どもはお二人の顕彰に微力を注いでまいりました。その退造さんの碑が郷里の、しかも生家の庭に建立された。望郷の思い久しい戦後七一年目、念願の里帰りを果たされたと言えましょう。清原南小学校のジュニアバレーボールクラブは、先の摩文仁の丘に続いて、ここでも感動的な校歌を捧げられた。宇都宮高校の同窓会は沖縄球児に荒井杯を贈った上、野球部は親善試合で友好を深めてくれた。こうしたトライアングルな交流が今後も続くことを、沖縄県民は期待しています」

続いて小林は、「昨日の天気予報がはずれたように、よいことをする時は雨は降らないものですよ」と、ざっくばらんに切り出した。「一人でも多くの沖縄県民を救いたかった退造さんは、沖縄に昔からある金言『命どぅ宝』を貫かれた。この揺るぎない精神を、私たちも後の世代へと繋いでいく使命を負っています。二人の島守の生きざまを学び、私は一つの結論を得ました。それは『島田叡、荒井退造、歴史は彼らを忘れない』です」

トライアングルな挨拶交流の〝どり〟を承った栃木勢は四人控えていたが、トップは前述のような経緯から、やはり清原南小学校の青木前校長だった。だが、彼は自身のことはおくびにも出さず、淡々と話した。

「私が清原南小学校の校長として、荒井退造が卒業生であることを知ったのは、わずか二年前です。以来、顕彰実行委員会を中心に（中略）、多くの関係者の皆様の顕彰事業推進に、心から敬意を表します。沖縄戦で二〇万人とも言われる県民の命を救った偉業は、清原が生んだ偉人として県下各地、いな、全国各地に認識されるに至りました」

この挨拶で異色だったのは、前記（中略）の項に、退造顕彰に協力した小学校、高校、大学や、その校友会、同窓会、ＰＴＡをはじめ、官公庁、民間組織、メディア、個人など一八もの名が、それからそれへと紹介されたことである。

主なものだけ書いておくと、清原南小、中央小、宇都宮高、真岡工高、栃木翔南高、明治大、作新学院大、栃木県、宇都宮市、糸満市、島守の会、下野新聞、筆者の名もあった。

母校の現役校長として、卒業生の栄誉がいかに嬉しく、重く受け止めたか、を如実に物語っていたが、それはもちろん、言葉としても語られた。

「本日は皆様方の熱い思いが実を結び、顕彰碑が生家・荒井拓男さん方に建立の運びになりました。沖縄、兵庫、栃木をはじめとする平和を希求する日本人に、末永く示唆を与えてくれるものと確信し、感謝に堪えません」

この後、栃木勢の挨拶は県立真岡工高の小林校長、県立宇都宮高の齋藤校長、作新学院大の太田校長へとリレーされるのだが、このお三方の退造への思いや顕彰への取り組みは、すでに紹介した。そこで重複を避けるため、ここでは、この日語られたニュースを書くに留める。

小林校長は「顕彰実行委が本日、参会の皆様にお配りした袋の中に小冊子が入っていますが、それが本校の小柳真弓教諭の原案による退造さんの働きを、わかりやすく描いた漫画本です。それらを事前学習資料にして、本校は先月、一六〇人の修学旅行生が沖縄で退造精神に触れてきました。これからも毎年、それくらいの規模で、語り継ぎの輪を広げてゆきます」

次に立った退造の母校・宇高の齋藤校長は「一〇年ぐらい途絶えていた沖縄への修学旅行を、本校も来年から復活します。それによって荒井大先輩のリーダーとしての生きざま、生命や平和を尊ぶ姿勢を学びたい。宇高同窓会が沖縄県高野連に新たに贈った荒井杯は、既存の島田杯とともに沖縄・兵庫・栃木の高校球児に、二人の島守の働きを知らしめると信じています」と述べた。

参列者のさまざまな思いは、大田学長が締めくくった。「今までの皆さんのお話を伺い、歴史のなかで人間はどう生きてきたか、どんな人の働きが、その地を成り立たせているか、を思いました。それを研究し、伝えるわれわれ教育者の役割の大きさも、つくづく感じました。今、若者は地域の営みを知らないで育っていく。それを補うのが、本学の西田直樹教授が提唱した『とちぎ学』です。昨年、栃木が生んだ荒井退造という義人の存在を知り、ただちに正規の講義に取り入れたのは、その一環。本県には一七の高等教育機関がありますが、作新が中心になり、地に足の着いた学風を広げてまいります」

最後に退造の生家を継ぐ荒井拓男が、謝辞を述べた。なんとも言えない嬉しそうなたたずまいが、退造の思いをも偲ばせ、人々の心を和《なご》ませた。話は、そこから始まった。

「本日は、かくも多数の錚々《そうそう》たる方々のご臨席をいただいた上、身に余る御祝辞を賜り、感謝申し上げます。退造もさぞ、喜んでいると思います。退造は私の祖父・甲一の弟で、大叔父に当たります。幼時から祖父や父から『素晴らしい叔父さんがいた』と聞かされ、育ちました。沖縄は遠く離れたところと思っていましたが、島田知事さんと二人三脚で、二〇万人もの県民を県内外へ疎開させ、命を救った歴史を甦らせていただいたことに感謝します。命の大切さを訴え、生きて……と言い続けた退造の叫びが、沖縄・兵庫・栃木の架け橋になることを信じています」

顕彰碑の背後には、退造の事跡がわかる資料を展示した「荒井退造記念館」も、プレハブ造りながら設置された。

宇高野球部、退造生家へ新春ランニング

「退造の心を語り継ごう」——除幕式で各界の人々が異口同音に発した訴えを、わずか四一日後に、退造生家への新春ランニングという形で具現したのは、宇都宮高校の野球部だった。

下地は、齋藤校長のリーダーシップにより、全校に満ち満ちた退造大先輩顕彰に寄せる熱意である。前章で書いたように、同校同窓会は沖縄県高校野球新人大会の準優勝校用に「荒井杯」を新設したが、その贈呈式には野球部も参加した。その上、現地高校チームと親善試合を行い、友好を深めた。

そんな縁で野球部長の森田泰典教諭（四一）は、齋藤校長とともに除幕式に参列したが、「挨拶に立った方々が申し合わせたようにおっしゃる『語り継いで……』の言葉に、新春ランニングを思い付きました」と言う。

野球部は一〇年前から毎年、年初に初詣でと初練習を兼ね、宇都宮市滝の原三丁目の同校から同市田下町の多気山不動尊へ、片道八キロの新春ランニングを行ってきた。同寺の住職が宇高ＯＢだったからだが、その行き先を退造大先輩の生家に変えたら……との考えである。

さっそく、篠崎淳監督に相談すると、「いいですねえ」と大賛成。そこで顕彰実行委の俊典会長に打診したところ、「退造が喜ぶでしょう。ぜひ実現を」との快諾を得た。

年明けの二〇一七（平成二十九）年一月七日は、身の引き締まるような冬晴れだった。午前八時四十分、練習中の怪我のため自転車で参加した生徒も含め、一、二年生の全部員三一人は同校を出発、片道約一二キロ先にある同市上籠谷町の退造生家目指して走り出した。出発前、篠崎監督が言った「荒井大先輩はどういう人だったか、どう生きたか。その答えを諸君それぞれが探しなさい」との〝宿題″を、頭で反芻《はんすう》しながら。

　国道一二三号線などを軽快に走り抜け、先頭は約一時間後、生家へ着いた。長屋門の前には、荒井拓男一家や顕彰実行委の俊典会長ら幹部十数人が拍手で出迎えた。

　一行はまず顕彰碑に参拝、実行委の室井顧問は部員たちに語りかけた。「退造大先輩は周囲がどれほど反対しても信念を貫き、県民の命を救う疎開事業を推し進めた人です。『おかげで自分は今、生かされている』と感謝する沖縄県民が、戦後七〇年を過ぎてもたくさん、おられます。私も学んだし、諸君も教わっている、本物の男を育てる宇高の瀧の原主義。それを命がけで実行した人を忘

宇都宮高校野球部が毎年１月に開催している新春マラソン大会。ゴールした後は荒井退造の生家で豚汁で会食（2022 年 1 月 4 日撮影）

れないでほしい」

一同は敷地内の記念館の展示で退造の事跡をおさらえした後、近くにある荒井家の墓地へ。退造の名も刻まれている墓石に線香を供え、静かに祈りを捧げた。

副主将の一人で、二年生の長谷川隼人君（一七）は「命の尊さと平和のありがたさを語り継がねば、との思いが改めて深まった。大先輩の懸命さを見習い、今後も文武両道でがんばりたい」と語り、一年生の島田興助君（一六）は「実際に足を運び、大先輩の存在をより身近に感じた。どんな時も、人のために尽くす姿勢を学びたい」と話した。

この新春ランニングは以後、毎年続き、来春は六回目を迎えるが、俊典会長は「遅れていた退造顕彰が予想以上に広がり、感謝しています。あのがんじがらめの戦中に、自らできることを愚直に取り組んだ退造の生きざまを、より身近に感じてもらえれば」と期待している。

追悼　田村洋三先生の功績

嘉《か》数《かず》昇《のり》明《あき》

『沖縄の島守――内務官僚かく戦えり』をはじめ、太平洋戦争末期の「沖縄戦」由来の人物や物語を、直接、関係者に面談取材し、歴史の記録として、数多くの著作を通じて書き綴ってこられたドキュメンタリー作家の田村洋三先生が、昨二〇二一年末、十二月一日に大阪府吹田市の自宅で九十歳の生涯を閉じられた。

今となっては遺作となってしまった続編『沖縄の島守を語り継ぐ群像』の完結に向けて、交通事故の後遺症や副作用と戦いながら、精魂を振り絞って執筆に取り組んでおられたお姿が目に浮かぶのである。

折しも、田村先生がずっと「沖縄の島守」として取り上げてきた「戦中戦後の官選沖縄県知事島田叡氏の生誕一二〇年記念行事が、十二月二十五日、兵庫県主催で神戸の兵庫県公館で開催される予定であった、それを目前にしての急逝であった。先生とは、その日その会場でお会いしましょうと電話約束して楽しみにしていただけに、その悲しい訃報に大変驚き、ショックを禁じえなかった。

続編の原稿の完成直後だったようだ。〝生涯一記者〟が口ぐせの田村先生らしく、ジャーナリストの信念と執念で最後までベストを尽くされた先生の古武士のようなお姿に、さらに尊敬の念を深めたところです。

合掌。

私の手元に、折にふれ、田村先生から送っていただいた毛筆体の達筆なお手紙が大切に残っている。私にとって田村先生と想いを共有できた宝物となっている。ここで一〇年余の田村先生との出会いや交流の年月をかみしめたい。

二〇一二年七月八日、神戸朝日ホールで、兵庫・沖縄友愛提携四〇周年記念と銘打って、「沖縄の島守を憶う夕べ」が、島田さんの母校・旧制神戸二中（県立兵庫高校）の同窓会・武陽会を主体とした実行委員会形式で開催され、貝原前知事、井戸現知事なども臨席した。

その第一部「島守への憶い」の基調講演として、田村先生が、「今も人々の心に生きる島田叡さん！」のタイトルで話をされた。このタイトルこそ、このたびの『沖縄の島守を語り継ぐ群像』のモチーフにつながっているように思う。

その講演の中で先生は、謎のままの島田知事の最後の場所とされる壕と遺骨の捜索につながる新しい情報を紹介した。それは米軍が敗残兵の掃討作戦中の頃、日本兵の山本初雄氏（戦後、三鷹市で鮮業商、故人）が摩文仁のある壕でケガをして横たわっていた島田知事と名刺や黒砂糖でやり取りし、数日後の自決した様子の証言は興味深い。その山本さんが、沖縄の本土復帰特別番組のかかわりでフジテレビのスタッフとともに来県し、島田氏の終焉壕を捜索された時の手書きの「略図」が、島守の会の島袋愛子さんの熱心な調査で見つかったので、それを手がかりに母校の同窓会の皆さんと一緒に捜索しようという提案をされた。それを受けて、二〇一三年三月、二〇一四年二月の二回にわたる武陽会の皆さんとの合同捜索活動の実施に結びついた。ハブの活動期を避けて、冬場の時期設定をした。かつて米軍の艦船が真っ黒に埋めた海と相対した摩文仁の断崖下の岩場のジャングルと巨石の乱立する海岸の困難な現場であった。

かつて田村先生は、読売新聞在職時、一九八〇年十月、「新聞記者が語り継ぐ戦争」の取材で島田知事の最期を知る人物として、元気な頃の山本初雄さんを面談しているだけに、その壕をつきとめるべく、高齢の身にかかわらず、ケガしながらも必死の思いで踏査される執念と行動力に、一同、敬服した。また、同窓会の皆さんは、翌年予定される一〇〇周年記念行事「武陽人100年の集い」に、ぜひ島田先輩の形跡や朗報を持ち帰りたいとの強い思いが背中を押した。

二回にわたる創作活動にかかわらず、残念ながら、地形の変化もあり、終焉壕の特定には至らなかったが、この困難な岩場を島田さん、荒井さんがかつて死線をさまよっておられた場の体験はできた。武陽会の和田理事長が、これで終わりではなく「～ing（現在進行形）にしておきましょう！」と締めくくった。そして、この捜索活動が、TBSの『生きろ！』のドラマの制作につながっていったのは嬉しい限りだ。

今や各県の慰霊塔が林立する摩文仁の丘の玄関口に「島守の塔」が建っている。島田叡知事、荒井退造警察部長を含む四六九柱の旧沖縄県庁職員を祀る同塔は、戦争の傷跡生々しい一九五一年六月二十五日、七回忌に当たる六年目、人口課長を務めた浦崎純氏（初代島守の会会長）を中心に、生き残りの県庁職員が広く県民の協力を得て建立された。上段には島田、荒井両氏の「終焉の碑」も「軍医壕」の入口に面して建てられている。両氏は家族を本土に残して、死を覚悟しての赴任であり、最後は〝鉄の暴風〟の中で、沖縄県民と運命をともにされたわけである。両氏は、固い信頼関係で結ばれ、不離一体の間柄であった。「沖縄の島守」と敬称される由縁であろう。

戦後七〇年、二〇一五年六月二十六日、沖縄の〝野球の聖地〟とも言うべき奥武山運動公園の一角に「第二十七代沖縄県知事島田叡氏顕彰碑」と「島田叡氏を縁とする絆――兵庫・沖縄友愛グラウンド」記念碑が建立され、除幕式が行われた。

この日、井戸敬三兵庫県知事、久元喜造神戸市長はじめ兵庫県民代表団、荒井退造のふるさと栃木県よりゆかりの深い方々、地元沖縄県翁長雄志県知事、稲嶺惠一元知事はじめ官民の代表団が一堂に会し、島田、荒井両氏の縁により、沖縄・兵庫・栃木三県のトライアングルが実現した。それを契機に栃木県における荒井退造顕彰活動が加速化していった。

荒井退造氏が地元栃木県での勤務がなかったために、〝栃木県人〟としての存在があまり知られていなかったなかで、それを広く知らしめる著作の発刊や講演会、荒井氏の遺品資料の公開展示、新聞報道が相次いだ。

二〇一五年、『たじろがず沖縄に殉じた荒井退造――戦後70年　沖縄戦最後の警察部長が遺したもの』（ＮｐＯ法人菜の花街道荒井退造顕彰事業実行委員会）、二〇一八年、『沖縄疎開の父・荒井退造』

（塚田保美・著）が刊行された。田村先生の『沖縄の島守』と手紙は、特別書簡として写真入り、参考文献として紹介されている。講演にも招かれ、多くの栃木県民に感銘を与えた。今回の『沖縄の島守を語り継ぐ群像』の本文に詳しいので、お読みいただきたい。

この度、これまでの三県での顕彰活動をベースにして、栃木県の下野新聞、兵庫の神戸新聞、沖縄の沖縄タイムス・琉球新報の各地方紙がタイアップして、映画『島守の塔』の映画づくりが進んでいる。小生、縁あって製作委員会委員長を仰せつかり、今年春の完成、秋の全国公開を心待ちにしている。三県の地方紙のトライアングルから発して、全国の皆さんに、島田、荒井両氏の生きざまと、沖縄戦の実相や、今後の平和への取り組みをアピールできればと思う。

きっと田村先生は天国で島田・荒井両氏と会談し、ずっと聞きたかったことをインタビューしているかもしれない。

（二〇二二年二月記／島田叡氏事蹟顕彰期成会会長・映画『島守の塔』製作委員会委員長）

編集後記

福岡貴善（悠人書院）

二〇二一年の春先でした。

「大阪の田村です」

電話の向こうで、懐かしい大阪弁が響きました。続いて、

「福岡さん、あなた、中央公論、辞めはったんやて？」

私は思わず携帯電話を握りしめながら、お知らせしていませんでした、申し訳ございません、と頭を下げていました。

その前年の五月末、私は五十五歳にして二十九年勤めた中央公論新社を退職、第二の人生のスタートを切るべく長野県松本市に転居したのです。ちょうど新型コロナの大流行が重なった時期でもあり、多忙にまぎれ、各方面への転居のご挨拶を怠っていたのでした。非礼をわびる私に田村さんは、こうおっしゃいました。

「実は、『沖縄の島守』の続きを書いているんですがね、一度、原稿を読んでいただきたくて会社にお電話したら、退社なさったと聞いて、びっくりしましたわ」

『沖縄の島守』とは言うまでもなく、田村さんの代表作『沖縄の島守――内務官僚かく戦えり』。二〇〇三年、私は中央公論新社の書籍編集者として、同書の出版に携わりました（二〇〇六年に中公文庫）。その後、『特攻に殉ず――地方気象台の沖縄戦』（二〇〇四年、二〇一六年中公文庫）、『彷徨える英霊たち――戦争の怪異譚』（二〇一五年、中公文庫）と、田村さんの著作を担当しました。

「で、福岡さん、今、どんなお仕事をなさってるんですか？」

と田村さんは問われました。私はちょうど、個人で出版事業を立ち上げようと準備を進めていた時期でした。そうお話しすると、

「出版のお仕事は続けられるということですな。では『島守』の続編を、おたくで出すことは、可能でしょうかな」

とっさにお返事できませんでした。田村さんのこれまでのお仕事から、その原稿が、田村さんがおっしゃるところの「地を這う取材」――丹念な聞き取りと、足を使った踏査の結実であることは読まずともわかります。そんな力作を、個人事業主としては何の実績もない自分が引き受けてよいものか……。

原稿をお送りくだされば拝読します、と答えるのが精いっぱいでした。

数日後、田村さんの御子息経由で、原稿がメールで送られてきました。その第一章を読んで、私は、これはやるしかない、と決心しました。栃木県の元高校校長の室井光さんが『沖縄の島守』を書店で手にしたことがきっかけで、荒井退造顕彰の動きが多くの人々を動かし、さらに、先んじて島田叡顕彰活動が盛んな沖縄、兵庫を結ぶトライアングルとして広がっていく。田村さんのダイナ

ミックな筆致で活写される〝波及〟のうねりに、自分がわずかながらもその発端を作った一人であったことを知らされ、胸が熱くなったのです。

原稿が完成したのは、半年後の二〇二一年九月上旬でした。さらに、掲載用の写真が送られてきたのが翌十月下旬、原稿と写真を本の体裁に整理しデータ化（組版）を終えたのが十一月下旬。あとは、組版を印刷したゲラ（校正紙）を田村さんにチェックしていただき、推敲とブラッシュアップ、あとがきができれば一応完成です。その事を電話で打ち合わせした数日後でした。田村さんのご家族から訃報がもたらされたのは。

田村さんは十二月一日午前十一時五十六分、急性虚血性心臓疾患のため、九十年の生涯を閉じられたのです。

しばらく頭の中が真っ白でした。つい数日前、あのよく響くお元気そうな声を聞いたばかりです。五月に吹田市のご自宅をおたずねした際は「もうじき九十、もう、あきまへんわ」とこぼしながらも、午後二時から七時まで、二人で缶ビールを二十本近く空けました。十月末、「神戸泡盛の会（第十四章参照）」でお目にかかった時も、おいしそうにしゃぶしゃぶをたいらげ、酒杯を重ねていらした。

伺ったところ、ご自宅で意識を失う直前まで普段と変わらぬ様子だったとか。救急車で病院に運ばれる間に息を引き取られ、苦しむことなく往生を遂げられたそうです。

本書が一段落したら、一九四四年に撃沈された疎開船・対馬丸について書きたいとおっしゃっていたことが思い出されました。「それを書き終えたら、死にますかなあ」と笑いながら。

ともあれ、田村さんのみならず、島田叡・荒井退造の両氏を顕彰すべく動いてきた多くの方々の思いがこもったこの著を、必ず世に出さねばなりません。私は著作権を継承されたご遺族の了解を得て、多くの方々のご協力を仰ぎ、おかげで無事、本書を皆様にお届けできる運びとなったのです。


田村さんは読売新聞大阪本社で社会部畑を歩まれました。田村さん在籍時の同社会部は、黒田清という名物社会部長の下、〝黒田軍団〟と称される記者たちが次々とスクープをものにしていた時期でした。現在は改憲を主張するなど政治色の強い読売新聞ですが、もともとは戦前、小《こ》新聞と呼ばれていた事件報道がメインのメディアでした（政論中心の大《おお》新聞の対《つい》になる名称）。その伝統を受け継いでいたのが社会部だったのです。

また、読売新聞社会部は、歴史発掘にも熱心でした。東京本社が一九六七年から七五年にかけ「昭和史の天皇」を連載すれば、大阪本社も負けじと七五年から「新聞記者が語りつぐ戦争」連載を開始、取材班の中心的存在だったのが田村さんでした。

私は「昭和史の天皇」を、担当記者だった松崎昭一さんの監修の下、中公文庫で四巻にまとめて復刊した経験がありました。取材の際、おそらく日本で最初にテープレコーダーを使用するなど、徹底的に当事者の声を集め、太平洋戦争の全貌を生々しく再現、その録音テープは現在も国立国会図書館憲政資料室にアーカイブされ、貴重なオーラルヒストリーになっています。

田村さんはまさに、そうした「地を這う取材」の衣鉢を継ぐジャーナリストでした。それは、本書を読まれればおわかりでしょう。ここに登場する方々は、田村さんに面談取材を受けたのちも、幾度も電話で事実関係を確認された経験をお持ちです。長年の課題である島田・荒井両氏の終焉壕を追い求め、高齢の身で摩文仁の断崖に足を踏み入れる姿は（第二十一章）、〝現場〟を重視する記者魂の象徴でしょう。

現在、出版界も長引く不況の影響を受け、田村さんのようなまっとうなノンフィクションの書き手の育成が難しい時代になりました。インターネットで検索することが「取材」だと勘違いしている書き手も目につきます。そんな時代にあって、真のジャーナリストが筆一本で、多くの人々を動かしてきた証《あか》しを公刊できることを、素直に喜びます。

最後に、本書の刊行にご尽力いただいた方々に、改めて感謝申し上げます。（二〇二一年三月記）

田村洋三（たむら・ようぞう）
1931 年大阪府吹田市生まれ。同志社大学文学部卒業。読売新聞大阪本社社会部次長、写真部長、社会部長、編集局次長、編集委員を歴任。社会部時代に大型連載「新聞記者が語り継ぐ戦争」に参加（後に 20 巻を読売新聞社、9 巻を新風書房から刊行。85 年、第 33 回菊池寛賞受賞）。93 年に定年退職後もノンフィクション作家として活動を続ける。2021 年、死去。
主著に『沖縄県民斯ク戦ヘリ——大田實海軍中将一家の昭和史』（講談社）、『沖縄の島守——内務官僚かく戦えり』『特攻に殉ず——地方気象台の沖縄戦』『彷徨える英霊たち——戦争の怪異譚』（以上、中央公論新社）、『ざわわ　ざわわの沖縄戦——サトウキビ畑の慟哭』『沖縄一中鉄血勤皇隊——学徒の盾となった隊長　篠原保司』（以上、光人社）など多数。

沖縄《おきなわ》の島守《しまもり》を語《かた》り継《つ》ぐ群像《ぐんぞう》
——島田叡《しまだあきら》と荒井退造《あらいたいぞう》が結《むす》んだ沖縄《おきなわ》・兵庫《ひょうご》・栃木《とちぎ》の絆《きずな》

2022 年 4 月 10 日　初版発行

著　者　田村洋三
編　集　福岡貴善
発行所　悠人書院
〒 390-0877 長野県松本市沢村 1-2-11
電話／ 090-9647-6693
E メール／ Yujinbooks2011@gmail.com
印　刷　藤原印刷
製　本　加藤製本

ISBN 978-4-910490-04-5 C0021